统计与大数据"十三五"规划教材立项项目

数据科学与统计系列新形态教材

Excel
商务数据分析与应用

Excel Business Data Analysis and Application

微课版

王汉生 ◎ 主编

常莹 朱振涛 ◎ 编著

人民邮电出版社

北京

图书在版编目（ＣＩＰ）数据

Excel商务数据分析与应用 / 王汉生主编 ；常莹，
朱振涛编著. -- 北京 ：人民邮电出版社，2023.8
数据科学与统计系列新形态教材
ISBN 978-7-115-59718-2

Ⅰ．①E… Ⅱ．①王… ②常… ③朱… Ⅲ．①表处理
软件－应用－商业统计－统计数据－统计分析－高等学校
－教材 Ⅳ．①F712.3-39

中国版本图书馆CIP数据核字(2022)第124356号

内 容 提 要

本书以实践中商务数据分析工作的基本流程为主线，讲解相关人员在商务数据分析工作中所需掌握的基础知识，并通过"实践练习"环节提升读者应用所学知识来解决实际问题的能力。本书共7章。第1章概要介绍商务数据分析的基本情况，第 2 章～第 6 章讲解商务数据分析各个步骤的相关知识点及其应用，第 7 章要求读者综合应用前面各章内容完整地解决一个实践领域中的问题。本书每章都配备真实案例供读者学习，以增强读者的实战能力。

本书配有 PPT 课件、教学大纲、电子教案、习题答案、实践练习报告批改指导、案例数据集等教学资源，使用本书的教师可在人邮教育社区免费下载并使用。

本书可作为高等院校统计学、管理学等相关专业的教材，也可供数据分析师，或者在销售、运营、市场、人力资源等部门从事数据分析类工作的从业者学习使用。

◆ 主　　编　王汉生
　　编　　著　常　莹　朱振涛
　　责任编辑　王　迎
　　责任印制　李　东　胡　南
◆ 人民邮电出版社出版发行　　北京市丰台区成寿寺路 11 号
　　邮编　100164　　电子邮件　315@ptpress.com.cn
　　网址　https://www.ptpress.com.cn
　　涿州市京南印刷厂印刷
◆ 开本：800×1000　1/16
　　印张：12.25　　　　　　　　　2023 年 8 月第 1 版
　　字数：261 千字　　　　　　　 2023 年 8 月河北第 1 次印刷

定价：49.80 元

读者服务热线：(010)81055256　印装质量热线：(010)81055316
反盗版热线：(010)81055315
广告经营许可证：京东市监广登字 20170147 号

当今，大数据和人工智能仍是具有活力的热点领域。大数据引发新一代信息技术的变革浪潮，正以排山倒海之势席卷世界，影响着社会生产和生活的方方面面。随着我国大数据、数据科学产业的蓬勃发展，北京大学光华管理学院商务统计与经济计量系王汉生教授意识到大数据和数据科学人才匮乏。尤为难得的是，汉生教授所带领的团队愿意为高校的统计大数据人才培养方案和教学解决方案贡献智慧，希望能够培养更多的大数据与数据科学人才来推动我国相关产业的发展。

面对海量的数据资源，汉生教授及其所在团队以敏锐的眼光抓住了学科发展的态势，引导读者使用数据分析工具和方法来重新认识大数据，重新认识数据科学。应该说，在整个大数据浪潮之中，我们正面临着巨大的冲击与历史性的转折。当今时代无疑是一个信息化的新时代，也是整个统计专业发现新机遇的时期。

基于此，汉生教授带领团队策划出版了"数据科学与统计系列新形态教材"，本套丛书具有如下特色。

（1）**始终坚持原创**。本套丛书涉及的教学案例均为原创案例，这些案例能够体现数据创造价值、价值源于业务的原则；集教学实践与科研实践于一体，其核心目标是让精品案例走进课堂，更好地服务于"数据科学与大数据技术"专业。

（2）**矩阵式产品结构体系**。为了更清晰地展示学科全貌，本套丛书采用矩阵式产品结构体系，计划在 3 年之内构建完整、完善和完备的教学解决方案，供相关专业教师参考使用，以助力高等院校培养更多大数据和数据科学人才。

（3）**注重实践**。教育界一直都是理论研究和发展的基地，又是实践人员的培养中心。汉生教授及其所在团队一直重视本土案例的研发，并不断总结科研和教学的实践经验。他们把这些实践经验都融入本套丛书，以此提供一个又一个鲜活的教学解决方案，体现大数据技术与数据科学人的共同进步。

总之，本套丛书不仅对"数据科学与大数据技术"专业很有价值，也对其他相关专业具有重要的参考价值和借鉴意义，特此向高等院校的教师们推荐本套丛书作为教材、教学参考、研究素材和学习标杆。

中国工程院院士　柴洪峰

21 世纪初，大数据及其相关的应用迅速在全球成为潮流，而提高我国信息化、数字化水平，促进企业实现数字化转型也上升为国家发展战略的重要组成部分。业界对数据应用类人才的需求高峰随之而来。高校对此做出了迅速响应，2016 年以来，已有数百所高校陆续申请建立了大数据相关专业。但市场的人才需求并没有得到有效满足，特别是那些运用数据解决实际问题的人才总是供不应求。造成这种供需错位的主要原因在于，实践中的数据分析工作需要的是"数据与业务的双语者"。传统的高校教学非常擅长解决"数据"的部分，但在"业务"方面的经验相对有限。学生虽然学到了很多知识，但尚未具备将其融会贯通以解决实际问题的能力。

相关专业的教师在教学中开展了多样化的尝试以解决上述问题，如通过案例教学将数据科学实践领域的各种内容引入课堂。但这些尝试多局限于某些课程模块中，将专业知识系统地与实践工作融为一体的课程似乎仍不多见。党的二十大报告指出：实践没有止境，理论创新也没有止境。商务数据分析作为一项理论与实践联系紧密的学科，每一步创新也是如此。为此，编者萌生了编写这样一本教材的想法：以实践领域中的工作方法为主线，介绍与数据分析相关的基础知识和基本技能，并通过解决真实问题的训练来帮助学生掌握相关知识，提高学生解决问题的能力。这样的设计可以帮助学生尽早开始理解和解决未来在实践领域中将会面对的"知易行难"的问题，也能够为企业提供更多高质量的人才。

为了实现培养"数据与业务的双语者"这个目标，本书主要进行了以下设计。

首先，以实践领域中数据分析类工作的流程为主要脉络展开。第 1 章介绍实践中数据分析的工作流程；第 2 章～第 6 章按照数据分析工作流程编排章节内容，并详细介绍专业知识和实操技能；第 7 章融汇全书内容进行强化训练。

其次，在每章中都安排"实践练习"环节，引导读者使用本章及前面各章学习过的知识和技能来解决实际问题。通过这样的训练，读者可以建立各种实际问题和数据问题之间的对照关联，培养和提高应用数据专业知识和技能解决实际业务问题的能力。

最后，本书选择 Excel 作为数据分析的工具。Excel 可以说是所有数据分析工具中学习成本最低的一种，可以广泛地帮助需要掌握数据分析技能的人。当前，基础数据分析技能正在成为如操作计算机和办公软件一样普及的办公室基本技能。对于那些非数据分析专职，但也承担大量数据分析工作的人员，Excel 或许是可以最快上手的工具。对于具有数据科学类专业背景的人员，本书中的工作方法和实践练习仍然可以帮助其继续提升，且读者可以用自己熟悉的工具来完成书中安排的练习。

本书各章的具体内容如下。

第 1 章介绍实践中的商务数据分析工作概况，以及基本的工作流程和对从业者的能力要求，帮助读者理解全书脉络。"实践练习"环节要求读者对自己的职业发展进行规划，进一步加深对全书内容的理解，初步建立专业知识与实践领域的关联。

第 2 章介绍如何设定分析目标，这是从事商务数据分析工作的第一个步骤，决定后续所有工作的方向和价值。"实践练习"环节要求读者将自己在设定目标过程中了解到的相关信息进行整理，并基于整理结果写作数据报告的背景介绍部分。写作训练需要读者进一步整理和辨析自己掌握的信息，这对于厘清思路非常有帮助，这种训练将贯穿之后的每一章。

第 3 章介绍如何获取、验证和加工数据，这是从事商务数据分析工作的第二个步骤。在这个阶段读者要解决是否有数据、数据质量是否过关、数据用起来是否方便 3 个问题。"实践练习"环节要求读者对一份互联网广告展现数据进行数据质量评估和数据加工，并根据工作过程撰写数据分析报告的数据说明部分。

第 4 章和第 5 章分别介绍探索数据基本特征的方法和两种常用的数据模型，这是从事商务数据分析工作的第三个步骤。第 4 章的内容几乎在所有数据分析工作中都会涉及，尤其是在企业中对各项工作进行日常监控的场景里，绝大部分数据分析工作都与这一章介绍的内容有关。"实践练习"环节要求读者基于各国家/地区性别差异的数据完成描述性分析并撰写报告。第 5 章讲解实践中常用的两种模型：线性回归模型和逻辑回归模型。它们的构建思路都非常经典，理论相对简洁，是投入产出比非常高的学习对象。"实践练习"环节选取一个知识经济领域的问题，要求读者通过建模来回答哪些知识工作者有可能成为广受欢迎的"网红"。

第 6 章对展示数据分析工作成果的工具数据产品进行概要介绍，并重点介绍一种重要的数据产品—数据分析报告的写作。撰写数据分析报告是数据分析师形成自身影响力的关键工具。"实践练习"环节要求读者基于第 3 章～第 5 章中的任何一个案例完成一份完整的数据分析报告。

第 7 章要求读者自己选题并完成一个完整的实践项目。这是对全书内容的综合应用和强化训练，读者不但要将全书的内容融会贯通，还要进一步强化自己在知识与实践问题之间进行对照关联的思考习惯和工作方法。

作为高校教学的教材,本书可支撑 3～4 学分的课程,在教学过程中可配合大量汇报、演示环节以进一步加强学生的实践技能,期末通过案例项目汇报考核。下表所示是课程安排的基本建议。

课程安排

章序	教学	报告	备注
第 1 章	1 周	1 周	优秀小组汇报
第 2 章	1 周		
第 3 章	1 周	1 周	优秀小组汇报
第 4 章	2 周	1 周	优秀小组汇报
第 5 章	2 周	1 周	优秀小组汇报
第 6 章	2 周	1 周	建议每周提交一次任务进度：第一周完成初稿，第二周完稿，第三周汇报
第 7 章	3 周	1 周	建议每周提交一次任务进度：第一周确定选题与数据，第二周完成初稿，第三周完稿，第四周汇报

　　本书由王汉生担任主编，常莹、朱振涛编著。非常感谢人民邮电出版社的各位编辑的倡议和督促，感谢数据科学智库狗熊会各位同仁的支持，没有各位的鼓励和帮助，本书可能仍是我们脑海中的一个创意。我们在写作时虽然怀有雄心壮志，希望能够将实践领域中与数据分析工作有关的内容尽数传达给读者，但是这个领域非常庞大，而且我们自身能力有限，难免有所疏失，恳请各位读者能够拨冗提出宝贵的意见和建议，意见和建议请发送至 ying.chang@clubear.org。

编者

目录

第 **1** 章　商务数据分析概述

学习目标
1．掌握商务数据分析的定义和特点；
2．了解数据分析师的能力构成和商务数据分析的工作流程；
3．了解如何根据岗位要求和自身特点制订能力提升计划。

1.1　商务数据分析简介

1.1.1　商务数据分析的定义

商务数据分析是通过数据和数据分析的方法解决商业问题，帮助业务持续改进的过程。从这个定义中可以看出它有以下 3 个特点。

（1）数据和数据分析的方法是必不可少的。管理学领域有很多解决商业问题的方法，如人们耳熟能详的 SWOT 分析、STP 市场定位理论、RFM 模型。这些方法的重点大多是提供识别和思考问题的框架，换言之，就是对问题和趋势做出方向性的判断。但是，在具体的商业活动中，我们不但需要识别问题，还要判断问题的严重程度；不但需要了解趋势，还要对它的变化节奏有所掌控和预判，才能做出合理的应对行为。数据和数据分析的方法正是为了完成这部分工作而提出的。所以，数据分析的方法与商业理论并不矛盾。事实上，恰当地将两者融合正是充分发挥数据商业价值的前提条件。

（2）商务数据分析要解决的是与商业有关的问题。商务数据分析不是学术研究，它关注的焦点是解决真实的商业问题，而不是分析方法的精深。新进入这个行业的从业者经常会惊讶地发现：他们日常工作中最常使用的工具是 SQL、Excel 和 PPT；最常进行的操作是寻找和清理数据，做描述性分析，画图、做表、写报告；甚至，每天见得最多的都不是各种数据，而是在花时间了解业务、倾听需求、出席会议、寻求合作。总之，商务数据分析工作完全以解决实际问题为导向，与以掌握知识为目标的学习、以学术创新为目标的研究工作有明显的不同。

（3）商务数据分析是一个没有终点的过程。只要企业仍然在运转，它就会在产业环境、行业竞争、运营管理、客户获取和留存等方面遇到新的挑战。商务数据分析就是不断地收集、整理和探索与企业相关的各种数据，通过数据不断发现问题、解决问题的过程。通过数据，我们更容易探索业务边界、发现创新点和机会。

从商务数据分析的这些特点来看，它是一门非常强调实用性的学科。要想学好它，我们不但要具备必要的数据专业知识，还要对上述 3 个特点有充分的理解，并能根据问题的特点设计出合理的解决办法。其中最有效的路径，就是把数据问题映射到实际的商业场景中，将业务问题和数据问题互相对照参考，理解两者之间的关联和转化。本书后续的大部分内容都会遵循这个方式展开：先导入一个典型的业务问题，之后围绕解决问题的核心目标，展开介绍所需的各种数据专业知识和 Excel 操作技能。本章则会对整个商务数据分析的基本情况进行介绍。掌握好本章的内容对于提高学习效率很有帮助。因此，推荐读者在学习本书的过程中随时回顾本章的内容，不断加深理解。

其实，进行商务数据分析所需的各种理论知识和技能早已存在，但是做好这一类工作特别要求从业者能够成为"数据与业务的双语者"，能够做到"从业务中来，到业务中去"，而不是只完成数据分析中与技术相关的部分。因此，想要达到学习这门课程的最好效果，除了掌握本书的内容、完成所有的课后任务外，还推荐读者通过各种方式了解市场的人才需求，如经常阅读招聘启事、实习等。

1-1 实践中的商务数据分析

从各大招聘网站提供的数据分析类岗位招聘信息中可以频繁地看到这样的内容：利用数据"发现业务问题""指导业务发展和日常运营""推动业务进步""探索业务边界和进行业务创新""优化渠道结构和销售政策""促进用户和收入增长"等。从中可以清晰地看出，评价数据分析师的关键不在于其使用什么技术或方法，而是其能不能使业务变得更好。如果持续关注这个领域的人才需求，则会发现，随着时间的推进，对商务数据分析人才的需求正在迅速从一线城市向全国扩散，从互联网等新兴行业向传统行业扩散，从专业的数据团队向公司的其他各部门扩散。

1.1.2 商务数据分析中的常见问题

如前所述，商务数据分析解决的是商业场景中的各种问题。而商业组织虽然表面看起来经营的业务千变万化，在规模、所处地域等属性上也各有不同，但是剥离这些纷繁复杂的表象之后，它们所面临的问题在本质上有很多相通的地方。而针对每一类重要的典型问题，实践中也已经有很多可借鉴的解决方案和成功案例。数据分析师要善于将它们与自己的专业相结合，发展出更好的解决方案。本节对典型的商业问题进行简单梳理，同时也会介绍在实际工作中获取更多解决方案的方法。

要对一个领域中的重要问题做出归纳，首先要了解这个领域中各个相关群体的核心利益所在。对于经营商业组织的人而言，最重要的无疑是：收入、成本和风险。

收入可以是现期收入，也可以是未来的收入预期——这就是很多尚未实现稳定收入增长的企业能够获得可观融资的原因，投资人看好它们在未来的盈利能力。收入在很大程度上决定了企业的发展空间和获利能力。

成本则决定了企业维持运转需要的投入规模，以及竞品进入的门槛高低。成本是一把"双刃剑"：低成本意味着容易进入，可以快速聚拢财富，但同时也会带来激烈的竞争；高成本则正好相反。同时，成本的压缩也是从另一个方向提升企业的获利能力。

1-2 成本相关的进入壁垒

风险是企业运营过程中所面临的各种不确定性。风险通常与收入、成本息息相关。事实上，风险经常是连接收入和成本的转化器。对风险的把控可以增加收入，或者降低成本。

总而言之，企业通过管理收入、成本和风险来实现"活下去"和"活得更好"的目标。在这个目标之下，可以按照图 1.1 所示的方式，从以下几个方向来盘点企业需要处理的主要问题。

竞争环境	客户	研发生产	销售	财务与人力
·监控宏观环境 ·监控产业链上下游 ·监控竞品 ·监控品牌舆情 ·制定战略	·定位和触达目标人群 ·记录和分析用户行为 ·用户运营	·识别用户需求 ·设计和改进产品/功能 ·管理产品生命周期	·设计销售模式 ·追踪销售进度 ·促进销售	·管理现金流 ·投资和并购 ·招募和培养人力资源 ·设计和执行绩效考核制度

图 1.1 企业需要处理的主要问题

竞争环境部分的问题主要帮助企业在特定的环境条件下寻找恰当的发展路径，典型问题可以分为宏观、中观、微观三个层面：宏观问题主要是监控宏观环境，如研究企业所面临的政策法规、经济形势等；中观问题主要包括监控产业链上下游、监控竞品，以识别行业机会和了解竞品关键动向；微观问题主要是通过监控品牌舆情来了解品牌。一般更多地关注宏观和中观两个层面。这些问题很多时候都与企业的战略决策相关，SWOT 分析[①]等营销模型为解决这些问题提供了非常好的思路框架。

客户部分主要解决企业从某个或某些群体获取收入时，应如何触达目标人群、实现和扩大收入的问题。典型的问题包括：定位和触达目标人群，如对消费者进行细分，比较不同细分人

---

① SWOT 分析是一种基于外部环境和内部资源条件，梳理企业所具有的优势（Strength，S）、劣势（Weakness，W），所面临的机会（Opportunity，O）、威胁（Threat，T）的一种经典的营销分析方法。综合这 4 种因素得到的结论通常被用于制定和调整企业的战略。

群的消费需求，选择自己在开拓新用户方面的主攻方向；记录和分析用户行为，如监控潜在用户的转化漏斗，根据用户行为建立用户画像，利用用户画像对用户进行分类；用户运营，如针对不同细分市场和类型的用户，设计更加有针对性的营销方案，提升用户的价值。客户问题与企业的收入息息相关，是商务数据分析必须关注的重点之一。在这个领域，STP 模型[1]、RFM模型[2]、客户生命周期[3]价值理论等方法，都有很好的参考意义。在进行具体的客户关系管理工作时，通常需要企业围绕 CRM 系统[4]建立完善的用户数据收集体系，并用好各种调研方法[5]。

研发生产部分的工作是在企业现有资源条件下，交付符合目标客户需求的产品和服务，并且根据市场趋势和客户反馈进行必要的改进。典型的问题包括：识别用户需求，企业可以通过调研等方式了解和提炼目标用户群体的真实需求，作为新产品/服务的设计蓝本，或者寻找现有产品/服务的不足以便改进；设计和改进产品/功能，即将用户需求落实为完整而具体的产品/服务形式，除了具体的功能和展现形式，还包括为产品/服务定价、为产品/服务设计营销方案等工作；管理产品生命周期，如追踪用户对产品/服务的使用情况，并根据用户的反馈提出和完成必要的改进（如改进生产线和生产工艺，以提高产品质量和生产效率或压缩生产成本）。这个部分经常使用的数据包括：采用各种挖掘用户需求、评价满意度的调研方法获取的问卷数据，通过互联网方式获取的用户的行为和属性数据，企业原材料的进销存数据及流水线反馈的制造过程数据，在产品使用过程中产生的各种使用行为数据。

销售部分要解决的主要问题是实现收入和利润增长。涉及的典型问题包括：设计销售模式，即决定产品/服务的销售体系和激励制度；追踪销售进度，即监控和评价销售体系的工作成果和效率；促进销售，即根据销售目标和市场情况设计营销活动，提升收入或利润率。要解决这些问题，不但需要掌握各种数据和营销管理的知识，还需要对行业的销售和营销方式在落地实施中所面临的各种具体业务问题有所了解。

财务与人力部分要解决的问题是管理好企业中的两种关键资源——财与人，这是企业盈利能力和管理水平的重要体现。财务部分的典型问题包括：管理现金流，资产、负债、现金都是商业组织赖以生存的关键资源，对于企业的重要性就如同石油之于现代社会一样，保障它们正常运转是财务日常工作中的基本内容。此外，随着社会发展节奏的加快，企业在发展的过程中也会越来越频繁地涉及投资与并购的问题，为此，优秀的财务团队也会对包含上下游合作伙伴、

[1] STP 模型：STP 是营销学中的营销战略三要素的英文首字母缩写。三要素是指市场细分（Market Segmentation）、目标市场（Market Targeting）、市场定位（Market Positioning）。STP 模型主要用来制定企业的营销战略目标，定位目标用户群。
[2] RFM 模型是客户关系管理领域最常用的经典模型之一，可以帮助企业评价和提升客户价值。3 个字母分别代表客户最近一次消费距现在的时间差（Recency）、客户消费的频率（Frequency）和客户消费的金额（Monetary）。对 3 个指标按照水平的高低进行组合，即可对客户进行分类。
[3] 客户生命周期是指从一个客户开始接触某个企业的产品或服务开始，直到与该企业的业务关系完全终止的一段时期。客户生命周期由几个阶段组成，每个阶段的典型需求不同。企业在进行客户关系管理时应当对客户所处的阶段做出判断，并采取相应的营销手段来延长客户生命周期，提升客户为企业带来的价值。
[4] CRM 是客户关系管理（Customer Relationship Management）的英文首字母缩写。企业的 CRM 系统包含一系列的软件、硬件和网络服务，核心目标是记录客户的各种属性信息（如性别、年龄、收入等），以及客户与企业之间的互动行为（如下单、咨询、投诉等）。CRM 系统的主要用途，一是在交易过程中记录状态、同步信息，二是为提升客户价值提供数据基础和决策依据。
[5] 调研是了解市场趋势、用户需求、用户对企业和产品的认知和评价的常用方法，是企业在制定营销策略和评价营销效果阶段常用的技术手段。除研究客户外，调研方法也可以用于解决产品设计、竞争环境研究等方面的问题。

替代性竞争者等更为广义的行业环境保持关注。人力资源的典型问题包括：招募和培养人力资源，企业的重要决策和意图都需要通过员工来落地，这对企业的运营效率具有决定性的影响。此外，人力资源部门还要设计和执行绩效考核制度，如设计和实施培训、考核、激励、晋升、奖惩等制度，实施绩效评价体系和薪酬福利制度等。

由于篇幅所限，图 1.1 和相关的文字介绍只简单罗列了一些具有代表性的商业问题，读者如果尚无工作经验，则可能难以充分理解这些问题。建议大家在课外查阅管理学、营销学、财务、人力资源管理、市场调研等各个商学类学科的基础教材，更加全面和深入地了解以上提及的各种问题及相关的模型和理论。这些商业基础知识与数据分析技能结合，必然会为读者在未来的工作中定位商业问题、设计解决方案提供非常大的助力。同时，也请读者注意，这些商学知识的价值并不在于贡献某些具体的数据处理和分析方法，而在于为从事商务数据分析工作的人提供一个非常完备的思考框架，来决定应该做什么，以及要用哪些数据来衡量问题。要真正理解和掌握它们，还需要读者结合实际问题，有意识地多做练习。

完成这一节的学习后，读者应该了解商务数据分析工作的核心目标就是通过数据帮助企业活下来，并且活得更好。这份工作涉及的问题，上到评估宏观环境、寻找商业机会，下到帮助改进产品的细节设计，是一项既需要数据专业技能，又需要非常广泛的知识储备的工作。做好商务数据分析工作需要广泛积累与商业相关的基础知识，并且有意识地多用它们来思考日常所见所闻的各种商业案例。

1.2　商务数据分析的工作流程

本节以商务数据分析的工作流程为脉络，从业务的角度展开探索数据分析师的一些典型工作内容。本书后续内容都会依照这个工作流程展开。1.3 节则将基于本节所介绍的商务数据分析工作的内容，提炼优秀的数据分析师所需的基本技能。这些知识既有助于读者更有针对性地学好这门课程，也有助于有意从事数据分析工作的读者更好地规划自己的职业发展路线和能力成长路径。

图 1.2 呈现了完成一项商务数据分析工作的主要流程。本节会对流程中的每个环节进行简要介绍，第 2 章～第 6 章将分别针对流程中的某个步骤详细介绍相关的知识、落地应用的思路和技巧等内容，第 7 章要求读者将所学的内容融会贯通并完成一个完整的数据分析项目。

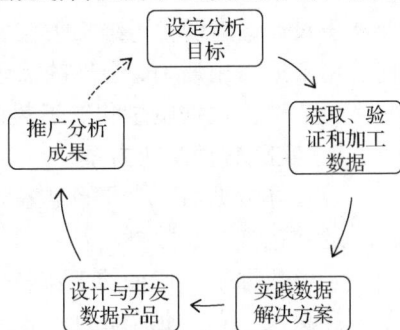

图 1.2　商务数据分析的主要工作流程

1．设定分析目标

设定分析目标是商务数据分析工作的起点。商业场景下的工作与校园中的学习最大的差别在于：在学校，学生要学什么课程、按什么进度学都已经确定，从资源（学生/教师的时间）和目标看都不存在太多不确定的地方；而在实际工作场景里，我们所面临的竞争环境、企业的各种资源条件等，会存在诸多不确定因素。数据分析师要通过权衡企业的经营目标和行业环境决定应当做什么，通过盘点自己所具备的资源知道可以做什么；结合两者，确定工作的优先级。由于实际工作场景里这种不确定性的存在，设定分析目标的过程可以说是所有环节中难度最大、对人才的综合能力要求最高的步骤。有志于成为数据分析师的读者，要特别注意在职业发展的早期就开始逐步培养自己核定成本收益、制订工作计划的能力。

设定的分析目标要足够明确和具体。一个模糊不清的目标不但容易让数据分析师迷失，还不易形成足够具体的行为或业务改进计划。而一个过于宏大的计划落实到执行阶段时则容易因为过于复杂而无法执行。第 2 章将讲解如何设定分析目标。

2．获取、验证和加工数据

设定分析目标之后，就要获取相应的数据来支持分析。获取数据有几个常用的渠道：企业内部的数据、通过公开的数据源获取的数据、通过调研收集的数据、付费购买或交换得到的数据。

企业内部的数据是企业的运营过程以数据形式留下的记录。例如，客户数据、企业财务和人力数据、产品的销售数据等，都是典型的企业内部的数据。互联网提供很多公开的数据源，如通过各种大众媒体和自媒体监控品牌的舆情和竞品的动向等。通过调研收集的数据则在解决用户需求挖掘、产品概念测试、市场份额和满意度等典型商业问题上有独特的优势。此外，企业也可以购买一些付费数据库，或通过合作方式与其他组织共享数据。

从各个数据源收集到的数据通常并非直接可用：有些数据的质量存疑，需要先验证是否可靠；还有一些数据是为了完成业务而非为数据分析生成的，它的原始形态并不一定满足数据分析工作的需求。这时就需要根据使用数据的规划对其做进一步的加工和整理。从 20 世纪 90 年代开始流行的数据集市，到近年来由互联网"巨头"所引领的关于建设数据中台的实践，其实都是出于让数据能更加便捷、高效地使用的目的而兴起的。数据分析师不需要从事设计、建设和运维相关技术系统的具体工作，但是作为数据的重要使用者，要能够对如何使用数据提出清晰、合理的需求和规划。第 3 章将介绍常见的数据来源和获取途径，以及一些常见的评价数据质量和加工数据的操作。

1-3　数据存储和应用工具

3．实践数据解决方案

准备好数据后，就开始进入分析数据的阶段，这是商务数据分析的核心环节。这个阶段的工作通常包含了解数据的基本特征和建立数据模型两个部分。

了解数据基本特征的工作是数据分析师和数据"培养感情"的阶段，在这个阶段对数据的了解越深入，越会使后面的环节进行得更顺利。这个阶段典型的工作包括探索每个变量的分布情况、探索变量之间的关系等，这些工作非常依赖于图形，所以可视化是这个阶段非常重要的话题。第 4 章是关于这部分内容的详细介绍。

描绘数据基本特征的工作经常能够揭示一些非常重要的数据规律，它们可能为后面的分析

提供思路，或者本身就是重要的结论。当展示数据基本特征的工作不能完全解决问题时，就需要使用模型工具来加深对数据的探索。数据模型有很多种，统计学、计算机科学与技术、人工智能等很多领域都对其有所贡献。在当前的企业商务数据分析工作中，最常用的仍然是十分基础的经典模型。第5章将重点介绍两种在实践中得到普遍应用的基础模型：线性回归模型和逻辑回归模型。

4．设计与开发数据产品

数据产品是为了让数据分析的成果得以在业务中落地应用并发挥作用而设计出来的成果展现形式。它可以有各种不同的形式，如数据分析报告、自动报表系统、算法等。具体采用哪种形式，取决于要解决的问题和场景的特征。在这个"回到业务中去"的阶段里，文字或演示版的数据分析报告是数据分析师经常使用的工具。

数据分析师通过分析数据来回答各个业务部门所面临的商业问题，但通常他们并不掌握是否采用方案的决策权。为此，数据分析师需要将自己的发现同步给掌握决策权的人，可能是高管、客户或各业务部门的同事。数据分析报告是这些场景里经常会用到的工具。由于有决策权的人通常并不具备特别专业的数据知识，但是有丰富的商业实践经验，所以给他们阅读的报告要针对对方的关注点和知识背景来定制，不能填充过于密集的专业术语和数据素材，提出的结论和建议也要符合逻辑并且具有可执行性。

数据分析报告对数据分析师提出了比较高的写作要求。鉴于这项技能对数据价值实现和形成数据分析师影响力的重要作用，从第2章开始，每章的最后部分都会安排数据分析报告写作环节，要求读者将每章完成的专业工作按照数据分析报告的要求写出来。第6章、第7章还会各要求读者完成一份完整的数据分析报告。

5．推广分析成果

商务数据分析的最后一个环节是让分析成果真正地对企业的战略决策和业务的日常工作有用。这个环节更多的是要靠数据分析师在前几个环节工作的基础上，与企业其他各部门建立顺畅和互信的合作关系。这部分工作对数据分析师的"软技能"要求比较高，如沟通表达、复杂任务管理等。关于这些能力的介绍和提升已经超出了本书讨论的范围，需要读者在实践中有意识地练习和提升。

1.3 数据分析师的能力构成

从前两节的介绍中可发现，商务数据分析涉及商业组织的各个方面，工作流程中的多个步骤都需要数据分析师与其他岗位进行互动，是一项对从业者的知识和技能都要求比较全面的专业工作。这种一专多能型的岗位，容易让准备进入数据科学相关工作岗位或者刚刚进入数据科学相关工作岗位的从业者在自我提升时觉得无从下手。其实，读者只要对这个岗位所需的主要能力有清晰的了解，就不难针对自己的情况和职业发展目标规划合理的学习计划和能力成长路径。本节将介绍数据分析师的能力构成，帮助大家对自己未来的专业知识学习和就业做出更好的规划。在实践中，商务数据分析类的工作岗位名称有多种，从事相关工作的人被称为"数据分析师""商业分析师""分析师"等。虽然名称不同，但从事的都是发现和实现数据商业价值的工作。下文在不致引起歧义的地方，也以"分析师"作为"数据分析师""商业分析师"的简称。

图 1.3 以一个典型的互联网公司为例，以数据分析师为中心，展示了商务数据分析及其他数据相关岗位之间的主要合作关系及工作内容。互联网是富集数据的行业，也是数据应用起步比较早的行业，它对数据相关岗位的划分和各部门之间的合作具有一定的代表性。从图 1.3 中可以看出，数据分析师所在的数据团队需要与公司各个业务团队达成合作，数据团队内部的各个岗位有大量互动，即这份工作包含大量跨部门和跨专业的沟通。这些沟通成功与否，取决于数据分析师是否了解自己的需求方有何种典型的利益诉求、自己的合作伙伴能够提供什么助力等。

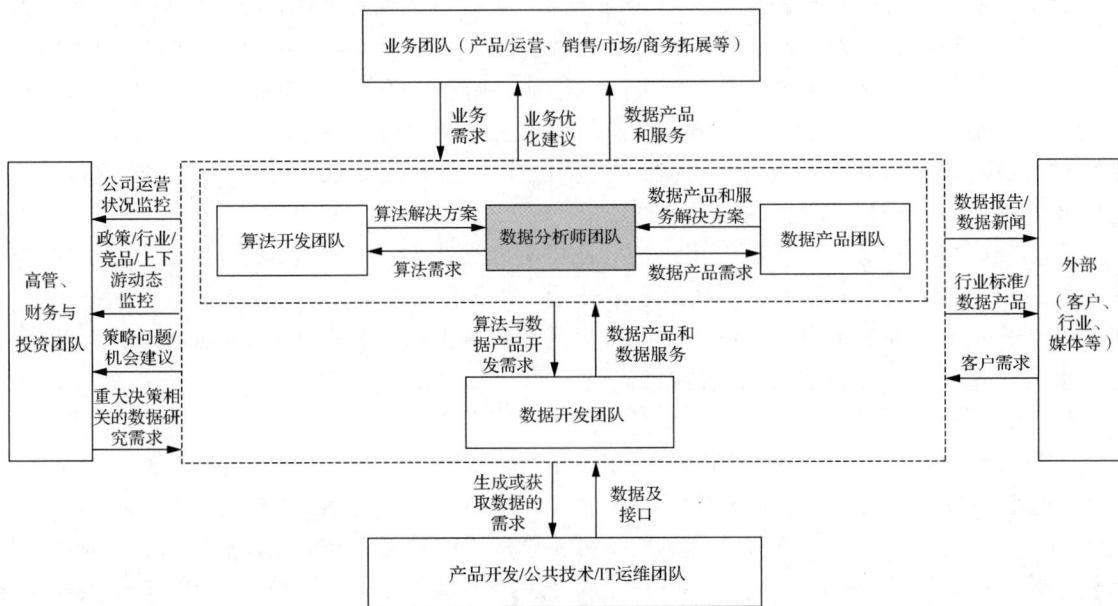

图 1.3 数据分析师的团队合作

图 1.3 中有一大一小两个虚线框，其中大虚线框围出的是从事数据相关工作的团队。小虚线框对数据团队进行了进一步拆分：其外的数据开发团队负责解决数据相关的基本建设工作（如建设和维护数据仓库、数据系统、数据产品等），其内的 3 个团队则是数据的使用方，负责在数据开发团队工作的基础上使用数据解决企业中的各种问题；大虚线框外围的 4 个实线框展示了企业内外各种与数据团队产生互动的角色。下面分模块进行解读。

1-4 组织中的数据分析团队

（1）承担数据相关基础工作的主要是数据开发团队，它与外围角色中的产品开发/公共技术/IT 运维有较多合作。

8

①　"工欲善其事，必先利其器"，数据分析工作得以开展的前提是有数据可供使用，同时也有合用的工具供数据分析师等数据使用者便捷地提取和分析数据。生成数据、提供数据工具的工作，在数据团队内部由数据开发团队主导完成；但他们的工作经常需要得到产品开发/公共技术/IT 运维等技术团队的配合和支持。数据团队提出要求，如需要按照什么规格生产哪些数据，各技术团队负责实现。例如，数据团队需要记录用户在 App 上的浏览和点击行为，通常要由 App 产品开发团队在 App 上完成采集数据的部署工作。产品开发/公共技术/IT 运维等技术团队完成数据的采集后，将其输出到数据团队，数据团队还要对数据的采集范围、准确性等进行必要的验证，确保其与需求相符且质量合格。

②　数据生成之后，通常并不能直接使用。首先，数据开发团队要对原始数据进行各种加工处理，使它们适用于数据分析和建模。例如，按照 RFM 模型的框架，基于用户的订单流水数据生成表示用户价值的各种指标。其次，数据开发团队还要处理好数据权限管理的问题，保证对数据有合理要求的人可以便捷地访问和使用数据，无权限的人不能接触数据。总体而言，数据开发团队承担的工作类似于一个城市中负责提供各类管网和煤、水、电服务的部门，也是所有数据相关专业岗位中对工程能力要求最高的部分。这个团队工作质量的高低决定了数据分析师等数据使用者的日常工作能否顺利进行。

（2）小虚线框中的 3 个团队都是数据的使用者，他们使用数据的方式和场景有所不同。

①　数据分析师的工作内容与商业问题紧密关联，数据分析师也是 3 个团队中面临不确定性最大的一个：从要分析什么问题，到要选取哪些数据，到如何设计数据解决方案，到如何展现分析结果和推动数据价值实现，每一个步骤都很难预先规划好。优秀的数据分析师非常善于处理从设定目标到价值实现过程中的各种不确定性，能够用有限的资源为业务带来最大限度的改进；而且能够做到与算法开发和数据产品互通有无，找到将数据分析的产出输出到业务端的有效方式。

②　算法开发团队所面对的通常是明确的问题和绩效指标，在业界也有比较成型的解决方案，产出形式基本是算法代码。这个团队的员工需要将解决方案与企业的实际情况相结合，并且根据算法实施的结果持续改进、精益求精。例如，各类电商和内容服务类的互联网产品都需要相关推荐算法模型，在用户浏览的过程中随时向用户推荐其可能感兴趣的产品或内容。这些模型优化的目标就是不断尝试增加用户的消费量（消费的对象可以是付费的产品/服务，也可以是免费或付费的内容）。算法开发与商务数据分析的工作成果可以互为补充，如数据分析师新发现了一些影响用户消费的数据特征，这些特征有可能提升算法的推荐效果；用户在浏览算法推荐产品时留下的行为数据也为商务数据分析提供了更多数据素材。

③　数据产品团队负责规划与设计各种将数据产出输出到业务团队和企业产品/服务中的自动化或半自动化工具。例如，各部门管理者都需要根据数据报表来追踪进度、发现问题、汇报情况、辅助决策。这些伴随日常工作而来的对数据的需求，其共性特征是要解决的问题和所需的数据都比较固定，并且对服务的稳定性要求很高，获取数据的频率也较高。满足这些日常工作中的数据需求就是数据产品岗位要解决的问题。这个岗位需要决定向谁、以何种频率、提

供哪些数据成果,以及呈现数据成果的产品形式应当如何设计。简而言之,数据产品团队负责用最便捷的方式满足各部门、各场景对于数据成果的使用需求。

(3)大虚线框之外左、右和上方是数据团队产出成果的消费者,与这些角色的合作关系决定商务数据分析成果是否可以落地实施、是否可以在现实中得到验证。

① 高管、财务与投资团队需要对市场环境、企业运行状况有所了解,也经常提出各种现有业务边界之外的问题;他们是数据分析师最重要的客户和合作伙伴,决定数据团队的发展空间和资源。

② 各个业务团队要处理的问题在很多情况下相对固定,他们的问题大多通过数据产品和算法来解决;他们是数据团队客户的主体,决定数据文化能否真正在企业落地生根并发展壮大。

③ 企业在很多时候也需要为外部客户提供数据服务,或者通过数据向业界和潜在客户发出声音,这些需求会随着企业所处的环境和业务目标等因素有所变动,并没有特别突出的共性特征。

根据上述关于数据分析师工作内容及其与相关团队合作的介绍,可以推导出成为数据分析师需要具备的能力。图 1.4 从专业技能、职业技能、职能与行业背景知识 3 个维度展示了对数据相关专业岗位(见图 1.3 中的大虚线框部分)的能力要求。各个岗位在每个维度上要达到的具体要求不同。例如,数据分析师在专业技能维度上,虽然不需要规划与建设完整数据系统所需的开发类技能,但是了解相关的基本术语和技术框架能够明显提高其与数据开发岗位同事的合作效率;而从事数据产品类工作的从业者,虽然不需要像数据分析师那样精通各种数据分析与建模方法,但了解一些常用的方法及其适用的典型问题能帮助他们更好地理解数据用户的使用习惯,设计出更好用的产品。以下结合图 1.4 对数据分析师的能力构成进行说明。

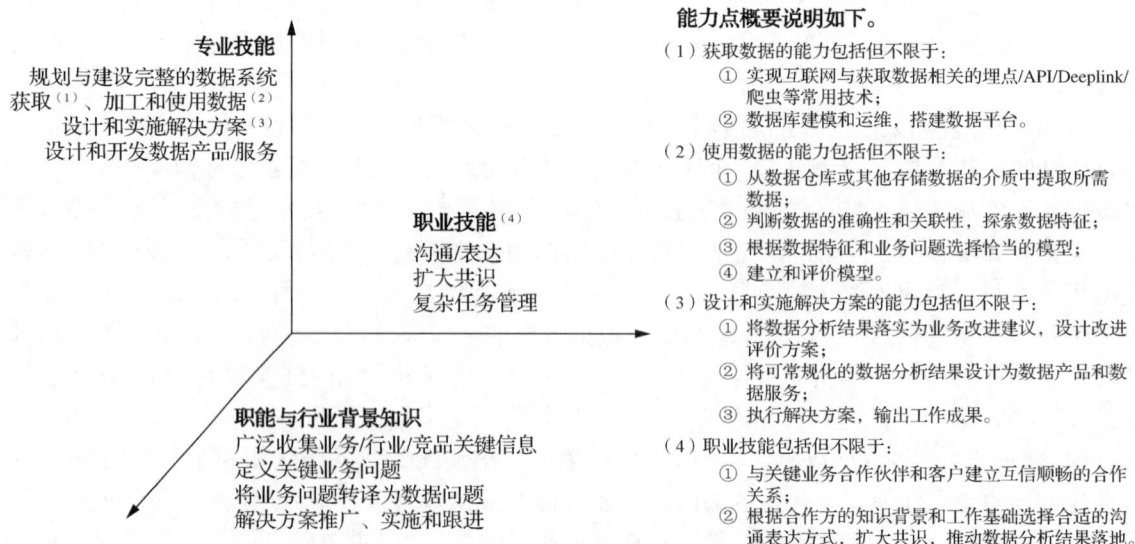

能力点概要说明如下。

(1)获取数据的能力包括但不限于:
　① 实现互联网与获取数据相关的埋点/API/Deeplink/爬虫等常用技术;
　② 数据库建模和运维,搭建数据平台。

(2)使用数据的能力包括但不限于:
　① 从数据仓库或其他存储数据的介质中提取所需数据;
　② 判断数据的准确性和关联性,探索数据特征;
　③ 根据数据特征和业务问题选择恰当的模型;
　④ 建立和评价模型。

(3)设计和实施解决方案的能力包括但不限于:
　① 将数据分析结果落实为业务改进建议,设计改进评价方案;
　② 将可常规化的数据分析结果设计为数据产品和数据服务;
　③ 执行解决方案,输出工作成果。

(4)职业技能包括但不限于:
　① 与关键业务合作伙伴和客户建立互信顺畅的合作关系;
　② 根据合作方的知识背景和工作基础选择合适的沟通表达方式,扩大共识,推动数据分析结果落地。

图 1.4　数据相关专业岗位的能力构成

（1）专业技能维度主要包含 4 项内容，数据分析会更多地涉及其中的规划数据系统（主要是根据需要解决的问题来确定需要哪些数据）、加工和使用数据（需要对数据进行哪些加工、从数据仓库中提取数据、使用数据分析工具进行分析）、设计和实施解决方案（将业务问题提炼为数据问题、为数据问题匹配合适的分析方法、实施解决方案），通常也会对设计数据产品/服务有所贡献（如设计报表产品中的报表与图形样式等）。

（2）职业技能维度中的 3 项主要内容都是数据分析师应必备的。数据分析师要解决的问题可能涉及企业的方方面面，但是他们其实并不是任何一个领域的专家，至少不可能是其所涉足的所有领域的专家。那么数据分析师要如何知道某一个领域中有哪些问题？如何了解关键决策者的核心利益？如何判断解决各种问题的优先级？这就需要他们能够与具体领域的专家建立起互信的合作关系，在这个过程中，沟通表达能力至关重要。只有理解别人的"痛点"和利益所在，才有可能找到扩大与合作方共识的方法。只有具备管理复杂任务的能力，才有可能把所有的设想和计划变成现实。

（3）职能与行业背景知识维度的几项能力对数据分析师也非常重要。要处理某个领域的问题，当然至少要了解与它有关的基本信息。这里要特别注意的是：接触一个新领域时，要从多个角度充分收集信息，避免过于单一的信息源使视角过于狭窄。不过数据分析师在越来越了解业务后，又特别容易迷失在信息的海洋中，满眼看到的都是问题，不知道应该从何处入手。所以，数据分析其实也是一项对从业者逻辑思维能力要求很高的职业，分析师要能对所掌握的各种信息做归类处理，将无数的点连成线，再织成网。而随着这个整理信息过程的完成，那些所谓的"关键业务问题"也会水落石出。前面提到的各种营销和管理的理论往往可以在这个过程中给数据分析师提供特别有效的思路框架。

从以上的介绍中可以看到，数据分析师 3 个维度的能力彼此之间并非泾渭分明，处理比较复杂的工作任务通常需要分析师在 3 个维度上都有比较好的能力。为此，准备从事商务数据分析工作的学生和处于职业发展早期的从业者，要注意在专业学习阶段从以下几个方面做好准备。

第一，打好商务数据分析的专业基础。包括掌握分析数据的基础知识（如掌握统计学的基础知识、学会使用常用图表和常用模型等），至少掌握一种提取和分析数据的工具（提取数据的工具如 SQL 等；分析数据的工具如 Excel、R、Python 等）。

第二，尽量全面地掌握商学各主要分支学科的基础知识，帮助自己建立"了解业务"所需的思路框架。这一点可以通过通读各分支学科的经典入门教材初步达成。

第三，锻炼书面和口头表达能力，至少要做到把事情说清楚、把别人的意思听明白。

第四，在开始实习或工作后，要注意养成习惯，有意识地训练和加强自己在"数据"和"业务"之间进行双向转化的能力：随时把在实际工作中了解的各种业务信息、发现的各种业务问题，与自己掌握的数据专业知识和商学基础知识进行对照。

第五，由于商务数据分析是一个发展特别迅速的职业，从事相关工作的从业者在工作后也要继续保持学习的习惯，不断提升自己的知识和技能。

本章明确了商务数据分析工作的核心：使用数据解决商业背景下的各种实际问题。它要求从业者掌握商务数据分析的专业知识，了解基础的商业知识，具备比较好的职场"软技能"，是一个对知识储备、学习能力和解决问题能力要求非常高的工作。

成为一名优秀的数据分析师并不容易，而且当前这个领域的就业市场也还不够成熟，需要从业者面对很多的不确定性。但是这个职业有非常广阔的成长空间，并且在可以预见的未来，能够独当一面的数据分析师会成为就业市场上越来越紧俏的人才。希望读者能够在本书的帮助下，顺利踏出成为数据分析师的第一步。

习题

1. 给出商务数据分析的定义，描述这项工作的主要特点。
2. 商务数据分析经常需要处理哪些类型的典型问题？
3. 画出商务数据分析工作的流程图，对每个步骤要完成的任务做简要描述。
4. 数据分析师需要具备哪些方面的能力？

实践练习

假设你准备在毕业后从事商务数据分析工作。请结合本章介绍的数据分析师能力结构与你自己的情况，设定自己的职业成长目标，并制订技能培养计划。

1. 请明确你的求职目标：你准备进入哪个行业（如互联网、制造业、金融等）、求职目标是哪类/家企业（如行业领导者或某个具体企业）、希望从事哪个方面的分析工作（可参考图 1.1 中列出的 5 个方面）。

2. 参考图 1.4，明确你的求职目标在 3 个维度上分别对求职者有哪些具体要求。评估你自己当前的能力，了解它与目标岗位的能力要求有哪些差距？提示：可以参考招聘网站上相关职位的招聘启事。

3. 基于实践练习第 2 题的对比结果，请制订一个合理的能力提升计划，帮助自己达到从业目标所需的能力要求。（如需要学习哪些数据专业技能，学习哪些商学知识，如何了解行业和企业的具体情况，如何通过实习等方式在进入职场前获得一定的工作经验等。）

第 2 章　设定分析目标

学习目标

1. 了解设定分析目标的重要性和一般步骤；
2. 熟悉了解业务背景和评价工作优先级的方法；
3. 掌握将业务问题转化为数据问题、为数据问题设计数据解决方案的方法；
4. 掌握数据分析报告中关于业务背景介绍部分的写作方法。

2.1　设定合理的分析目标

商务数据分析工作的第一个步骤是设定分析目标（参见图 1.2）。设定一个合理的分析目标后，接下来要做的就是实现它；而那些在后续步骤中要完成的任务通常都有标准的技术解决方案和流程。如果目标不够清晰明确或者设定不合理，工作就会没有方向感，会因为重复和返工额外花费大量时间，还有可能根本得不到结果，或者即使得到结果，也很难得到在实践中应用的机会。

那么，数据分析师要如何判定一个分析目标是否合理呢？好的分析目标应当满足以下几个标准。

（1）达成这个目标能够帮助业务人员明显提升现有工作的**效率**或**效果**，或者明显**拓展业务边界**。

（2）组织具备达成这个目标所需的**资源**，能够在合理的**投入产出比**下完成相关工作。这里所说的"资源"并不局限于分析工作必需的数据等，也包括实施数据解决方案所需的服务器、人力、时间等。

2-1　评价分析
目标的标准

（3）这个分析工作的成果**能够在实践中实施并看到效果**，它可以被转化成业务决策和动作，并且执行这些决策的结果可以被记录下来形成数据，以衡量是否达到了目标。

通过上面的标准可以发现，分析师想要设定好分析目标不但需要掌握数据科学的专业技术和理论知识，还要了解其所服务企业的竞争环境、运营概况、内外部的数据储备等情况。数据分析师只有将专业知识与这些具体的场景特点和资源限制结合在一起，才能找到通过数据驱动企业成长的最佳路径。这个工作环节较少涉及数据科学的专业技能，看似与专业工作关系不大，却是能够让分析师的专业工作获得最大限度产出与认可的基石。

得到一个合理的分析目标一般要经过图 2.1 所示的 3 个步骤。

了解业务	评价优先级	明确分析目标
• 了解行业 • 了解组织 • 了解数据应用情况	• 应做的工作 • 可做的工作 • 可获得认可的工作	• 做什么 • 按什么标准做 • 交付哪些成果 • 如何衡量效果

图 2.1　设定分析目标的工作步骤

（1）了解业务。所谓"知己知彼，百战不殆"，分析师的工作也需要这样一个广泛调查摸底的阶段。它囊括行业、组织、数据应用 3 个层面的工作，通常分析师在新进入一个行业或企业后，需要对这些情况进行一次详尽的调研；接下来在后续一段比较长的时期（可能是数月或数年，时间长短会因行业发展速度有所不同）内就可以持续利用这些内容。当然，也要注意随时根据新近掌握的信息补充和更新自己的知识结构。

（2）评价优先级。在完成第一个步骤之后，分析师通常会整理出非常多可以用数据解决的问题，公司各部门也可能会在交流的过程中提出各种问题并希望能够得到分析师的帮助。但所有问题不可能同时得到解决，而且解决每个问题为业务带来的好处也是不同的，所以分析师需要给问题排定解决的优先级。判断一个问题是否需要优先处理，要从数据专业的角度评价它是否应当做，根据现有的资源储备判断是否能够完成，还要考虑解决这个问题是否会给业务带来明显的改进，并进而为分析师（团队）赢得认可。如果在几个维度上都得到肯定的答案，这个问题就值得优先解决。

（3）明确分析目标。图 2.1 中列出了明确的分析目标所包含的内容：不但要说明白做什么事情、解决什么问题，还要说明按什么标准交付什么成果、怎么衡量这项工作的效果。

在设定分析目标的 3 个步骤中，前两个步骤是前期准备工作，在一段时间内，其内容通常不会大变，无须在每个分析项目开始前都进行一次；最后一个步骤在每次开始商务数据分析项目前都要进行，分析师要根据问题和背景详细定义出具体的分析目标。2.2 节将主要陈述前两个步骤，它更多地涉及分析师（团队）与其他部门或组织外部的信息交流；2.3 节则主要陈述如何在前期准备工作的基础上明确分析目标，更多的是分析师（团队）自己内部要完成的任务；2.4 节将介绍如何将这部分工作通过文字简明清晰地展示出来。

2.2 设定目标的前期工作：了解业务与评价优先级

本节讲述了解业务与评价优先级的必要性与基本工作方法。从信息收集加工的角度看：了解业务是尽可能全面地掌握资料。分析师掌握得越全面，越具备做出明智决策的基础；评价优先级是对前一步所掌握的信息进行分类、辨析、整合，直至形成合理工作规划的过程。2.2.1 节讲解了解业务的思路和方法，2.2.2 节讲解评价问题优先级、排定工作计划的思路和方法。

2.2.1 了解业务

了解业务是数据分析工作的基础和开端，也是分析师（团队）做出明智决策必不可少的基础。企业的发展目标、业务的具体运营方式、执行中遇到的种种具体问题、环境和资源上的限制，都有可能成为数据分析工作的重要目标或重要影响因素。即使是专业能力非常强、从业经验非常丰富的专业人才，在不了解业务的情况下也难以做出真正有影响力的工作。

如图 2.1 所示，数据分析师在这个环节需要对行业、组织、数据应用这 3 个方面的情况做充分的了解，并在此基础上从收集到的业务信息中提炼各种待解决的问题。这些通过了解业务而被发掘出来的问题就是了解业务阶段的输出成果，也是为下一个环节"评价优先级"输入的素材。下面从行业、组织、数据应用这 3 个方面逐一展开阐述。

2-2 了解业务

1. 了解行业

行业情况包括组织所处行业的宏观环境、行业内的竞争情况以及可能影响行业发展的其他因素。研究行业情况的思路框架可以参考哈佛大学迈克尔·波特教授[1]的"五力模型"。如图 2.2 所示，这个模型从企业面临的社会/经济/政治环境、行业对上下游的依赖、行业内的竞争情况和替代性竞争者等几个方面列出了企业研究行业所需关注的问题。想要详细了解这个模型的读者可以参考脚注①列出的相关专著。

波特五力模型在企业管理的研究与实践中享有盛誉，是商学院和众多管理类教材必备的内容。但是也有评论者认为，这个模型的主要价值在于它提供了一个清晰的理论框架，将各种影响企业的环境因素进行了分类；但并不是一种可以实际操作的战略工具，原因之一在于有很多与行业相关的数据并不可得。这个理由在波特五力模型刚刚面世的时候确有其实际意义，但是随着互联网的普及和数据记录技术的进步，模型中涉及的很多数据正在变得越来越可得到，越来越易得到。

---

① 迈克尔·波特（Michael Porter，1947—），哈佛大学商学院大学教授，著名管理学家，企业竞争战略理论的开创者，著有《竞争战略》《竞争优势》等作品。波特五力模型是其广为人知的研究成果之一。

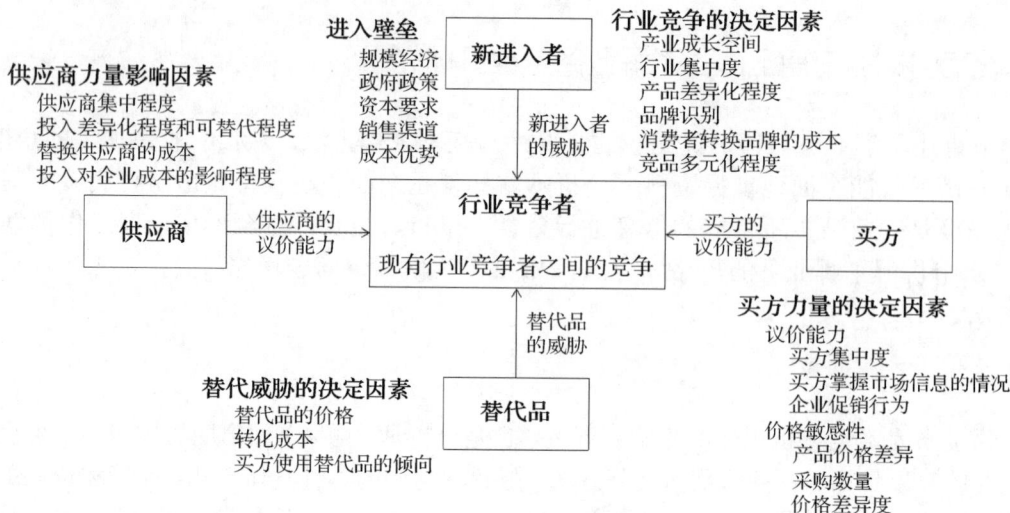

图 2.2 波特五力模型

在图 2.2 中，上方的"新进入者"部分主要研究行业的进入壁垒，其中政府政策部分涉及的数据内容相对较少，一般表现为法律法规等文本；其他如规模经济、资本要求、销售渠道、成本优势等因素及其变动情况，都可通过企业记录的进销存数据和行业公开发布的资料（如上市公司财报等）得到或推断出来。左侧的"供应商"部分主要研究供应商作为生产资源提供者的话语权大小。随着越来越多的行业和企业互联网化，企业可以在线上采集到很多行业产品的价格、成本、品质、口碑等方面的信息，可将它们与传统的招投标信息等结合进行研究。右侧的"买方"部分从买方的议价能力和价格敏感性两个方面研究买方对企业决策的影响力。买方的客户属性和购买行为数据可以从企业内部的进销存数据中获得，他们对品牌和产品的认知、态度、建议等可以通过客服系统的投诉咨询记录和用户调研来获取。中间的"行业竞争者"部分主要监控同行竞品的动态和行业发展的趋势，上市公司的财报、电商平台的成交与评价、媒体发布的行业新闻和相关热搜、竞品投放的广告等，都能提供非常重要的数据。下方的"替代品"是指可以代替现有产品的非同行产品（如智能手机替代非智能手机、MP3、数码相机等产品），这类替代性创新事件很少出现，与数据的关系相对较小。

综上，在当前的数据环境下，了解行业情况时面临的重要挑战在于这项工作会涉及各种数据源（如企业内部的进销存和投诉咨询数据、客户调研数据、互联网等免费发布的数据等）、各种数据类型（在传统的结构化数据之外，还有越来越多文本、图片、音视频等非结构化数据）。处理这些内容，数据分析师除了需要掌握解决相关问题的思路和框架（如波特五力模型），还需要了解尽可能丰富的数据来源，并且具备整合不同数据资源、处理各种类型数据的能力。第 3 章的"获取数据"中梳理了部分常用的数据来源，供读者参考。

2．了解组织

了解行业部分负责厘清组织所面临的外部情况，帮助组织做到"知彼"。了解组织的主要目标则是要做到"知己"，分析师（团队）通过盘点组织内部的关键问题，可以有序规划数据分析工作的进展。可以从**职能**和**层级**两个维度了解组织。

每个组织都包含多种职能分工，只有各个职能协同并进才能实现战略目标。同时，处于不同层级的人员会关注不同粒度的问题：高管负责设定方向、保证关键资源到位，中层负责根据战略制订行动方案，确保行动方案得以执行，一线员工负责完成各项具体工作。与不同职能和层级的人员合作时，要注意根据这个职能的核心利益、这个层级所关注的问题粒度来合理设定工作目标的范围。

因此，数据分析师了解组织情况时至少应完成如下几个方面的工作：①组织结构及其战略目标；②战略目标分解到各个职能后的具体要求；③各项关键业务操作的实现流程和方法。梳理好这些情况，可以帮助分析师判断各职能分工中的短板所在，以及某一个分工中影响工作效率和效果的关键环节。也有一种非常典型的情况是，在有些处于数字化转型早期的组织中，这些内容中的一些模块或者整体数据框架尚未就绪。在这类场景中，分析师（团队）通常应该优先在梳理业务的过程中，与各个职能和层级一起将衡量工作业绩的结果指标、衡量达成业绩过程中各关键节点绩效的过程指标设计出来，并想方设法让这些指标进入企业的日常工作流程。

在实际工作过程中，数据分析师了解组织情况可以从绘制组织结构图开始，并在图中的每个职能和层级上逐一标注其主要的工作目标、目前遇到的关键问题等重要情况。而后，数据分析师（团队）需要把这些核心的工作目标和关键问题逐一对标为数据问题，建立合理的指标体系，以及时监控和发现业务问题，并设计专门的项目来解决一些关键环节上的重点和难点问题。

3．了解数据应用情况

"巧妇难为无米之炊"，数据分析师最关键的生产资料是数据，在前期工作中也必然要了解数据应用。这部分工作主要包括 3 个方面：了解业界成功的数据应用案例、了解组织当前的数据积累情况、了解组织当前的数据应用情况。以下分别对这 3 个方面的工作简单展开说明。

业界成功的数据应用案例既包括了解与组织同行的竞争者当前的数据应用案例，还包括一些相近行业的数据应用成功案例。关注业界的成功案例能够帮助组织扩展其在数据方面的发展空间，充分利用已有的成果来提高自己的数据工作效能。当同行业整体尚未开始数据化时，相近行业的数据应用案例也可以帮助组织扩大在数据方面的发展空间。例如，不同制造行业的厂商虽然生产的具体商品不同，但企业生产中的进销存流转问题类似，流水线生产中的质控与效率问题也经常可相互借鉴；而不同行业中面向终端消费者的企业大多非常重视用户的运营，各行业在收集用户信息、建立和应用用户画像的问题上也多有可以相互参照之处。

如果说了解业界成功案例的意义在于"找标杆"，那么了解组织自身的数据积累和应用情况就是在"找自己",两者相结合,就可以规划出一条从自己的当前位置走到标杆处甚至超越标杆的合理路径。其中首先要盘点清楚的是组织自身的数据积累情况,它又可以细分成几个方面:根据对行业和组织的了解列出所需的数据,明确这些数据的来源;盘点企业当前已经具有的数据,包括这些数据的质量、积累时间、可用程度;规划数据改进计划,如新增哪些数据、处理哪些数据质量问题、如何提高数据存储和应用的效率等。

盘点完数据积累情况后,还要看企业当前的数据应用情况,它可以分为技术、产品和思维3个层面。在技术层面,数据生产系统的效率、稳定性等如何,是否需要改进?在产品层面,组织内部现有哪些数据产品可供使用,它们分别支持前述行业和组织调研中提炼出来的哪些问题,每个产品被使用的情况和评价如何?在思维层面,组织内外的数据产品使用者是否认为数据或数据产品是他们工作的必要资源,在使用数据方面的能力如何?

根据本节所讲述的3个方面内容了解业务时,分析师会收集大量信息,相当于"先把书读厚";接下来,在评价问题优先级环节,还要按照"应做"与"可做"两个维度对这些信息进行整理和提炼,进入"再把书读薄"的阶段。

2.2.2　评价优先级

了解过业务之后,数据分析师(团队)已经充分发掘了两类数据相关工作。

第一类是"应做"的工作:数据分析师(团队)从实现数据商业价值的角度出发认为应当完成的工作。例如,补充数据源、评估和改进数据质量、搭建和改进数据生产系统、建立和完善业务指标体系、进行某些专项分析等。了解行业和了解组织阶段的大部分工作、了解数据应用现状阶段中对于业界成功案例的探索都是这个方向的重要成果。

第二类是"可做"的工作:基于组织现有的数据可以完成的工作,以及组织中各个职能和层级希望通过数据解决的问题。其中有些问题基于组织现有的资源、技术、人力等即可解决,有些还需要进一步加大投入才能得到解决。了解数据应用现状阶段中关于组织当前的数据积累情况、组织当前的数据应用情况这两个部分明确了可供数据分析师(团队)使用的资源有哪些,在开展工作中面临的限制是什么;了解组织阶段收集到的各职能和级别员工提出的数据需求则表达了组织对于数据分析(团队)产出的期待。

评价优先级环节就是要进一步详细梳理"应做"和"可做"之间的重合,根据完成这些工作所需投入的资源(投入)以及工作成功能够为业务带来的影响(产出),为数据分析师(团队)设定合理的工作计划,帮助他们高效使用资源,平衡中长短期的投入产出,为自身和组织带来最大的收益。评价优先级是多重因素共同影响的结果,即使面临同样的业务情况,不同的团队和分析师也可能做出差异非常大的决策。系统介绍这些影响因素和不同场景下应该如何决策大大超出了本书的讨论范围,以下仅初步探讨一些通用的原则。

粗略地说,那些既"应做"又"可做"的工作任务可以列为最高优先级别,应即时着手解决。"可做"但不"应做"的问题需要进一步甄别:它们通常代表了组织工作中某个职能或层级的成员所面临的典型问题。其中有一些暂时还不能通过数据分析的方式解决,对此分析师可以将之记录在未来待处理任务的清单中；也有一些并不是数据分析范畴内可解决的问题，数据分析师（团队）应当将之转交给更适合解决问题的部门。同时，能够收集到这类问题一般也意味着组织内部对于数据的作用以及数据分析师（团队）的职责范围还不够了解，数据分析师（团队）可以考虑以此为契机在组织内部培养和推广数据思维和基础的数据分析技能，帮助业务人员建立基本的数据素养，让他们可以自行用数据解决一些工作中的简单问题。这不但有利于促进数据团队与业务团队的合作关系，还可以让数据团队更加专注于核心的专业工作。对于"应做"但尚不"可做"的工作任务，数据团队与业务团队对它们重要性的认知差异比较大，这时数据分析师（团队）可能需要先与业务团队建立共识再推动执行。

　　像这样粗略地将工作归类后，当然还需要进一步更详细的规划，这有赖于每个分析师（团队）所掌握的具体资源和所处的场景，但一般来说，在安排工作计划时可以参考以下 3 个原则。

　　（1）数据分析师（团队）在工作中应当注意持续提供可感知的产出

　　这一原则的关键词是"持续"和"可感知"。数据分析师（团队）经常有很多重要而"大型"的工作，如搭建分析专用的数据系统、建立用户画像、系统优化某个产品的模型体系、建立和开发供组织内部使用的数据产品等。这些工作的特点是工作量很大，并且通常会和很多其他数据和业务系统发生互动，需要其他部门配合。处理这类"大型"工作，最好将之拆分成多个较小的子项目，在每个子项目完成后进行成果汇报和确认。

　　与一次性抛出一个"大成果"相比，将工作切分为多个阶段性成果并因此更高频地与相关利益方（业务部门、协作的技术团队、掌握资源的高管甚至客户等）接触的好处很明显：每次沟通时不需要对方理解大量的信息，成果更容易被接受；可以通过对方对成果的反馈及时发现问题并进行调整，避免浪费人力和错过解决问题的时机；保持持续曝光也会让相关利益方感知到数据分析师（团队）的进步，有利于提高他们对数据工作成果的参与感和认同感。

　　（2）数据分析师（团队）应当注重来自用户和实践的反馈

　　如前所述，数据分析师（团队）的工作是解决组织遇到的问题，一个理论上完美但实用性很差的工作成果在实践领域只会被束之高阁，对于组织和数据分析师（团队）的长期成长都没有益处。要避免这种情况，数据分析师（团队）就要充分观察和倾听来自相关利益方的反馈，或者收集数据产品上线后用户的使用情况。前面提到的尽量把"大型"工作拆分成多个子项目，并及时与相关利益方沟通进展、收集反馈的工作方式，在这个阶段也非常适用：数据分析师（团队）可以把收集反馈的工作机制作为固定环节，贯穿于每个阶段性成果发布后的验收和评价中。

2-3　及时性与系统性

　　（3）数据分析师（团队）安排工作计划应兼顾解决问题的及时性和数据工作的系统性

　　真正实现了数据化的组织一般都具有一套完备的数据收集、质检、加工生产、应用、业务反馈的闭环体系。虽然已经有很多企业在这个方面获得了非常成功的经验，但是细究这些方案，除了都会包含上述几个模块之外，它们在具体实现层级上的表现可谓千差万别。这是因为，要建成一个真正对实现组织业务目标有帮助的数据系统，尤其是让它能够顺畅地被嵌入组织各部门和层级的日常工作，是一个规模庞大的系统性工程：既不存在一个完美的先验方案，又不能指望一些缺乏规划的零碎工作突然有一天自动整合为一个体系。优秀的数据分析师（团队）要能够将两者结合在一起，创建适合自己组织发展节奏的方案。

一般来说，数据分析师（团队）在制订工作计划时要注意维持好几个方面的平衡：要重视数据收集、数据质量控制、数据仓库和中台建设等基础性工作，也要注意持续向业务团队输出可感知和可使用的工作成果；要坚持数据科学工作的基本原则，也要尽量让工作成果对业务人员来说易理解、易使用、易获得；要关注业务团队的核心目标与利益、重视业务人员在日常工作中遇到的各种数据相关问题，也要通过合理的方式帮助业务团队提升理解和使用数据的能力，通过"水涨船高"的方式来带动组织实现全面的数字化转型。

2.3 明确分析目标：将业务问题转化为数据问题

经过了解业务和评价问题的优先级两个步骤后，数据分析师（团队）已经大致明确了近期、中期、长期工作计划都包含哪些主要内容。接下来，就是明确每一项工作的具体目标。如图 2.1 所示，一个合格的工作目标要明确：做什么、按什么标准做、交付哪些成果、如何衡量效果。这个过程其实是在把那些用"**业务语言**"来描述的问题转化为以"**数据语言**"来表达的专业性工作任务。

之所以要专门设置一个环节来进行这样的转化，是因为组织中大部分成员所使用的"业务语言"和分析师（团队）所擅长的"数据语言"之间并不存在简单的一一对应关系：很多不同的业务问题都可以使用同一种数据工具来解决，而随着某一个问题的不断发展，分析师可能需要使用多种不同的数据工具来处理它。例如，银行决定是否给一个贷款申请人放贷和决定是否要联系某个客户推送新产品，这两个来自不同部门、业务表述完全不同的问题，都可以考虑通过逻辑回归等分类模型来解决。再如，分析师与负责管理全国销售渠道的业务人员合作，第一步可能需要先帮助对方及时发现销售业绩不理想的原因，更多地会使用可视化等描述性分析方法，进行一些指标看板类的数据产品化工作；随着合作深入，销售团队可能需要对未来的业绩变动做出预测、对销售激励政策做出调整、探索开拓新的市场，解决这些问题一般会涉及建立模型，甚至进行专家访谈和"二手研究"。显然，做好明确分析目标这一工作的关键就在于，透过不同的业务问题表象，识别其背后在数据逻辑上的共性。本节的微课将通过一个数据分析师在工作中经常遇到的典型场景对此进行概要说明。

2-4 从业务问题到数据问题

明确业务问题背后的数据逻辑后，接下来分析师（团队）还需要对这项工作的可行性做出

一定的评估，通常包含对数据和分析方法两个方面的初步探索。

对数据的探索，目的是确认是否可以获得解决问题、实施之前设想的数据分析方法所必需的数据。例如，前面提及的银行贷款审批模型一般需要积累一批过往客户的贷款偿还情况、贷款信息（如额度和期限等）和客户信息（如收入和人口属性特征等）。"巧妇难为无米之炊"，没有恰当的数据，分析方法也无法得以实施。数据方面的可行性探索通常包含发现数据源、获取数据、验证数据、加工数据等工作，相关内容将在第 3 章详述。

对分析方法的探索则是要根据场景需求和数据情况，选择合适的分析方法。分析方法可大致分为两类：探索数据基本特征的描述性分析与对问题进行定量描述的建模分析。描述性分析主要是利用图表等工具呈现数据的各种分布特征、发现数据之间的关联。相关内容将在第 4 章进行系统介绍。建模分析则基于数据，通过各种数据模型定量地回答业务问题。很多学科和领域（如统计学、计算机、人工智能、生物工程等）都贡献了非常有力的模型工具，在实践领域中贡献了非常优秀的应用成果。第 5 章将选取两种在实践中极为常用的模型——线性回归模型和逻辑回归模型，结合实际问题讲解如何实现模型的落地应用。

2.4　数据分析报告写作：背景介绍

写作数据分析报告是数据分析师的基本职业能力之一。本书的第 2 章～第 6 章在每章的结尾专门设计一节讲解如何写作数据分析报告，并安排相应的练习环节，以帮助读者逐步理解数据分析报告，提升写作这类报告的能力。本节先对数据分析报告做整体介绍，再讲解背景介绍部分的写作。下文在不引起歧义的地方也以"报告"作为数据分析报告的简称。

2.4.1　数据分析报告概述

数据分析报告的主要使命是让专业的商务数据分析工作成果能够被非数据专业的人理解、接受和使用。它是各种数据产品中分析师自主权最大、产出速度最快的一种，是分析师实现数据价值和形成自身影响力最重要的工具之一。第 2 章～第 5 章会介绍数据分析报告不同部分的写作方法，并配合相应的练习；第 6 章、第 7 章会要求读者各完成一份完整的数据分析报告。

数据分析师的工作是通过数据更快、更好地解决业务问题，如果想要验证自己提供的方案是否真的做到这一点，就需要业务人员配合完成落地实施的步骤。由于数据分析师和业务人员分属不同的专业领域，因此数据分析师必须能够将复杂、专业的数据工作过程简明、清晰地介绍出来。只有具备了这样的"科普"能力，才能让业务人员迅速理解其工作的意义，并对工作的合理性做出评估。所以，好的数据分析报告要做到"让报告的阅读者像写作者一样理解并认可某些来自数据的商业价值"，这就意味着它必然是"**面向阅读者**[①]"来写作的。随着报告阅读

---

① 数据分析报告的"阅读者"既包括只阅读文本的人，又包括对照文本听讲解汇报的人。

者的知识背景、职务和层级、阅读或听取报告的场景不同，报告内容也要有所调整。

以一个涉及销售团队绩效管理模式优化的数据分析项目为例，分析师在推进这个项目的过程中可能涉及以下需要利用数据分析报告进行沟通的典型场景。

2-5 不同场景中的数据分析报告

（1）向销售团队负责人初步汇报研究成果，希望取得他/她的认可，在销售团队中试点执行这个方案。参加汇报会议的还有销售运营组负责人、大区销售负责人、销售运营专员，汇报时间为**30 分钟**。

（2）销售团队负责人基本认可方案的合理性，决定先从某个销售大区试行。分析师要和**大区销售负责人**、负责跟进销售业绩的销售运营专员一起**制订优化方案**，将优化方案细化为销售团队可执行的日常管理方案。

（3）方案试运行一段时间后，对销售工作的推进起到了非常好的促进作用。销售团队负责人决定全面施行这个方案，需要公司高层的认可和支持。分析师要在一次**高管**例会上配合销售团队负责人一起解说方案及试运行期间的效果，汇报时间为 15 分钟。

在这 3 个场景中，数据分析师面对的报告阅读者不同、可发挥的时长不同，要安排的内容自然也不同：管理层一般投注在一个项目上的时间比较有限，更重视方案的整体逻辑、实施方案的投入产出；执行层一般更重视方案的可执行性、对日常工作的影响，会追问各种与效率效果相关的细节内容。当然，这些不同类型的报告阅读者之间也有共性：无论来自哪一个层级或部门，他们都更习惯于用"业务语言"来思考和表达，过于专业的数据内容对他们来说很可能是短时间内无法破解的"黑盒"。

除了要注意根据"报告阅读者"和"场景"来安排数据分析报告内容外，写作数据分析报告时还要注意以下几个问题。

首先，一篇完整的报告应当包含如下几个模块。

（1）**背景介绍**：导出要解决的问题。通过介绍宏观环境、行业、竞品、组织自身等方面的情况，说明解决问题的必要性；详细界定待解决的商业问题。这是报告中"从业务中来"的部分，负责提出一个可以用数据解决的业务问题。

（2）**数据说明**：说明将使用哪些数据来解决问题，对数据的来源、内容、主要特征做必要说明，帮助报告阅读者初步了解数据的基本情况。这部分内容可以帮助他们确认使用这些数据来解决上述业务问题是合理和可行的。

（3）**数据分析与解读**：围绕业务问题，系统展示描述性分析与建模分析的成果、结论；并基于数据分析的结果推导对应的业务结论和行动方案，也就是所谓的让数据分析工作成果"到业务中去"。

（4）**商业应用与总结**：回归到业务问题的角度，总结解决方案，概括陈述后续的行动计划，预估所需的资源支持、预计取得的成果等。

其次，写作数据分析报告也要注意篇幅和格式。以阅读为主要传播方式的阅读版报告采用

A4 纸张、Word 默认页边距设置、宋体、小四号字、1.5 倍行距，如果内容安排得当，则 8~10 页的篇幅足以解说清楚如何通过数据解决一个常见的商业问题。以汇报演示为主要传播方式的演示版报告一般采用幻灯片方式写作。以 20 分钟的汇报时间为例，除封面、目录等内容外，可写作 8~10 页幻灯片，每页讲述 1~2 分钟。这样既可以比较充分地展开说明，又方便留下一些与听众互动的时间。

数据分析报告各部分的篇幅排布比例也要注意平衡。以阅读版报告为例，背景介绍和数据说明可分别占据 1~2 页，商业应用与总结部分可占据 1 页左右，其余部分安排数据分析与解读；引用图表时要注意控制图表大小、图表中的字号与正文字号比例不能失衡。除上述提及的问题外，报告的文字、图表等格式设置也有讲究，相关内容会在后续各章中陆续介绍。

最后，阅读版报告与演示版报告的内容安排方式和写作重点也有所不同。报告阅读者在观看演示版报告时，可以从配套的汇报讲解中获得大量细节信息，因此演示版报告的重点是提纲挈领地突出逻辑和核心的观点、数据素材，更像一个详细版的提纲。而阅读版报告一般没有这样的附加信息，因此除了观点和证据一定要非常清晰外，也要完整地展现整个推理过程。数据分析师要熟练掌握写作这两种类型报告的方法。但阅读版报告对分析师的文字表达能力提出了更高的要求。本章及后续章的实践练习环节都将以写作阅读版报告为训练目标，带领读者逐步掌握数据分析报告写作的基本技巧。此外，除在实践练习环节练习写作阅读版报告外，我们也建议读者在每章的报告汇报环节尝试制作演示版报告。通过这样的对比训练，读者能更为深刻地体会两者之间的异同，同时也能得到更好的汇报效果。

2-6　报告写作
常见问题

2.4.2　写作背景介绍

本章介绍了数据分析师如何设定数据分析工作的目标，分析师完成这部分工作后，就具备了写作数据分析报告中背景介绍部分的必要信息。背景介绍部分的任务是导出要解决的问题，它主要负责讲清楚**两个问题**。

（1）是什么：清楚地界定好问题的边界。

（2）为什么：充分说明解决这个问题的必要性（不解决会导致的问题）和重要性（解决将带来的好处）。

回答这两个问题一般来说并不会涉及深入的数据分析专业知识，但写好这个部分却是决定整个数据分析报告成败的关键。因为，如果这两个问题说得清楚到位，报告阅读者就能够清晰地了解阅读后续内容能够为其带来哪些商业利益。只要利益足够大、足够吸引人，即使阅读时有一定的门槛，阅读者也会愿意投入精力来阅读和理解。而这部分内容如果逻辑混乱、文辞含混，那么后面描述专业工作的部分可能根本不会有被阅读的机会。从这个意义上来看，背景介绍部分通常是数据分析报告最难写作的部分：分析师要尽量暂时放下自己擅长的"数据语言"，转而使用"业务语言"——那些做与这个问题相关工作的同事们日常描述工作问题时会说的话，这就像被要求使用外语写作，还要写得简洁流畅且富有文采一样。显然，要做好这个工作必然要以前期充分了解和梳理业务的工作为基础，这也从另一个侧面说明了了解业务的重要性。

除了文字表达外，分析师在写作背景介绍部分时还要考虑素材选取和推理逻辑，当然这几点对于数据分析报告的其他部分也同样重要。以一篇 8~10 页的数据分析报告为例，其中 1~2 页为背景介绍。在宋体、小四号字、1.5 倍行距的设定下，每页字数约为 800~850，则整个背景介绍部分一般为 1000~1500 字。如果插入一些图表，则字数还会进一步被压缩。因此，在背景介绍部分引用图表要非常谨慎，数量和所占篇幅都要受到严格控制。推理逻辑围绕单一主线循序渐进地展开，避免多线穿插、回环等问题。以下列举一种按照 4 个自然段来循序渐进展开的内容安排方式。在写作数据分析报告方面经验有限的读者可以参考这个框架来完成本章的实践练习。

（1）描述外部相关信息：描述监管政策、竞争格局、用户偏好等方面的某些重要特征或者改变。点明组织受到这些外部因素的影响需要做出应对和改变。

（2）描述内部相关信息：描述问题在组织内部的具体表现形式，定位问题涉及的部门和层级，描述问题的影响。

（3）定义问题：基于上一个部分描述的各种表象，抽象出其背后本质的商业问题。界定问题的边界，大致描述解决方案，定义要达成的目标。

（4）阐述必要性和重要性：简单回顾以往的解决方案，说明其不适用于本次要解决问题的原因。简单展开说明问题如得不到解决，在未来可能带来的潜在威胁，以及解决问题将带来的收益。

由于每份报告要展示的问题属性不同，不一定每份报告的背景介绍都需要完整包含上述 4 个部分，但是基本都可以按照"描述现象→提炼本质和定义问题→阐述必要性和重要性"的脉络展开说明。

最后，本书还从行文风格方面给读者提出两点建议。第一，写作时有意地练习使用短句：尽量将一句话内使用的逗号、句号控制在 3 个以内。短句阅读门槛低，有利于报告阅读者理解；分析师尝试用短句来撰写报告的过程，也会促使他们更加系统地整理自己的表述逻辑，让他们的思考更加完备与深入。第二，一切结论都应建立在确凿的证据与严格的推理之上，谨慎使用形容词、副词，切忌为了得到认可而夸大其词，甚至试图误导报告阅读者。数据分析师工作的根本价值就是找到数据中不易为人所知的事实，并通过共享和传播来尝试验证和实现它们，如果不能"实事求是"地展示自己的工作成果，则无异于自毁根基。这两点建议不仅适用于背景介绍部分，还适用于数据分析报告全文。

习题

1. 数据分析师为什么要学会设定分析目标？如何评价一个分析目标设定得是否合理？

2．设定分析目标的基本工作步骤是什么？每个步骤要完成哪些主要工作？

3．了解业务需要收集、整理哪些方面的信息？

4．评价工作优先级时要遵循哪些一般性原则？

5．一个设定好的数据分析工作的目标应当包含哪些内容？

实践练习

选择一个你感兴趣的行业，假设你将要代表其中的一个典型企业解决一个重要的业务问题，并根据分析结果完成一份数据分析报告。

1．明确你所代表的企业及其所在的行业。

2．说明你要为这个企业解决的业务问题。

3．阐述解决这个问题的必要性和重要性：为什么它是一个重要问题？不解决这个问题会给企业带来什么后果？解决了这个问题将给企业带来什么好处？

4．基于以上整理的内容，参考微课 2-6 中的优秀范例，撰写一份数据分析报告的背景介绍部分。具体要求为 A4 纸张，Word 标准页边距，宋体，小四号字，1.5 倍行距，1～2 页。

第 **3** 章　获取、验证和加工数据

学习目标

1. 了解数据获取、验证和加工的重要意义；
2. 熟悉通过 Excel 读入 CSV 等常见格式数据的方法；
3. 熟悉数据验证的基本思路，能够通过 Excel 实施数据验证；
4. 掌握通过 Excel 字符串公式等工具从文本数据中提取信息的方法；
5. 掌握通过 Excel 数据透视表等工具对数据进行分组加工的方法；
6. 掌握数据分析报告中数据说明部分的写作方法。

3.1　获取、验证和加工数据的重要性

本章的内容对应图 1.2 中"商务数据分析的主要工作流程"的第 2 个步骤。首先，数据之于数据分析师，就如同米菜之于厨师，没有它们，所有工作都无法开展。其次，有了米菜也并不意味着厨师就能做出好饭菜，他们还要检查食材的质量，基于劣质的食材，再高明的厨师也做不出上品的菜肴。对于分析师来说，在开始工作之前也一定要确认数据的质量是可靠的，否则难逃"Garbage in, Garbage out"[①]的结局。最后，厨师会根据要完成的菜品决定用什么方法来烹饪这些食材。烹饪的方法不对，后面的操作会不顺手，甚至要返工。分析师也要根据分析目的，基于数据库提供的原始数据做好前期的加工工作，只有加工工作做得好，后续分析工作的效率才会跟着提升。

数据科学相关专业的学生在课堂上一般会着重练习使用各种分析方法和工具，比较少有机会接触获取、验证和加工数据的工作，但这个环节在数据科学实践工作中通常占据了分析师大

---

① 意为在计算机运算中，若输入问题数据，则输出错误结果。数据分析领域也常以此形容数据质量不过关，得到的分析结果也不可靠。

量的时间。甚至在有些不确定性比较大的项目中，花在获取、验证和加工数据上的时间会占到全部工作时间的八成或九成。本章将以一个互联网广告行业的实际例子，引导读者逐一完成数据获取、验证和加工的工作。以下先简单介绍这个贯穿全章的例子的背景。

📚 案例背景介绍：SEM 广告

随着互联网的快速发展和普及，网络用户群体规模急速扩张，线上成了消费者集中出现的重要场景，互联网广告也因此引起了广大广告主的关注。在我国，互联网在 2014 年已经超越电视、报纸、广播等传统媒体，成为广告市场中份额最大的媒体。互联网广告广受追捧最主要的原因在于，它允许广告主完整地追踪用户向客户转化的过程：从用户看到广告，到后续是否达成广告主所希望的购买等行为。于是，广告主监

3-1　SEM 广告
概况

控广告效果的粒度直接从一个完整的广告投放计划，细化到了广告投放计划中每个用户的级别。广告主因此可以通过数据不断优化自己的投放方案，获得更好的投入产出效果。

最早开始大规模流行的互联网广告是由搜索引擎公司 Overture 在 1998 年首创的 SEM 广告（SEM 为 Search Engine Marketing 的首字母缩写词，直译为搜索引擎营销[①]，但实践中一般称 SEM 广告为搜索引擎关键词广告）。这种广告出现在搜索结果页上。当搜索引擎用户提交了一些具有商业价值的搜索词时（如搜索"手机"的用户后续可能会购买手机），搜索引擎就会在搜索结果页上开放广告位。经营相关业务的广告主可以通过竞价获得在这些广告位上展现广告的机会。与传统广告展示即收费的模式不同，在 SEM 广告中，只有用户点击了广告，广告主才需要向搜索引擎支付广告费用。与各种传统媒体广告相比，SEM广告的收费模式通过用户提交搜索词和点击广告这两重行为，保证广告主只需要为对其产品或服务感兴趣的潜在客户付费。正是靠着这种"按效果付费"的创新模式，以 SEM 广告为先锋，互联网效果类广告在广告行业引发了一场颠覆性的变革。

时至今日，SEM 广告仍然是几乎所有主流搜索引擎公司的主要收入来源之一。它的广告形式很简单，相对于后来出现的各种形式更为精致复杂的互联网广告，更容易为入门阶段的广告主所掌握。同时，它的投放规则也更容易控制。对于预算有限的广告主而言，它是一种性价比较高的选择。除了处于入门阶段或预算有限的广告主，很多实力雄厚并且长期投放互联网广告的公司也会将 SEM 广告作为它们重要的投放渠道之一。热衷于在搜索引擎上投放 SEM 广告的行业，如教育培训、招商加盟、零售、在线游戏等，大多具备以下特点。

（1）行业处于发展上升阶段，竞争者众多，市场格局存在较大的变数。

（2）行业的市场规模和利润空间都比较大，能够支持广告主长期、持续进行广告投入。

（3）行业竞争激烈，各竞品的产品和服务有明显的同质化倾向。

在这样竞争激烈、同质化较高的行业中，广告主在制定自己的推广策略时，通常很关

---

① 搜索引擎营销是一个更大的概念，指需要依托搜索引擎进行的一系列营销手段，包括 SEM 广告、搜索引擎优化等多种方式。

心竞争对手的广告投放策略。这样做，一来可以为自己设计投放方案提供参考；二来可以有的放矢地对对手的投放策略做出必要的响应。那么，广告主如何获得这些信息呢？显然，广告主彼此之间不会向对方透露自己的详细策略，掌握多家广告主投放方案的搜索引擎作为一个中立的第三方平台，也不能将某个广告主的投放方案透露给其竞争者。所以，想要了解竞品的广告投放策略只能从公开展现的广告着手。

广告主的任何推广意图都要通过呈现给潜在用户的一则则广告来体现。因此，只要能够全面收集竞争对手的广告展现情况，并且对收集到的数据做合理的加工分析，就可以从中总结、提炼出每个竞争对手推广的重心和特点。在全面收集同行的广告展现数据这个问题上，SEM 广告主可以根据自己所在的行业，准备一系列可能触发广告的重要行业搜索词，通过爬虫循环抓取搜索这些词时搜索结果页上呈现的广告信息。显然，行业搜索词表的代表性是决定这个方案成败的关键因素之一：词表越是能够覆盖用户各个维度的搜索需求，就越能全面捕捉行业竞争对手的投放特征。有关准备好词表之后抓取数据的过程中所使用的抓取技术超过本书的范围，感兴趣的读者可以自行学习和探索。本章后续的主要内容将基于一份已经抓取好的 SEM 广告展现数据，引导读者体验和学会进行数据验证和加工的工作。

3.2 获取数据

"巧妇难为无米之炊"，进行数据分析的前提是有可靠的数据可供分析。作为使用数据的典型人群之一，数据分析师在使用数据前，一定要关心有哪些数据可用、这些数据是如何获取的、其质量是否合格等问题。

3.2.1 节将对企业获取数据的常见来源和方法做简要介绍。关于这部分内容的深入拓展已超过本书的范围，感兴趣的读者可根据相关介绍自行学习。3.2.2 节主要介绍 Excel 提供的一些读取数据功能。3.2.3 节介绍如何将 SEM 广告数据读入 Excel。

3.2.1 常见数据源

企业可获得的数据按其来源可以分为内部数据和外部数据。内部数据在企业内部生成，外部数据则是从企业外部通过有偿或无偿方式取得的。

1. 内部数据

典型的**内部数据**包括以下几种。

（1）企业业务流转过程中生成的数据

企业在为客户提供产品和服务的过程中，通常需要在交易中记录一些重要信息，以备推动流程、同步信息或监控工作质量。CRM 系统、财务系统、客服记录等业务系统都是这一类数据的典型代表。这些数据除了可以支持企业日常的业务流转外，也都是数据分析的好素材。在信息化工作做得比较好的企业里，这些数据一般都存储在各个业务系统的数据库中。为了保证业务流程的稳定和数据的安全，数据团队通常不宜直接接触业务系统的数据库，应该把相关数据先同步到分析用的数据仓库中。

由于这些业务系统的数据并不是以支持数据分析为首要目标产生的，所以数据团队在使用它们之前，通常要做一些预处理。例如，在对用户进行价值分层时，需要综合他们的人口属性、购买行为等各方面的信息。但人口属性数据通常由注册系统记录，而购买行为则通常存储在订单系统中，也就是说，同一个用户的数据在业务系统中是分割存放的。于是数据团队就要通过使用者标识（User Identification，也称 User ID 或用户 ID，常指互联网产品用户登录时使用的账户名）等线索，先将这两份数据拼接、整合成为一个整体，才能进行用户分层的工作。

（2）企业以数据分析为主要目的生成的数据

企业内部有一些数据从规划产出的那一刻起就是为了通过数据改进产品和服务而生成的。互联网和物联网的发展让数据收集变得越来越容易，数据种类也更加丰富，为企业收集数据提供了特别有利的环境。有很多数据收集项目已经成为互联网等富集网络设备行业的标配工作内容。例如，电商 App 收集用户的浏览和购买行为数据，车联网设备为帮助故障检修等原因收集驾驶行为数据，智能家居类产品收集用户的使用习惯数据等。此外，在很多工业生产的场景中，企业也在越来越多地利用传感器收集数据，以支持生产流程改进、故障预测和定位、调配生产资源投入等工作。

这些数据在收集时就有比较明确的分析目标和标准的技术解决方案，通常不需要进行复杂的前期加工就可以直接用于分析。例如，网站或 App 产品一般都会记录用户什么时间来访问、访问了哪些页面、点击了页面上的哪些按钮。用户访问页面的时间和内容可以提炼成用户的兴趣偏好，是建立用户画像必需的素材；用户访问页面的顺序、点击按钮的行为可以用来评价业务流程、按钮样式设计是否合理，是产品经理进行产品改进的重要依据。

（3）企业通过调研等方式获得的数据

企业主要可以在 3 个方向上应用调研数据。一是在准备研发和投放新的产品或服务时，可以通过调研的方法来挖掘用户需求、测试产品概念是否符合市场预期等。二是在产品投入市场后，可以长期监控目标用户群对自己和竞争品牌的认知度、美誉度等，保持对市场格局的了解。三是在发现一些典型但是令人费解的用户行为特征时，可以通过调研来收集用户的反馈，寻找行为背后的动因，为产品改进和创新提供思路。

在"前互联网时代"，调研曾经是很多企业非常重视的数据来源。但是随着互联网数据记录技术的普及和发展，很多企业对调研的重视程度有所下降，甚至放弃了这种手段。其实通过上面的介绍可以发现，调研与线上数据之间并不会互相替代，而是互补的关系。尤其是在概念测试阶段，或者需要了解某些用户行为发生的原因时，调研几乎是无可替代的手段。总体来说，调研是一门有独特作用、高度专业化，也特别讲究理论和实践相结合的学科，建议从事数据分析工作的读者对这个学科有基本的了解。

2．外部数据

典型的**外部数据**包括以下几种。

（1）各种组织和机构发布的免费数据

联合国及其附属组织、各国家/地区的统计局等政府机构、世界经济论坛等国际组织都会例行发布关于国家、地区的各种数据和报告。这些数据、报告很多都是免费的，其中的指标体系的设计一般也比较讲究和严谨，对于全面了解和评价某国、某地区或某个行业在某方面的基本情况非常有价值。当企业需要进行市场扩张决策或者对区域经济、行业发展趋势做出研判时，这些都是非常常用的数据。此外，上市公司的财报、行业第三方发布的市场报告和数据、行业竞争对手的新闻与宣传推广也都是免费外部数据的重要来源。

免费数据包罗万象，但来源和口径各不相同、质量参差不齐，我们在应用之前需要先做好甄选和清理工作。这些工作通常需要相关人员有很高的专业水准，耗费大量的时间，所以很多企业会选择采购专业的数据库来使用。

（2）付费购买的数据库

对各种来源的数据信息进行评价、加工和整合，使它们达到可供分析使用的状态经常是一项专业而耗时的工作。在富集数据的行业中，一般都会分化出专门负责采集整理宏观、行业、竞争者相关数据的公司。例如，金融行业普遍采用的彭博终端、万得终端等。很多大型市场调研公司也会长期采集重点行业的市场份额、各主要品牌在目标客群中的认知度和美誉度等指标。这些数据对于企业预判行业发展趋势、了解竞争环境和竞品的重要变动情况都提供了非常有价值的参考，企业可按需购买。

（3）从互联网等渠道通过爬虫等方式免费获取的公开数据

近年来高速发展的互联网从诞生之初就是一个重度依赖数据的行业。收集行业和竞品数据的各种第三方服务公司也依托互联网的技术进步有了进一步的发展。它们通过网络爬虫和线上监控代码，可以更为全面高效地收集行业和竞品的信息。不过，技术的进步其实是一把"双刃剑"。2019 年，多个企业先后因涉嫌滥用爬虫技术违法收集和使用数据接受调查。企业在利用这个类型的数据时，要特别注意获取和应用数据都应符合法律法规的规定。

对于数据分析师来说，学会编写爬虫或者熟练使用一种爬虫工具，可以支持自己更为灵活主动地进行各种合法的探索性分析，对于拓展工作边界和提升工作效率大有裨益。感兴趣的读者可以根据自己的情况向这个方向深入研究。

（4）从合作伙伴或服务商处获取的数据

企业还可以从自己的合作伙伴或服务商处获取数据。例如，在各大媒体投放广告的企业可以从媒体获取自己广告投放的数据，在各内容平台开通账号的企业可以从内容平台获取自己内容的浏览数据，在各电商平台开设网店的企业可以从电商平台获取自己店铺的浏览、成交、广告投放数据。这些数据并非免费获取的，但是和第（2）项中作为独立产品和服务的付费数据库也有所不同：它们是企业所购买的某种付费服务（如投放广告、管理内容和用户、在线售卖商品）的一部分，不能单独付费购买。

企业也可以通过合法合规的途径从正规的供应商处采购数据，或者与合作伙伴共享数据。前者如金融企业在向用户提供贷款时，可以考虑向具有资质的服务商采购申请贷款用户的信用数据。后者如一个行业中的企业，各自向行业管理单位提供自己的数据，由管理单位对数据进行必要的整合加工，企业可以按照规则申请使用。这两种情况都涉及数据隐私保护的问题，是这个领域中相对前沿的问题，还在探索前行的阶段。

随着数据商业价值的不断凸显，包括数据隐私保护在内的数据合规已经不只是采购和共享数据时独有的问题，而是贯穿企业获取和使用数据的全部过程，甚至进入了企业的很多日常运营管理操作。企业和数据分析师在使用所有类型数据时都可能涉及合规问题，数据合规将逐渐成为如同财务合规一样足以影响企业前途的决定性因素。数据应用行业各分支领域的从业者有必要对这个领域的问题保持足够的重视与关注。

3.2.2　通过 Excel 获取数据

Excel 作为一种功能强大的数据分析工具，足以支持企业中大部分基础的数据分析工作。但是，企业拥有的很多数据最初并不是以 Excel 表格的形式存在的。例如，企业的各种内部系统生成的数据一般都会存储在数据仓库中，也有一些业务数据存储在各种非 Excel 格式的电子文档中，或者数据分析师有时候需要抓取一些网络数据。本节主要介绍如何利用 Excel 读入数据库表、文本文件、网页中的数据，以供后续分析使用。

Excel 读入外部数据源的功能主要集中在"数据"选项卡的"获取和转换数据"组中，如图 3.1 所示。其中"获取数据"包含 Excel 支持读入的所有数据类型；"从文本/CSV""自网站""来自表格/区域"是 3 个常用的读入外部数据的类型，单独列出来以便用户更加快捷地操作；"最近使用的源""现有连接"分别存储了近期导入的网络数据源和数据库表文件链接，可以快捷地重复导入之前曾经获取的数据。以下将按照所读入的数据来源逐一介绍。

图 3.1　"数据"选项卡的"获取和转换数据"组

1. 从数据库读入文件

Excel 提供从常用的数据库（如 SQL Server、Access 等）读入数据的接口，以下以导入 Access 数据库表为例说明从数据库表导入数据的基本流程。

如图 3.2 所示，在"获取和转换数据"组中单击"获取数据"按钮，在弹出的下拉菜单中将鼠标指针指向"来自数据库"选项，从展开的子菜单中单击"从 Microsoft Access 数据库"，打开文件选择对话框；从中选择 Access 数据库表的存储路径，选中要导入的 Access 数据库表。之后 Excel 将打开图 3.3 所示的"导航器"窗口。

图 3.2　从数据库表读入数据

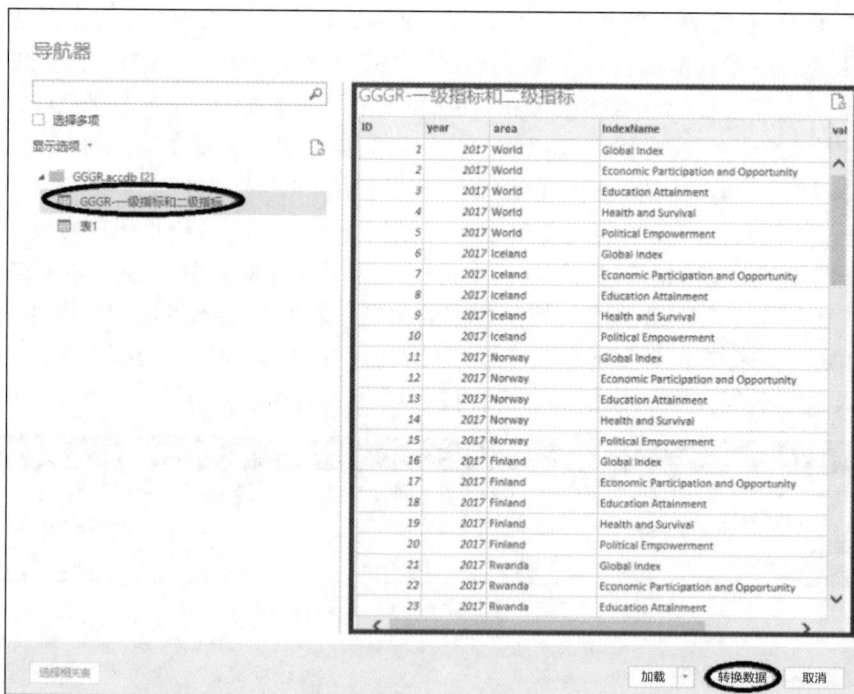

图 3.3　"导航器"窗口

　　"导航器"窗口左侧的列表列出了选中的数据库文件包含的所有表，从中选中要读入的表，窗口右侧会展示这个表中的样例数据供查阅。确认要导入的数据无误后，单击窗口右下方的"转换数据"按钮，Excel 将打开图 3.4 所示的 Power Query 编辑器，这是一个可供使用者对表中的数据进行查询和编辑的工具。

图 3.4　Power Query 编辑器

数据库表中的数据量通常比较大，在初步探索阶段可以先读入其中部分行和列以提高效率。图 3.4 所示的"管理列"和"减少行"组中分别提供了对列和行的筛选功能，"转换"组可实现调整数据类型等功能，也较为常用。做好对数据的筛选和调整后，单击"关闭并上载"按钮，数据库表中的数据被读入 Excel，如图 3.5 所示。

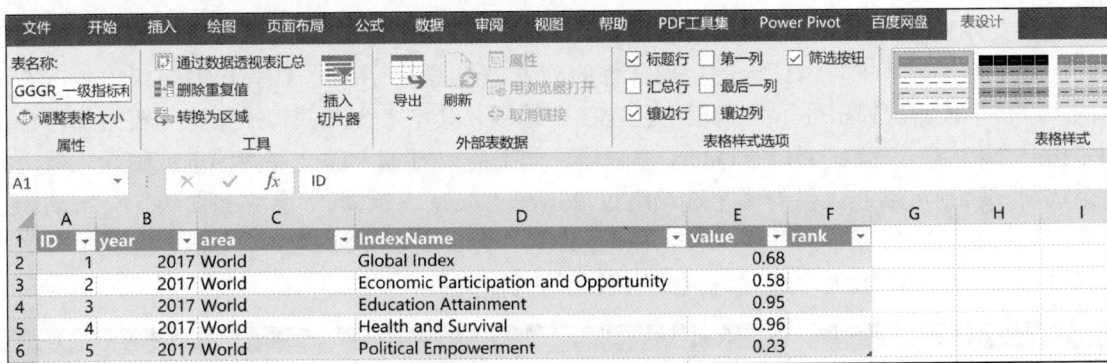

图 3.5　数据库表中的数据被读入 Excel

2．从文本文件/CSV 文件读入数据

企业中另外一类常见的数据源是各种非 Excel 格式的电子文件，其中文本文件和 CSV（Comma Separated Values，以逗号为列分隔符）文件是最为常见的两种格式。如图 3.1 所示，Excel 的"数据"选项卡的"获取和转换数据"组中专门设置了"从文本/CSV"按钮。直接单击该按钮，按照提示操作即可读入单个文本文件或 CSV 文件中的数据。

如果有多个文本文件或 CSV 文件待读入并且合并为一个文件，则可以使用图 3.6 所示的"从文件夹"功能。单击"获取和转换数据"组中的"获取数据"按钮，在弹出的下拉菜单中将鼠标指针指向"来自文件"，在弹出的子菜单中单击"从文件夹"，然后在打开的文件选择对

Excel 商务数据分析与应用

话框中选择待读入文件所在的文件夹。

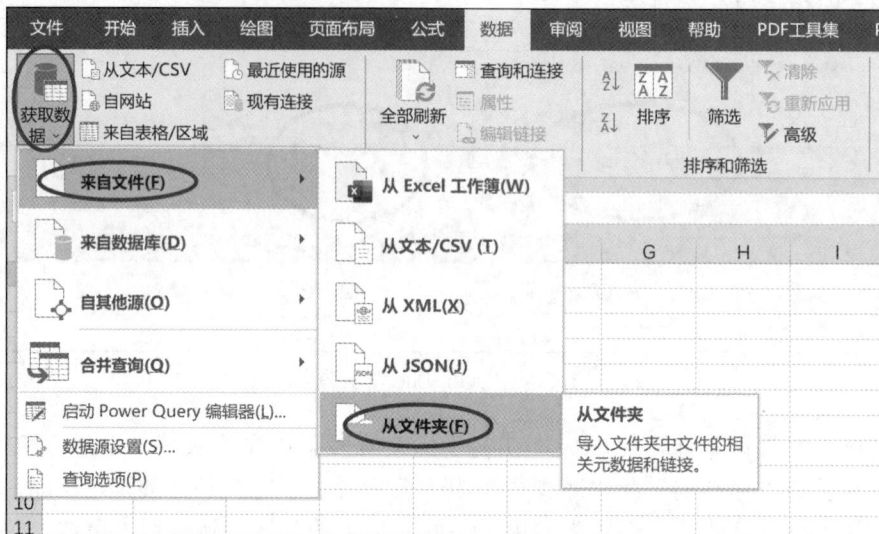

图 3.6　"从文件夹"功能：一次读入多个文件

　　选好文件夹路径并单击"确定"按钮后，Excel 将弹出一个窗口展示指定文件夹（及其包含的所有子文件夹）中可以读入的全部文件的列表，如图 3.7 所示。在弹出的窗口中单击右下角的"组合"按钮，弹出的下拉列表中包含 3 个选项，其中"合并并转换数据"较另外两个选项多出一个步骤——弹出 Power Query 编辑器。如果需要对读入的文件做筛选或编辑，就选择这个选项，否则可以通过另外两个选项跳过 Power Query 编辑器。"合并和加载"会自动新建一个表，将读入的数据导入其中；"合并和加载到"允许将数据加载到某个指定的表中。这里以选择"合并并转换数据"选项为例介绍后续的操作流程。

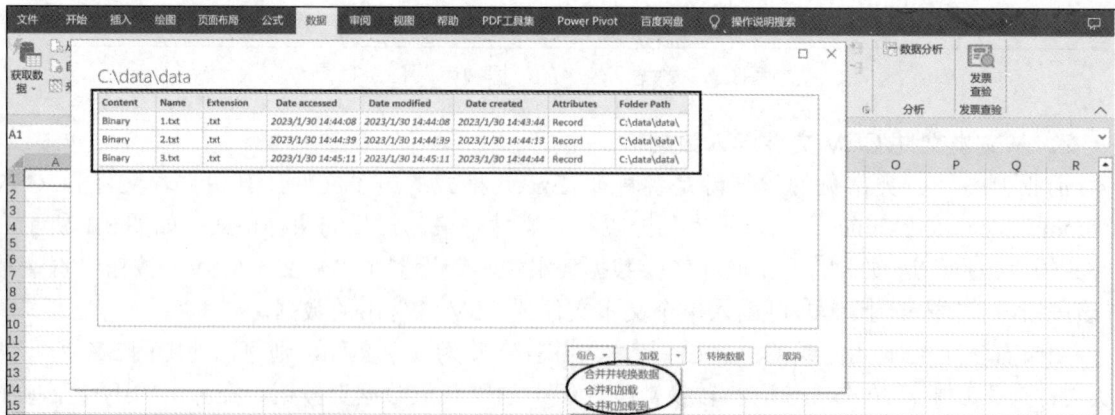

图 3.7　指定文件夹中所有可被读入的文件列表

34

选择"合并并转换数据"选项，Excel 弹出图 3.8 所示的"合并文件"窗口。通过左上方的"示例文件"下拉列表框可以切换查看每个文件读入后的样式，如果分列与预期不相符，则可以通过下一行的"分隔符"下拉列表框进行调整。调整好读入文件的分列设置后，单击"确定"按钮，进入图 3.9 所示的 Power Query 编辑器。

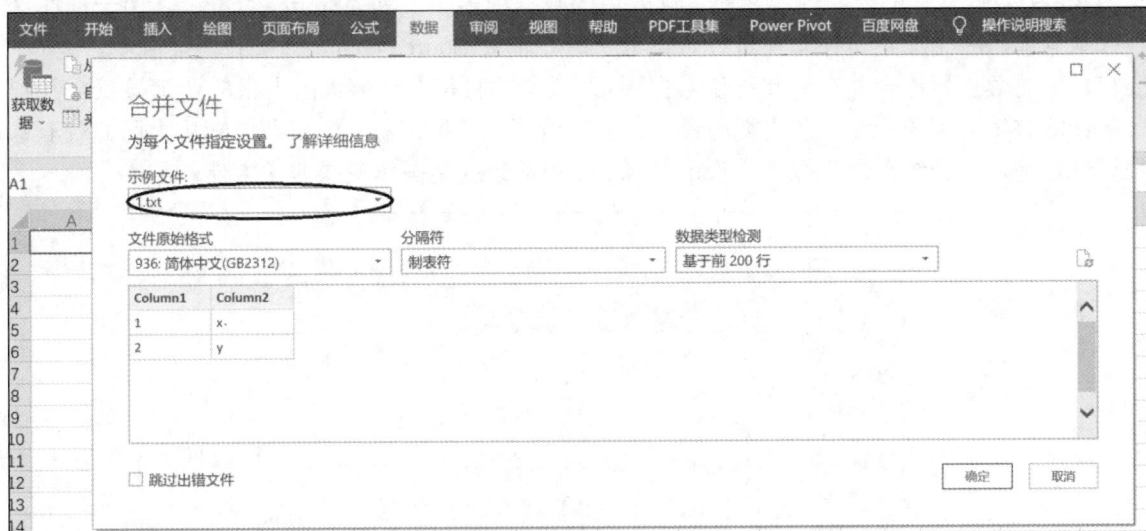

图 3.8　"合并文件"窗口

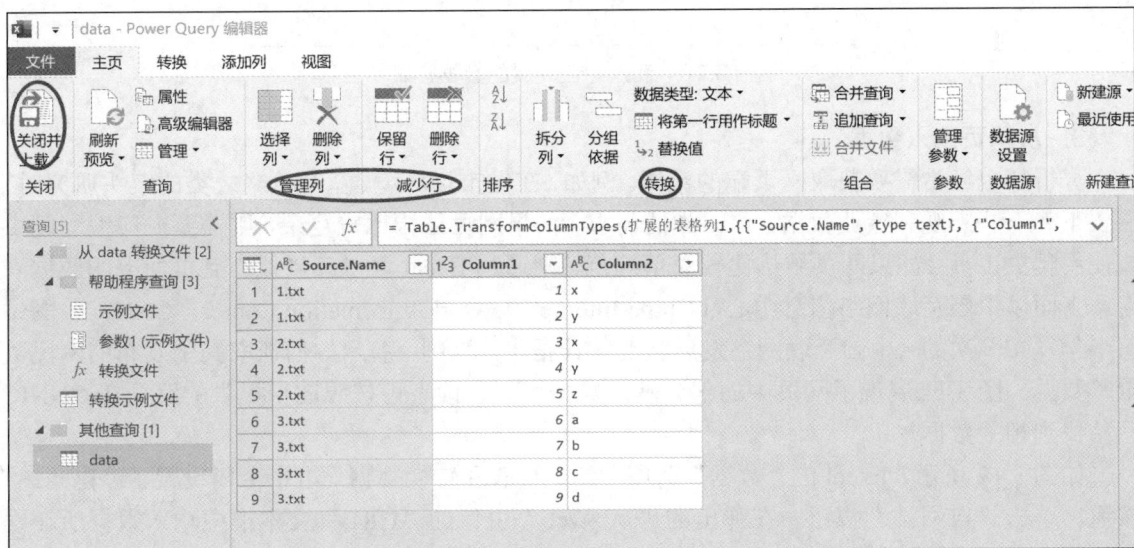

图 3.9　Power Query 编辑器：对数据进行筛选和编辑

在 Power Query 编辑器中，可以通过"管理列"和"减少行"组来对读入的数据进行筛选，通过"转换"组设置要读入的数据格式。完成相关设置后，单击"关闭并上载"按钮，如此图 3.7 所示的 3 个原始文件中的数据就全部被读入同一张 Excel 表了。

图 3.10 展示了读入并合并后的数据样式，3 个原始文件中的内容都合并到了同一张表中。与图 3.8 中数据文件的原始内容相比，读入后的数据中多了一列"Source.Name"，用于标注这一行数据来自哪个原始文件。在进行数据分析时，需要 Source.Name 变量的场景很多。例如，要将每天的数据日报合并在一起制作数据周报，或者要将每个销售大区上报的业绩报表合并到一起计算整体的销售业绩。在这类场景中，经常需要按数据来源（如日期或销售大区）对汇总数据进行筛选、分组汇总等操作，Source.Name 变量让这类操作变得非常方便。

	A	B	C	D	E
1	Source.Name	Column1	Column2		
2	1.txt	1	x		
3	1.txt	2	y		
4	2.txt	3	x		
5	2.txt	4	y		
6	2.txt	5	z		
7	3.csv	6	a		
8	3.csv	7	b		
9	3.csv	8	c		
10	3.csv	9	d		
11					
12					

图 3.10　读入并合并后的数据样式

3．从网页读入数据

分析师也经常需要获取网页端的数据。例如，在做市场环境、竞对策略之类的案头研究时，需要下载一些宏观和行业数据。这一类的需求，如果网页结构比较复杂，则需要专门编写爬虫或使用爬虫工具；如果网页结构比较简单规范，则通过 Excel 可以直接抓取到页面上的数据表格。下面以中国互联网络信息中心（China Internet Network Information Center，CNNIC）网站每半年发布一次的《中国互联网络发展状况统计报告》为例，演示如何抓取其中发布的网民数量等数据。图 3.11 展现了网页中的部分基础数据指标，读者可按照图中提供的路径在 CNNIC 网站找到相关数据。

如图 3.12 所示，Excel 的"数据"选项卡的"获取和转换数据"组中专门设置了"自网站"按钮。单击"自网站"按钮，在弹出的"从 Web"窗口的"URL"文本框中输入数据所在网页的统一资源定位符（Uniform Resource Locator，URL），然后单击"确定"按钮，Excel 弹出图 3.13 所示的"导航器"窗口。

图 3.11　CNNIC 网站发布的互联网基础数据

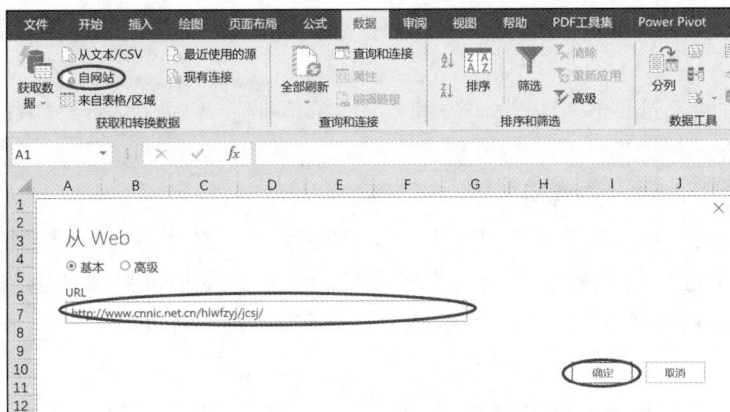

图 3.12　"从 Web"窗口：输入网页 URL

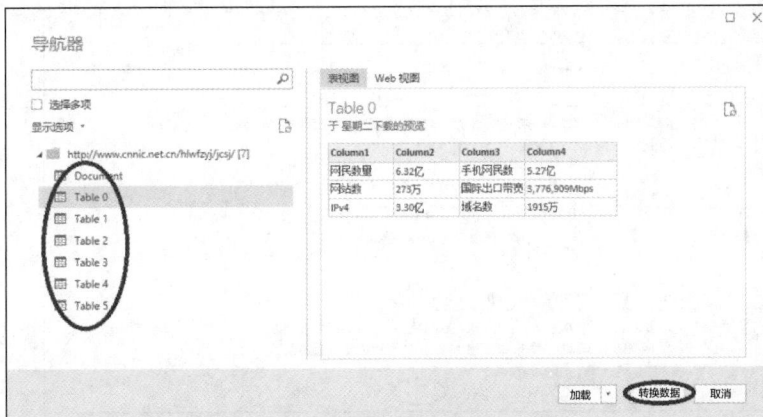

图 3.13　"导航器"窗口：选择要下载的表格

"导航器"窗口左侧以列表形式展现指定网页中包含的各个表,选择其中任意一张表,可在右侧的"表视图"部分看到这张表包含的数据。选定表后,单击右下方的"转换数据"按钮,可打开类似图 3.9 所示的 Power Query 编辑器以对数据进行筛选和编辑。如无须进行筛选和编辑操作,则直接单击"加载"按钮,所选数据即被读入 Excel。

3.2.3 将 SEM 广告数据读入 Excel

本章使用的 SEM 广告数据来自搜索引擎的结果页,图 3.14 呈现了抓取到的各个字段在网页上的呈现方式。

(1)本章案例要求采集的是搜索结果页上带有"广告"标识的条目(见图 3.14 中圆圈所在位置的"广告"标识)。没有"广告"标识的数据称为自然搜索结果,与广告主投放广告的行为无关。

(2)每条广告的文本部分被称为"广告创意",其中带有链接的第一行称为"**标题**",下方无链接的部分称为"**描述**"。广告创意中的部分文字为红色,起到重点提示用户关注的作用,称为"**飘红**"。

(3)创意下方的网址标识了投放广告的广告主的网址,称为"**显示 URL**",由显示 URL 可以定位广告主的"**名称**"。

(4)记录触发广告的"**搜索词**"。

(5)一次搜索可以展现多个广告主的广告,按照展现位置从上到下记录每条广告的"**广告排名**",排名越靠上的广告位越能够吸引更多用户的注意,竞拍价格往往也越高。

(6)因为在不同的时间搜索同一个词,展现的广告可能有所不同,所以还要记录抓取广告的"**时间**"。

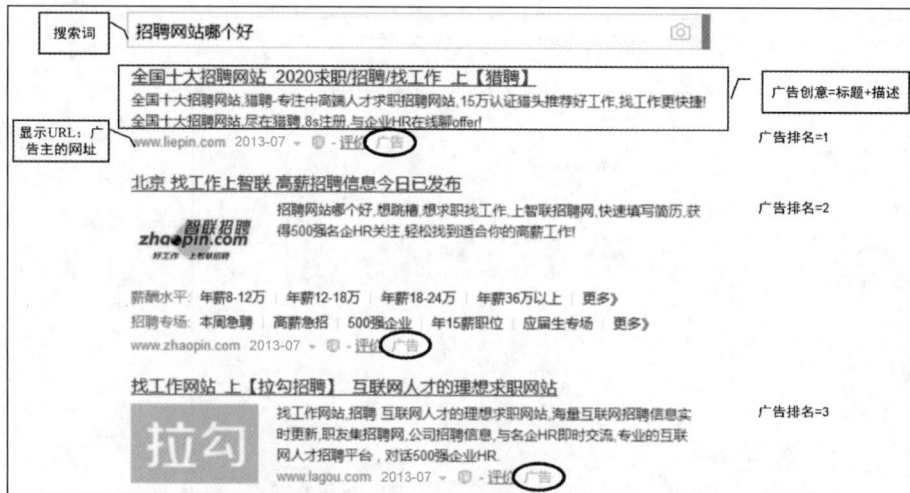

图 3.14(彩色)

图 3.14 在搜索结果页上抓取的字段

抓取结果共包含 4573 条广告数据，表 3.1 展示了其中一条。从表 3.1 中可以看出，它包含几类常见的数据类型：数值型、字符型、日期时间型。其中广告创意部分除了记录创意的标题、描述的原始文本，还通过"标题飘红""描述飘红"两个变量分别记录广告创意的标题和描述中的飘红内容，不相邻的飘红字符以"|"隔开。

表 3.1　爬虫抓取到的 SEM 广告数据示例

变量	取值示例	变量类型
时间	2013/7/4 17:10:00	日期时间
搜索词	招聘网站哪个好	字符
显示 URL	www.chinahr.com	字符
排名	4	数值，正整数
创意标题	招聘网站哪个好 中华英才网,北京好工作一网打尽	字符
创意描述	招聘网站哪个好 专注于北京招聘的互动高效新媒体.每日更新上万条招聘信息.	字符
标题飘红	招聘网站哪个好|北京好	字符
描述飘红	招聘网站哪个好|北京招聘|招聘	字符

抓取结果被存储为 CSV 格式，可以参考图 3.15，按照如下步骤将其读入 Excel。

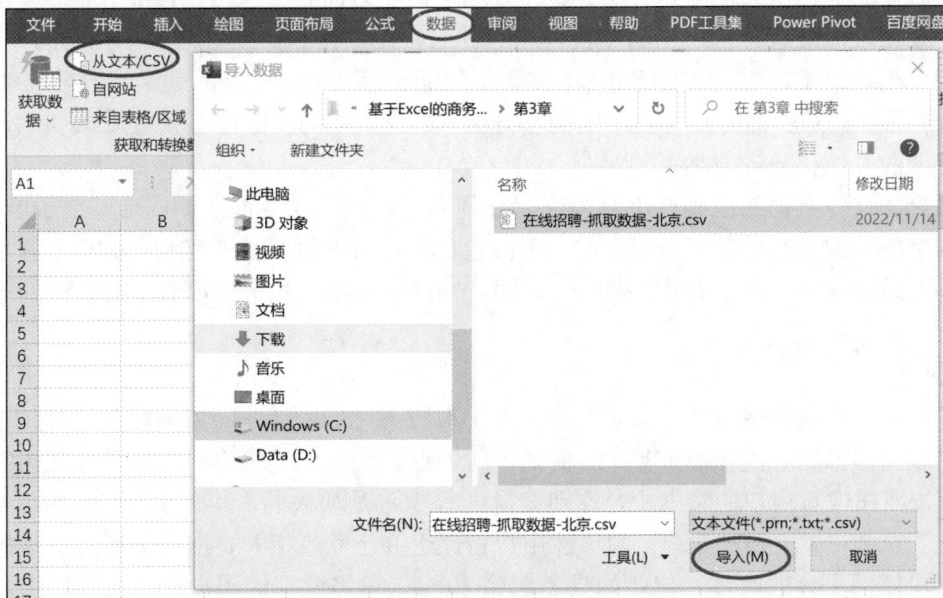

图 3.15　读入 CSV 格式的数据

（1）打开 Excel，先在功能区上单击"数据"选项卡，然后在"获取和转换数据"组中单击"从文本/CSV"按钮，Excel 弹出"导入数据"对话框。

（2）在"导入数据"对话框中选择待读入 CSV 文件所在的目录位置，选中文件，单击"导入"按钮，数据即被加载到 Excel 中。

数据读入只是第一步，接下来就可以对数据进行各种质量验证和加工处理了。后面的两节将分别讲解如何对表中的数据进行质量验证和初步的加工，为后续的数据分析做准备。

3.3　验证数据

企业从各个内外部数据源获取的数据不能直接应用，数据团队要先对其进行验证和加工。验证的主要目的在于保证数据记录的准确性。这是数据分析和价值实现的起点，基于错误的数据不可能得到正确的结果。而加工的主要目的在于让使用数据的工作变得更加便捷，提高数据分析工作的效率。

3.3 节主要介绍验证数据的基本思路和常用方法，其中 3.3.1 节介绍验证数据的基本思路，3.3.2 节介绍如何通过 Excel 进行常见的数据验证工作。3.3.3 节介绍如何对 SEM 广告数据进行验证。

3.3.1　验证数据的基本思路

验证数据的工作一方面要保证数据的准确性，另一方面要关注可用性和合规性。在验证不同种类的数据时，既有一些通用的项目，也有针对特定数据和问题设立的个性化的评估标准。通用的部分相对固定，个性化的部分相对灵活；但无论哪一种，目标都是保证数据准确、可用、合法合规。在掌握好验证的目标和原则的基础上，结合数据的实际情况就可以顺利地设计出符合数据特征的个性化验证方案。

先来看如何对**数据的准确性**进行验证。准确之于数据的重要性，如同地基之于摩天大厦。基于不准确的数据进行的任何分析工作，不但它自己本身的逻辑异常脆弱，更严重的是还可能将企业引入歧途。所以，在使用数据前一定要特别注意验证数据的准确性。准确性的验证一般可以从以下几个角度进行。

1．缺失

数据中是否有某些变量（尤其是关键变量）有较大比例的缺失。如果存在这样的情况，那么基于此做出的推断可能是有问题的。例如，企业要通过现有用户的特征来寻找开拓新用户的推广渠道，而在现有用户的数据中，性别变量中有 30%是缺失的，其余 25%是女性，45%是男性。如果只看填写了性别的用户，则男性用户占比远高于女性用户，推广资源要重点投放到那些男性用户比例更高的媒体。但是如果考虑到 30%未填写性别的用户，那么女性用户的实际占比可能超过男性、与男性相当，或者比现在更大比例地少于男性用户；如果是前两种情况，选择男性用户集中的媒体就会浪费推广资源。

数据大比例缺失很有可能意味着数据生产环节发生了故障。尤其是企业使用自己开发的各种业务系统、爬虫等数据记录工具时更容易发生这种情况，可以通过数据的异常反推定位系统和工具的故障。例如，对于本章案例中介绍的数据，如果其中类似"搜索词"这样的变量有较多缺失，那么基本可以断定是爬虫程序出现了问题：SEM 广告的展现以用户的搜索行为为必要条件，没有搜索行为是不可能有广告展现的。

2．分布

对于不存在大量缺失的数据，还要看每个变量的分布是否合理，一般可以通过计算频数或绘制直方图来实现。例如，年龄应当是非负数，出现负数一般是不正常的。当然，也有一些数据库会特意以一些不合理的值来表示用户未填写/因故障未能收集到数据等异常情况。但这样的设定一般在数据库设计文档中都能找到对应的注释，而且其所取的数值一般数量有限，也有一定规律。如果既找不到相关说明，不合理数值的数量比较多，取值又比较分散，那么很可能是数据质量存在问题。

还有一种分布不合理的情况相对比较隐蔽，需要结合常识或业务知识来处理。例如，"省份"变量中出现了地级市的名称是不正常的；或者按照销售政策，给客户的折扣应该与客户的等级相关，但是数据库中出现了用户享受的折扣与其等级不匹配的情况。其中后一个例子的情况更复杂一些，需要结合多个变量判断。

3．无效

验证数据时还经常会遇到一些非常典型的无效数据。例如，记录用户注册的数据表中一般会以用户 ID 为主键[①]，如果发现用户 ID 这个变量有重复取值，则数据记录过程可能存在问题。或者在数据库表中发现了所有变量取值完全一致的记录，这很可能是数据记录故障导致的。

4．个性化的评估

如前所述，验证数据质量除了上述比较通用的角度外，还需要根据研究目标、业务背景等考虑一些个性化的评估标准。这部分工作没有一定之规，需要在日常工作中将数据专业理论与实际商业问题结合起来进行设计。这里只以本章案例所使用的数据做简单示范。

研究目标是设计个性化数据验证思路的重要指引。本章案例的研究目标是了解广告主所在行业的竞争环境和典型竞争者的投放策略，这就要求所使用的数据能够覆盖行业中典型广告主在所有重要营销角度的投放。也就是说，这份数据要包含足够多的广告主、足够丰富的关键词、各个典型的时段（如一天 24 小时、工作日与休息日等）、广告主业务可以辐射到的各个地域，否则就不能支持广告主去研究整体的市场环境和每个主要竞品的投放策略。

总体来说，在验证数据准确性时，要明确每个变量的业务含义和设计逻辑，根据这两点对每个变量、一组关系密切的变量、全部数据逐一进行验证。如果存在比较严重的数据质量问题，如关键变量大比例缺失，不能达到分析工作的要求，就要回到获取数据的环节解决数据记录中

---

① 数据库表中的主关键字（Primary Key），它的每一个取值都应该能够唯一地定位这张表中的一行记录，所以作为主键的变量取值不能重复。

的问题。如果问题并不严重，则可以先基于现有的数据进行探索，在分析过程中可以采取删除有问题的数据、保留异常不进行处理、对异常值进行修正等方法。本书对此不做系统介绍，仅在遇到相关问题时进行具体讨论。

除了保证数据的准确外，好的数据还应该**可用而合规**。其中数据"合规"是一个宏大的话题，超出本书的范围，不做具体讨论，感兴趣的读者可自行拓展。"可用"的问题可以从对标、时效和投入产出 3 个方向来考量。

对标是指数据能够支持达到研究目的。**时效**是指要获取离当下最近的数据。企业分析数据经常是希望通过了解过去和现在来预测未来，因此要尽可能获取最具有时效性的数据来支持研究。越是身处竞争激烈、快速发展的行业越是如此。在量化投资等对时效性要求特别高的行业，数据的反馈时间甚至是以毫秒为单位的。**投入产出**是指要综合考虑获取数据的成本和分析所能带来的收益。

对这 3 个维度的评估是因场景而异的，没有统一的标准。例如，要评估一个国家或地区的经济发展情况，前一年的数据就可以满足时效性的要求；如果目标是预测某个行业的发展趋势，则过去数年的季度、月度的数据是比较及时的；但如果要进行套利交易，数据的时效性就变成了毫秒必争。再如，一个提供无抵押贷款的金融机构经过验证发现，某家信用服务机构提供的申请人信用记录能够帮助其大幅提升用户违约风险评估模型的准确性，那么只要数据的价格在合理区间内，从投入产出的角度看购买数据就是合理的；而对于一个社交网站或者经营内容的媒体公司，用户的信用记录数据一般用处不大，没有付费购买的必要。

3.3.2　通过 Excel 对数据进行验证

虽然验证数据有很多个方向，但在使用 Excel 进行具体操作时，可以将之大致归类为探索单个变量的"分布"、探索多个变量的"关系"两类，所采取的具体方法都与变量的类型有关。以下主要以本章的案例数据为基础，逐一介绍各种典型数据验证操作的实现方法。

1. 检查空值

验证数据时最基础的一个操作就是检查数据缺失情况，不论何种类型的变量都会涉及这个问题。检查数据缺失情况时，最简单的办法是通过 Excel 自定义状态栏进行。如图 3.16 所示，Excel 工作窗口下方有一个"自定义状态栏"，当用户选中多于一个单元格时，该栏上会显示与之相关的一些指标，其中的"计数"表示选中单元格中非空单元格的数量。

在检查空值时，可以逐一单击数据区上方的变量列名，选中某一列，对比各列的"计数"取值。图 3.16 所示为单击列名"A"，选中"时间"变量后的结果。"时间"变量是抓取数据时自动生成的，不依赖爬虫的工作成果，一般不会有空值存在。可以以它为标杆，选中后续各列时，如果"计数"显示的数值小于 4574，则意味着该列数据有缺失，差值越大，数据缺失越严重。

图 3.16 中的"自定义状态栏"上除"计数"外，还显示了"平均值"和"求和"两个指

标和取值，以及缩放滑块等功能。除了这些指标和功能之外，"自定义状态栏"还有其他众多选项可供选择：将鼠标指针置于"自定义状态栏"上，然后单击鼠标右键，即可看到图3.17 所示的所有可供选择的指标和功能菜单。已经添加的指标/功能前标有对号，单击这个指标/功能，对号消失，相应的指标/功能不再出现在"自定义状态栏"上；尚未添加的指标/功能前没有任何标记，单击后出现对号，即可在"自定义状态栏"上看到和使用它。读者如果之前对状态栏不太熟悉，则可以先将全部数据指标/功能选中，方便自己对其建立初步的了解。

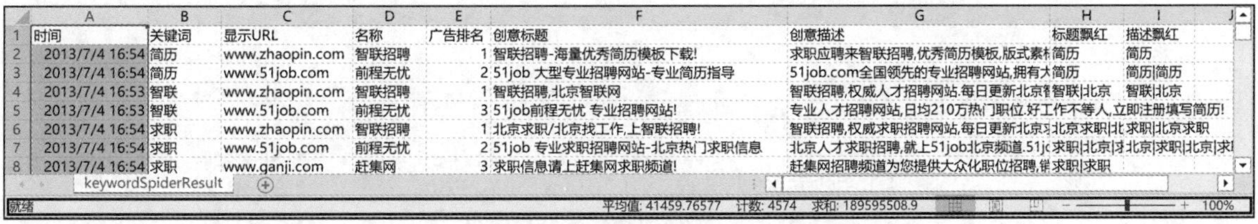

图 3.16 "自定义状态栏"：通过"计数"了解空值情况

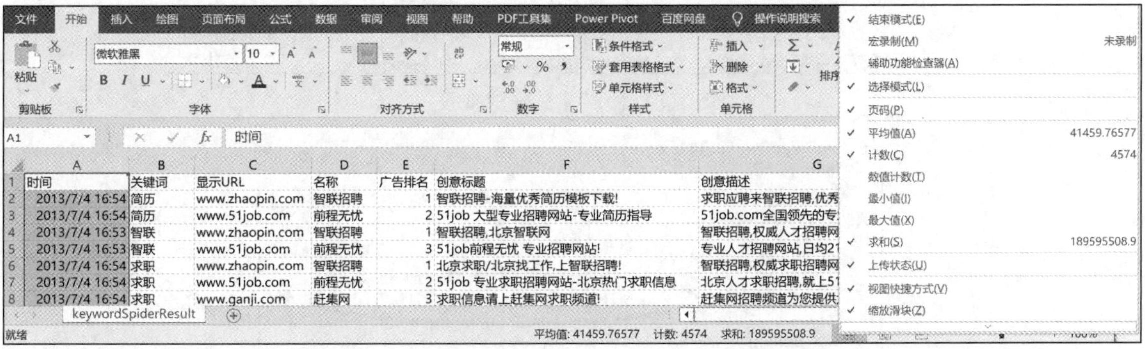

图 3.17 "自定义状态栏"：可展现的指标/功能

2. 了解定性变量的单变量分布

定性变量用于给事物分类，包括定类变量和定序变量两种，前者只具有分组功能，后者不但可用于分组，还可指定各组之间的大小顺序。例如，常见的人口统计特征"性别"就是一个定类变量，两个性别有所不同，但无高下之分；另一个常见的人口统计特征"学历"则是定序变量，博士、硕士、学士、专科等所代表的修业年限和学术水平逐级递减。对于定性变量，要检查是否存在不合理的取值（如在性别变量中发现"博士"的取值），或者各个取值对应的数量是否合理分布。在 Excel 中，可以用"数据透视表"功能来完成这个检查。

以下以查看"名称"（基于"显示 URL"生成的广告主名称）变量的分布来展示如何通过数据透视表查看定性变量的分布。在待验证的数据区域中任意选中一个单元格，然后按 Ctrl+A 组合键，将单元格周边连续的非空单元格都选中；如图 3.18 所示，在功能区上单击"插入"

选项卡，然后在"表格"组中单击"数据透视表"，Excel 弹出图 3.19 所示的"创建数据透视表"对话框。这个对话框主要提供两个选项："请选择要分析的数据"和"选择放置数据透视表的位置"。

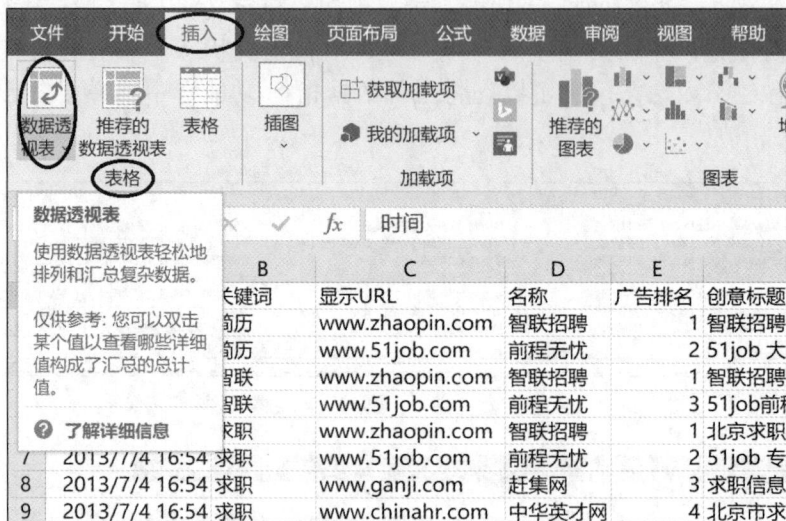

图 3.18　插入"数据透视表"

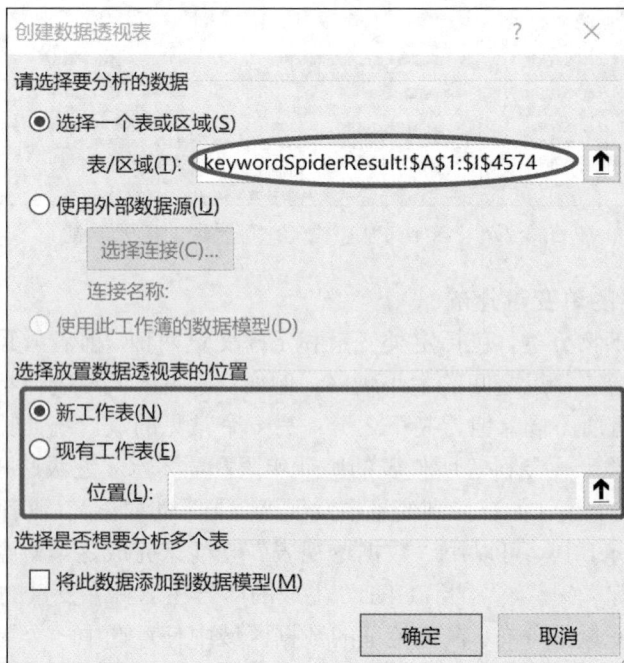

图 3.19　"创建数据透视表"对话框：指定数据源、呈现结果的位置

Excel 在这两个选项上都提供了默认设置。将用户启动这个功能前选中的数据作为要分析的数据，写入图 3.19 所示椭圆圈出的区域；如果需要调整，则单击"表/区域"文本框右侧的向上箭头重新选择。输出结果默认展示在一个新建立的表中；如果需要调整，则先选中"现有工作表"单选按钮，然后单击"位置"文本框右侧的向上箭头，在当前已有的表中选择展现结果的位置。

按照图 3.19 所示的设置，单击"确定"按钮后，Excel 自动创建一张新表展现数据透视表的结果，如图 3.20 所示。单击数据透视表中的任一单元格，功能区将出现两个与数据透视表相关的新选项卡"数据透视表分析"和"设计"，其中的各种功能可以实现更多数据透视表功能以及美化格式，读者可在使用中进一步探索。以下仅介绍数据透视表的基本使用方法。

单击数据透视表中的任一单元格时，Excel 还将呈现图 3.20 中右侧的"数据透视表字段"窗格。这个窗格由两部分组成，上方是变量列表区域，显示数据透视表的数据源区域中包含的所有变量，用户可以通过选中或者按住鼠标左键拖曳的方式，将这些变量加入下方的布局区域；在变量列表区域中，被选中加入数据透视表的变量前会出现对号，再次单击消除对号，这个变量就不再出现在数据透视表中。

图 3.20 "数据透视表"相关选项卡与窗格

"数据透视表字段"窗格的下半部分是表格布局区域，用于调整表格展示的基本内容，加入"筛选""列""行""值"4 个栏中的变量名称可以拖动至其他栏。

45

其中"筛选""列""行"3 个栏用于实现分类的功能，一般放入定性变量。如图 3.20 所示，将定类变量"名称"拖到"行"栏中；位于"行"栏中变量的所有取值会作为输出结果的"行名"（见图 3.20 中的 A4:A8 单元格区域）。

"值"栏用于指定数据透视表呈现基于哪些变量计算得到的哪些指标，可以放入定性变量或者数值变量，放入定性变量时显示其计数，放入数值变量时计算使用者指定的指标。将数值变量"广告排名"拖至"值"中，会看到在"值"和数据区域 B3 单元格中，变量名"广告排名"前都标有"求和项"3 个字：如果原始数据中"名称"为"赶集网"的数据一共有两行，它们对应的"广告排名"取值分别为 3 和 5，那么当指标为"求和项"时，数据透视表会将结果 8（3+5）显示在"赶集网"右侧；但在此场景中要检查的是这个变量的分布，即我们关心的是"名称"为"赶集网"的数据一共有 2 条。为此，需要按照图 3.21 所示的方法更改指标的"计算类型"。

在图 3.21 左侧的"数据透视表字段"窗格右下角找到"值"栏，在"值"栏中找到"求和项：广告排名"，单击其右侧的下拉箭头，在弹出的下拉菜单中单击"值字段设置"，Excel 弹出"值字段设置"对话框；在对话框中的"计算类型"列表框中单击"计数"，然后单击"确定"按钮。数据透视表的 B3:B9 单元格区域从图 3.21 最左侧的样子自动更新为最右侧的样子：B3 单元格中变量名前的指标名称从"求和项"变更为"计数项"，B4:B9 单元格区域中的指标合计数也变更为数据表中包含的数据行数。

图 3.21　调整数据透视表中的"计算类型"

3．了解定量变量的单变量分布

除了分类以外，大部分数据展示的是事物在某个方面的具体水平，它们表现为各种数字，是最为人熟知的"数据"类型，这样的数据称为定量变量。定量变量可以进一步细分为定距变量和定比变量，前者可做加减运算（如摄氏温度、公元纪年的年号），后者除可进行加减运算外，还可进行乘除运算（如距离、速度、时长、身高、金额等）。对于定量变量，可以通过计算极值和分位数、绘制直方图或箱形图等方法来初步了解它们的分布情况。以下重点讲解最为常用的分位数和箱形图两种工具在 Excel 中的实现。

（1）分位数

分位数是指把一个指标的所有取值按照大小排列好后，在序列中排序处于某个位置的数值。由于序列中包含的数据个数不等，分位数在序列中对应的位置用百分数表示。假定一个序列包含 n 个数据，那么它的 25%分位数要比其中 $n×25\%$ 个数据大，比其中 $n×75\%$ 个数据小。最常用的分位数包括中位数（50%分位数）、四分位数（25%分位数即下四分位数，50%分位数即中位数，75%分位数即上四分位数）、极值（100%分位数即最大值，0%分位数即最小值）。

Excel 提供了 QUARTILE.EXC 和 QUARTILE.INC 函数计算分位数。这两个函数都包含两个参数：第一个参数是要计算分位数的数据所在的区域，第二个参数指明要计算的分位数。两个函数在第二个参数上略有差别：QUARTILE.EXC 只能计算 3 个四分位数，不支持极值，第二个参数只有 1、2、3 这 3 个选项，分别对应下四分位数、中位数、上四分位数；QUARTILE.INC 可计算四分位数和极值，第二个参数除对应四分位数的 1、2、3 这 3 个选项外，还增加了 0、4 两个选项，分别对应最小值和最大值。此外，两个函数计算分位数位置的方式也略有不同，所以生成的结果会有细微差别。但对于一个数据量较大的总体，两者差距并不明显。本书不再展开介绍这两个函数计算细节上的差别，感兴趣的读者可自行拓展。图 3.22 展示了这两个函数的参数写法，通过这两个函数作用于同一组数据（A1:A10 单元格区域）的不同，以及它们在第二个参数的取值范围和计算结果上的差别。

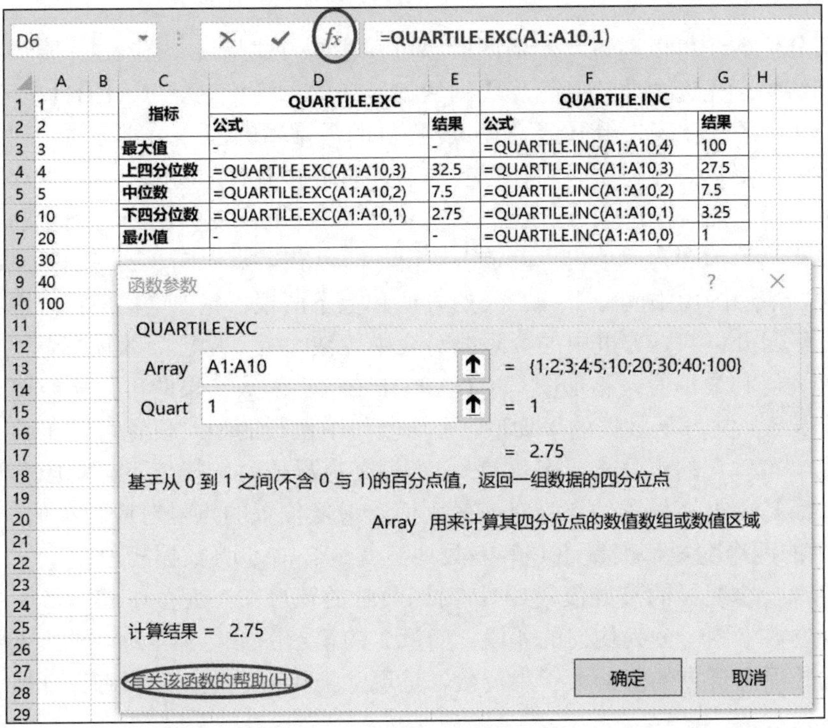

图 3.22 QUARTILE.EXC 函数和 QUARTILE.INC 函数：计算常用分位数

47

如前所述，分位数的重要作用是评估数据的大致分布情况。以图 3.22 所示的结果为例：上四分位数与中位数的差距远大于中位数与下四分位数的差距，数据右偏；最大值远离上四分位数，数据中可能存在异常值。从分位数中反映出来的各种数据分布特征都可以和经验或规则相互校对。例如，极值是否超过取值范围的限制（如果变量的取值范围为正数，那么出现零或负值就是有问题的），数据分布是否过于偏向某个不合理的区域（如大学的公开课网站，注册用户年龄的上四分位数不足 18 岁）。

函数是 Excel 最重要的工具之一，读者使用函数在单元格或编辑框中直接输入对应的公式即可。如果读者对某个函数的设置不太熟悉，则可以在单元格中输入公式，然后单击编辑栏上的"插入函数"图标（见图 3.22 上方编辑栏中圈出的位置），Excel 将弹出"函数参数"对话框。"函数参数"对话框上部是函数参数列表，单击每个参数右侧的文本框会在对话框中间看到关于这个参数的说明；输入每个参数后，对话框下方会显示公式输出的结果。如果需要查阅更详细的帮助文档，或者查看示例，则可以单击对话框左下方的"有关该函数的帮助"（见图 3.22 左下方圈出的位置），单击后在在线状态下会打开这个函数的在线帮助文档。本书后续还会陆续介绍更多函数，读者在实际应用过程中也会遇到更多函数，都可以通过这个方式获取相关的帮助，快速掌握新技能。对 Excel 的函数接触还比较少的读者，可能不太了解有哪些函数可以使用，单击功能区上的"公式"选项卡，"函数库"组中会分类展示 Excel 支持的所有函数及简要的功能说明。

（2）箱形图

极值和四分位数还可以通过"箱形图"以可视化的方式呈现。图 3.23 展示了绘制箱形图的操作过程和结果。先选中要绘制箱形图的数据所在的单元格区域（A1:B11），然后单击"插入"选项卡，其中的"图表"组展示了 Excel 提供的最常用的图形功能。要绘制箱形图这一类相对用得较少的图形，需要单击"图表"组右下方的斜向箭头，调出"插入图表"对话框。在对话框中单击"所有图表"选项卡，这个选项卡提供了 Excel 支持的所有类型的图形，在左侧图形列表中选择"箱形图"后单击"确定"按钮，即可获得类似图 3.23 左下区域所示的图形。

一般来说，箱形图由中间一个被二分的方框和上下两根"尾巴"构成：方框的上、下边界分别对应上、下四分位数，方框中的分隔线对应中位数，上"尾巴"的顶端、下"尾巴"的底端分别对应最大值和最小值；箱形图是 QUARTILE.INC 函数结果的可视化展现。此外，箱形图还包含两个元素：叉号是数据的平均值，平均值与中位数的相对位置可以帮助评价数据分布的偏态；远离"箱体"的点号表示离群值[①]。当存在离群值时，极值不再对应箱形图"尾巴"末端的位置，而是由最高位置的点号对应最大值、最低位置的点号对应最小值。

图 3.23 中的两个变量，变量 1 是等差数列，变量 2 前 50%数据相差小，后 50%数据差距逐渐拉大且存在一个明显的离群值（40）。对比两者的箱形图，变量 1 的箱形图中位数与平均值重合，四分位数将图形分为均匀的 4 段；变量 2 的箱形图下半部紧缩，上半部展开，有离群点存在，平均数受离群点的影响大于中位数，呈现上拖尾（右偏）的形态。可视化的方式让读

[①] 数据序列中与大部分数据的一般水平相差很大的极端大值和极端小值。

图者可以更为直观、方便地了解数据的分布特征，以及对比不同变量分布的差异。如果按照业务经验，某个数据应当具有图 3.23 中变量 1 所示的分布，但实际上收集到的数据分布却如变量 2 所示，那么数据收集过程可能存在某些问题。遇到这样的情况，优先从最大值这一端入手追溯相关数据的生成过程，一般能够比较快速地定位到产生问题的位置和产生原因。

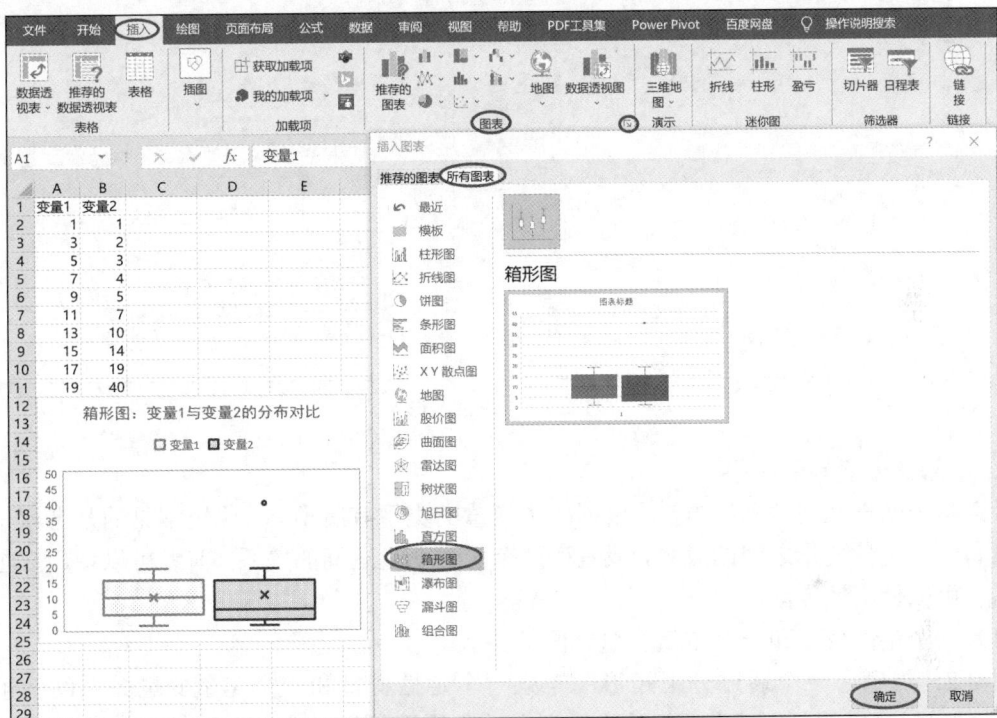

图 3.23　绘制箱形图

箱形图是一种很有表现力的图形，但是 Excel 直接生成的图形在元素（如坐标轴、图例、标题等）和格式（如字体、字号、配色等）的设置上遵从 Excel 的默认设置，未必符合读者的习惯和要求。如果想调整图中已经存在的任何元素的格式，则可以如图 3.24 左半部分所示：先单击选中要调整的元素（图 3.24 中单击选中的元素是"图例"，图例四周出现带圆圈的框线，表示这个元素已被选中）；然后在被选中元素上单击鼠标右键，在弹出的快捷菜单中可看到如"设置××格式"的命令（××表示被选中元素的名称，这里是设置图例格式）；单击这个命令，Excel 将弹出可供修改这个元素的大小、位置、颜色等设置的窗格。

Excel 也支持用户在图中增减元素。先单击选中已存在的元素，然后按 Delete 键即可直接删除。增加图中尚未存在的元素则需要选中图形（如图 3.24 右侧所示，单击图形中的空白位置，图形周围出现带圆圈的框线，功能区上出现"图表设计"和"格式"两个选项卡），通过"图表设计"选项卡中的"图表布局"组进行添加。Excel 中所有图形的编辑都可通过类似方法实现。第 4 章还会对 Excel 中常用的各种数据图形进行系统介绍，读者可将本节内容与 4.3 节的内容结合阅读。

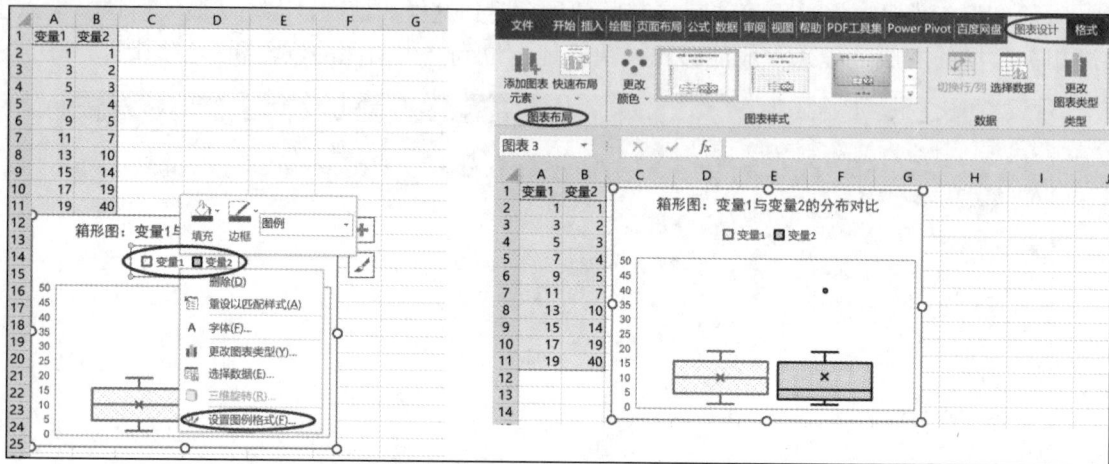

图 3.24　编辑图形

4．了解两个变量的关系

考察两个变量之间关系的方法，根据两个变量的类型有所不同。比较常见的是考察一个定性变量和一个定量变量之间的关系，或考察两个定量变量之间的关系。前者可以使用分组箱形图，后者可以使用散点图。

（1）一个定性变量和一个定量变量之间的关系

图 3.25 展示了一个通过分组箱形图考察一个定性变量和一个定量变量关系的例子。表中 A 列有定量变量"折扣率"，表示订单成交时所采用的折扣率；B 列的定性变量"用户等级"共有 0、1、2 这 3 个等级，取值越大，表示用户等级越高，可以在购物时享受越低的折扣率。按照这个规则，低用户等级对应的箱形图应当整体位于高用户等级对应的箱形图之上。而图 3.25 显示，部分等级为 0 的用户享受了比等级为 1 和 2 的用户更低的折扣率，这与用户等级和折扣率的业务规则不符，说明数据记录中可能存在问题。接下来，需要定位到有问题的记录（第 7 行的数据），检查记录中的数据异常到底是什么原因造成的，并且进行必要的改进。

绘制图 3.25 所示的分组箱形图时，可先选中 A 列中的定量变量"折扣率"，按照图 3.23 所示的步骤操作得到单个变量的箱形图，然后按照图 3.24 相关的描述选中图形，使功能区上出现"图表设计"选项卡。如图 3.26 所示，在"图表设计"选项卡的"数据"组上单击"选择数据"，Excel 弹出"选择数据源"对话框。在对话框中单击"编辑"按钮，在弹出的对话框中输入用来分组的定性变量"用户等级"对应的数据区域（B2:B16），单击对话框中的"确定"按钮，回到"选择数据源"对话框。单击"选择数据源"对话框右下方的"确定"按钮，单变量的箱形图转变成类似图 3.25 所示的分组箱形图。但此时图形仍是 Excel 默认的样式，读者可尝试参考图 3.24 的相关介绍对其进行编辑，得到图 3.25 所示样式的图形。

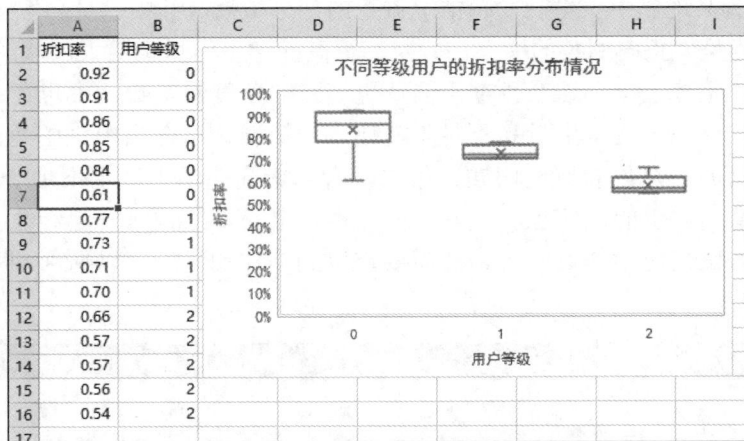

图 3.25　分组箱形图：探索定性变量与定量变量的关系

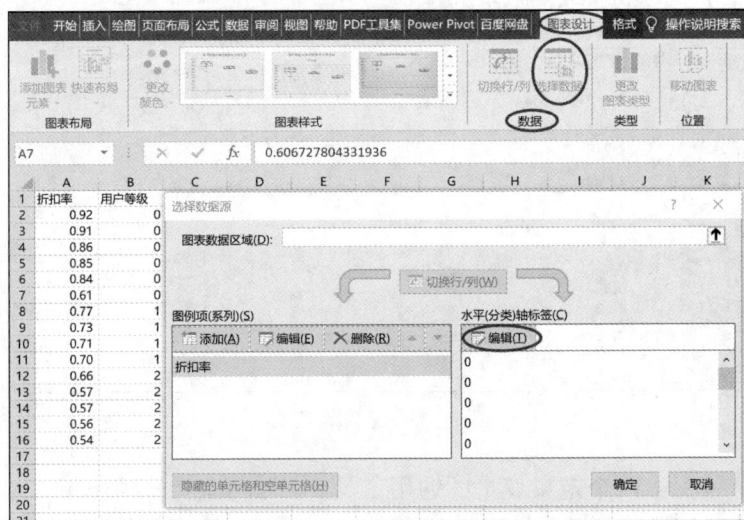

图 3.26　绘制分组箱形图

（2）两个定量变量之间的关系

了解两个定量变量之间的关系，可以按照图 3.27 所示的方式绘制散点图。散点图是一种常用图形，选中两个变量所在的数据区域，在"插入"选项卡的"图表"组中可以直接找到对应的图标。单击散点图图标右侧的下拉箭头，选择一种样式即可得到图形。散点图默认将数据区域中位于左侧的变量放在横轴上，位于右侧的变量放在纵轴上。如果需要交换变量和坐标轴的对应关系，则可以选中图形后，在"图表设计"选项卡的"数据"组中单击"选择数据"按钮调出"选择数据源"对话框,在"图例项"列表中选中数据序列,再单击"编辑"按钮修改。

图 3.27 所示为某地高中生生长发育情况调查的部分数据,其中"身高""体重"两个定量变量总体来看应当呈现正向相关的关系,即身高更高的学生体重也更大。从图 3.27 中的散点图看,两个变量在整体上符合这个预期。但从更细致的角度看,数据中也存在一些可疑的地方:第一,横轴上存在一些学生身高不足 140 厘米的情况,这在高中生中是比较少见的,这是从单个变量角度看也可以看到的问题;第二,身高最高的学生体重不足 50 千克,即使是在发育期,这个身高体重的比例也不合理,这是将两个变量结合在一起看才更容易发现的问题。无论是两类可疑情况中的哪一种,都需要定位到具体的记录,以便回溯是否存在记录有误的问题。

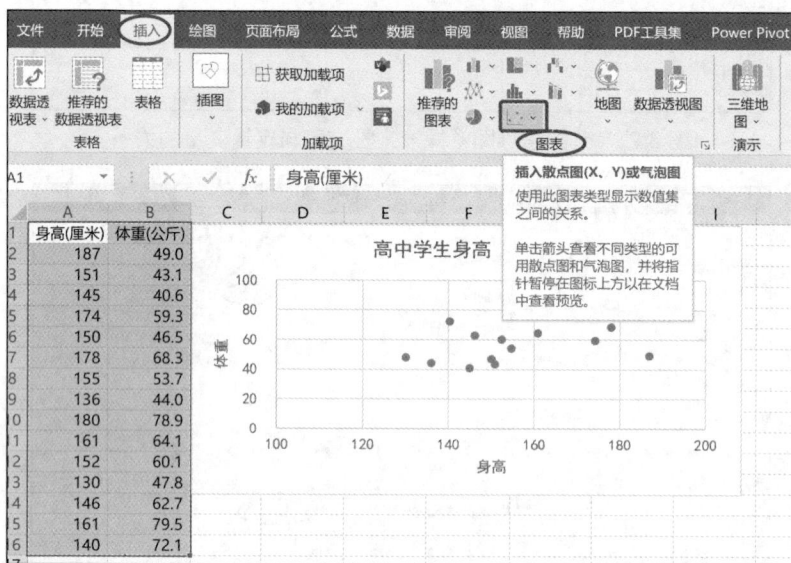

图 3.27　绘制散点图

除了散点图这种探索两个定量变量的通用工具外,在一些特殊情况下,也可以将两个变量整合为一个变量来验证数据质量。这通常要求变量之间有比较明确的关系,以及分析师对整合得到的变量的取值范围有一定的经验认识。例如,图 3.27 中的"身高"和"体重"可以组合成一个用于衡量人体胖瘦程度是否健康的指标:身体质量指数(Body Mass Index,BMI)。这个指标的计算公式是:BMI=体重(千克)/[身高(米)]^2,它对于成年人和青少年都给出了比较明确的合理取值范围。如图 3.28 所示,C 列展示了根据"身高"和"体重"两个变量计算得到的 BMI 指数,通过它不但可以发现前文提到的那位相对身高来说体重严重偏轻的同学(图 3.28 中的第 2 行),还发现了一位相对身高来说体重严重超重的同学(图 3.28 中的第 16 行),两者都应成为数据质量验证工作关注的对象。

	A	B	C
1	身高(厘米)	体重(千克)	BMI指数
2	187	49.0	14.0
3	151	43.1	19.0
4	145	40.6	19.3
5	174	59.3	19.5
6	150	46.5	20.7
7	178	68.3	21.6
8	155	53.7	22.4
9	136	44.0	23.8
10	180	78.9	24.5
11	161	64.1	24.8
12	152	60.1	25.9
13	130	47.8	28.3
14	146	62.7	29.3
15	161	79.5	30.9
16	140	72.1	36.6

图 3.28　BMI 指数：将两个有关系的定量变量整合为一个指标以验证数据质量

3.3.3　对 SEM 广告数据进行验证

3.3.2 节对本章的案例数据进行了一些验证：图 3.16 及相关部分探索了各个变量的缺失情况；图 3.18～图 3.21 通过数据透视表功能得到了一个定性变量广告主“名称”的分布情况。通过图 3.21 呈现的最终结果可以看出：这份数据覆盖了 5 个在线招聘行业有代表性的广告主；它们投放广告的力度有所差别，数量从数百条到一千多条不等。在这两项一般性的检查中，这份数据既没有严重的缺失，也没有超过或违反业务常识的部分；没有发现严重的数据质量问题。本节将在此基础上对这份案例数据的质量进行进一步的个性化评估。

由于这个研究的目的是从广告展现数据中发现行业里各个主要竞争者的投放策略，因此要求使用的数据足够有代表性。这个代表性涉及很多个方面，如之前已经提到的是否覆盖了市场上各有代表性的品牌；此外，还要覆盖足够丰富的关键词、各个典型的时段、广告主业务可以辐射到的各个地域等。本节将基于这份数据展示一些根据分析目标设计的数据验证工作的实例。

1．使用“筛选”功能进行验证

如图 3.29 所示，选中 A1 单元格，单击“数据”选项卡，在“排序和筛选”组上单击“筛选”按钮，A1 单元格所在的第一行中每个变量名单元格的右侧都将出现一个下拉箭头，数据进入可筛选状态。当某列处于可筛选状态时，选中列名单元格，再次单击“筛选”按钮，可退出筛选状态。

在筛选状态下，单击某个变量名旁的下拉箭头，Excel 会弹出一个浮窗，如图 3.29 所示。浮窗的下半部分（见图 3.29 中左下方方框标出的位置）展示的是这个变量的所有取值，单击某个取值可以选中或放弃相应的行，对号表示选中，空白表示放弃；选好后单击浮窗下方的“确定”按钮，Excel 将只展示取值为被选中选项之一的数据行。

图 3.29　筛选

　　如果所有可能的取值过多，不易找到筛选所需的某个/些取值，则可以通过取值列表上方的搜索框进行搜索。如果筛选标准比较复杂，则可以单击搜索框上方的"文本筛选"按钮（根据这一列中数据类型的不同，这个按钮的名称会变化，也可能是"日期筛选"等），弹出的浮窗中包含"等于""不等于"等方式以支持更为复杂的搜索规则；其中，最下方的"自定义筛选"还支持同时按照两个条件来对某个变量进行筛选。如果某个变量中有一些单元格使用了特殊的文字颜色或背景色，则可以通过"按颜色筛选"按钮提取应用了特殊格式的行。除了实现筛选功能，这个浮窗最上方的 3 个按钮还可以分别实现按某个变量升序、降序或按特殊颜色对整个数据表的各行进行排列。

　　2．日期时间型变量在筛选中的特殊验证方法

　　对于日期时间型变量，如图 3.30 所示，Excel 会按照"年-月-日-时-分-秒"逐级展示，单击选项前的"+"号，可以展开下一级清单，单击选项前的"-"号，则收起这一级清单。从图 3.30 中可以看出，所有数据的采集时间都集中在某一天的 16~20 时，不满足研究目标中覆盖所有典型时段的要求。因此，应当继续补充抓取一周各日、一天各个时段的数据。

图 3.30 日期时间型变量：筛选时可以按"年-月-日-时-分-秒"逐级展示

通过上述方法，读者可以对这份抓取的广告数据是否有足够的"代表性"进行进一步评估，以确认是否有其他在收集数据时需要调整的问题。本章中与案例相关的内容一再强调要关注研究目标（通过收集广告展现数据来总结各个广告主投放策略的特点，并制订有针对性的优化方案）是因为对数据质量的评估不是独立于研究目标存在的。事实上数据分析工作中的所有步骤都与研究目标紧密相依。具体到本章案例来说，保证收集到的广告能够覆盖重点竞争对手各个角度的投放特征非常重要。如果基于一份"代表性"不过关的数据来进行分析，那么即使方法再完美，也不可能全面、充分地了解竞争对手的广告投放情况，根据这样的结论做出来的优化方案也必然会有缺陷。这也是在进行分析前，通过验证的步骤确保数据质量的重要意义所在。

3.4 加工数据

通过质量评估的数据一般仍然不适合直接进行分析。分析师还需要按照分析目的对其进行进一步加工：通过对数据进行打通、筛选、转换等操作，使它们可以更加便捷地用于分析和建模。

3.4 节主要介绍加工数据的基本思路和常用操作，其中，3.4.1 节介绍加工数据的常用方法，3.4.2 节介绍在加工数据时常用的 Excel 操作。3.4.3 节介绍如何对 SEM 广告进行加工。

3.4.1 加工数据的常用方法

对数据进行加工的主要目的是让它们变得易于使用。按照 3.2 节的介绍，企业中有很多不是为了分析而量身打造的数据源。例如，业务系统的数据首先是为了满足业务流程的流转，而从外部购入的数据多是为了满足行业通用的共性需求生成的。也有一些时候，企业进行业务决策需要的是经过汇总后的数据，而不是操作级别的明细数据。所以，分析师经常需要在确认数据质量过关后，再对数据进行加工，以方便自己分析阶段的工作。加工数据的方法主要有以下几类。

1. 打通

对数据进行加工通常是从打通数据开始的。从 3.2 节对于数据源的讨论可以看出，企业使用的各种数据的来源通常非常分散：它们的记录目的不同、记录标准不同、存储位置不同。一般来说，某一种数据可能记录的只是客户、商品或其他主体某一方面的属性或行为，而分析师在使用数据解决某个问题时，通常需要把这些分散的数据整合在一起使用。

以电商企业为例，订单系统记录了客户的下单情况，注册系统记录了客户的注册时间和部分人口属性特征，网站或 App 的访问日志记录了客户的浏览/收藏/加购物车等行为，客服系统有客户的咨询和投诉记录等。这几个来源的数据各自描绘了客户的某一种行为，但是都不能全面反映客户的完整面貌。当企业要对客户进行画像、分群、价值评估时，单独使用其中任何一种都不足以支持完成这个目标。只有通过一定的技术手段将它们串联在一起，才有可能尽量全面地还原客户的完整特征，并在此基础上对他们做出恰当的营销或运营操作。缺乏了打通这一步，碎片化的数据永远只能留给我们关于客户的碎片化认知。

面对类似上面例子里的这种情况，数据工作做得比较好的企业会将所有与客户行为相关的数据打通后整合为一份新的数据，这份新数据一般被称为"用户画像"。每个客户在用户画像中都对应唯一的一条记录。用户画像通常包含两类用于描述客户的变量。第一类变量相对稳定（如注册时间和人口属性特征），很少有变化和更新，可以从原始的数据源直接复制到用户画像中。第二类变量，如下单、浏览/收藏/加购物车、咨询/投诉等与客户行为相关的数据则随行为的发生被记录下来，随时可能有追加更新。这部分数据不能直接进入用户画像，企业一般会对其进行某种汇总后将汇总指标纳入用户画像，如根据订单交易记录计算客户在过去一段时间里下单的次数、金额等指标。

相对于为推动业务流转而记录的分散的业务数据，数据分析工作经常需要将分散在各个原始数据源中的数据合并到一起应用。如果没有提前做好类似用户画像这样的数据打通工作，分析师就只能在工作中不断重复从各个数据源采集数据、整合数据的过程，这不但效率低下，而且容易出错。所以企业通常会根据自己经常进行的数据分析活动提前将各个来源的原始数据打通串联在一起，这样不但可以提高分析工作的效率和准确性，还能避免分析师各自按照自己的理解进行打通操作时特别容易发生的口径错误等问题。这就是"打通"操作的重要意义所在。

2. 筛选

筛选是从全部原始数据中取得符合分析目标的数据，去掉与分析目标无关的数据。本章的案例就是以招聘行业为例，通过公开展现的广告来了解市场格局和各个主要竞争对手的推广策略，这就涉及一个定义竞争对手的问题。如图 3.31 所示，在搜索"礼品"这个词的时候，搜索引擎结果页返回了 3 条广告，分别对应 3 类广告主：第一条来自一个综合性的平台电商，主要面对个人消费者；第二条来自一个羽绒被生产厂家，目标客户是企业和礼品经销商；第三条来自一个专营礼品的垂直电商，主要针对想要购买中国风礼品的个人和企业。3 类广告主的目标用户不同，彼此之间并没有激烈的正面竞争。准备进行市场环境和竞品推广策略分析的广告主，要根据自己的企业类型定义哪些广告主是真正的"竞争对手"，哪些广告主与自身并不形成业务上的直接竞争关系。然后在分析工作开始之前的筛选环节，从数据中提取真正的竞争对手的广告，以提高工作效率。

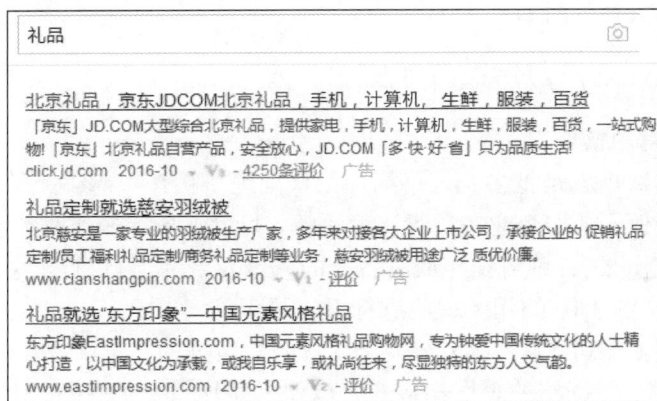

图 3.31 "礼品"搜索结果页上的 3 类广告主

除了与分析目标无关的数据之外，需要进行筛选操作的典型场景还包括：从全量数据中抽取一部分数据进行预研或测试；去掉与特定研究目标不相关的变量；清理验证数据环节发现的各种问题数据等。针对不同情况所要进行的操作略有不同：在清理问题数据时，通常会在数据仓库层级就将这些数据删除，因为它们无法支持企业进行任何有意义的分析；除此之外，数据仓库层级通常仍会保留全体数据，只在提取分析所需数据时，根据分析目标将相应的条件加入查询条件。

3. 转换

转换是指把数据从原始的形式加工成更适合查询和分析的形式，或者根据业务规则从原始数据中生成新的指标。典型的数据转换场景如下。

（1）编码：数据中经常会出现一些短文本，直接存储和调用容易出错，也造成大量的冗余。分析师可以将短文本按照一定规则替换为数字之类的代号，以便减少冗余，节约存储空间，提高查询效率，减少出错的可能性。

（2）生成衍生变量：在原始数据的基础上生成一些新的常用指标。例如，在用户画像数据库中，综合客户的获得成本和消费记录，可以计算出每个客户的投入产出比。这个衍生指标对评价各个获客渠道的效果、评估用户价值、优化营销推广费用的分配都有重要意义。

（3）从非格式化数据中提取格式化特征：对文本、音频、图片等非格式化数据进行预处理，从中提取一些格式化的数据特征。例如，从文本中提取关键词或者主题，计算关键词的词频和文本在各主题上的得分。这一点其实与"生成衍生变量"是同一个处理思路，这里单独将它列出来是因为对非格式化数据进行分析对算力和技能有不同要求，做好非格式化数据的预处理工作对于扩大和提高这些数据的使用范围和使用效率有特别重要的意义。

（4）按照业务指标体系生成（分组）汇总数据。例如，订单系统的原始数据会记录每个订单生成的毫秒时间，而企业经常需要在日、周、月等更粗的时间粒度上检查订单量、金额等指标是否符合进度要求。对于这种有很多人关注的常规数据指标，可以按时自动更新各种粒度上的汇总数据，供相关人员随时查阅。

3.4.2　通过 Excel 对数据进行加工

1. 打通数据的常用操作

形象地说，打通数据就是把多张表格纵向或横向地拼接在一起。

纵向拼接的典型例子，如企业在进行年度预算、月度汇报等操作时，经常需要把各部门填写的制式表格汇总成一张表；或者在年底将各月的月报表合并，再进行汇总和分析等后续工作。这类场景参考图 3.6～图 3.10 的相关说明进行操作即可。

横向拼接的典型例子可参考 3.4.1 节关于"打通"数据的介绍中提到的建立用户画像的场景。这种情况需要各个待拼接的表格都包含可以作为拼接依据的变量，然后通过 VLOOKUP 函数来实现拼接。图 3.32 中的 A2:C17、E2:H17 单元格区域分别展示了两张原始表格：A2:C17 单元格区域的注册信息表来自注册系统，记录了用户注册时填写的信息；E2:H17 单元格区域的交易信息表则汇总了用户过去 3 个月内的交易情况。为了对用户进行价值分群，需要将注册信息表中的"性别""年龄"补充到交易信息表中。

两个原始表格中都有"用户 ID"这个变量，并且它的每个取值在提供信息的注册信息表中最多只出现一次，拼接时可以这个变量为依据。如果两张表没有共同的变量，它们就无法拼接成一张表；而且作为拼接依据，"用户 ID"的每个取值在提供信息的注册信息表中必须是唯一的，否则在将"性别""年龄"等变量拼接到交易信息表中时可能会发生错误。例如，如果有两行记录的"用户 ID"取值都是"00001"，那么在使用 VLOOKUP 函数进行拼接时，Excel会将位置比较靠前的那一行中的性别和年龄提取出来；如果我们实际上想提取的是位置比较靠后的那一行数据，就会发生错误。但作为接收信息一方的交易信息表来说，仅从正确拼接数据的角度看，拼接依据"用户 ID"不一定必须是唯一值。

是否有可作为拼接依据的变量、提供数据的表格中拼接依据变量的取值是否唯一，这两个问题是使用 VLOOKUP 函数前一定要确认的。前一个问题一般浏览表头的列标题即可确认。后一个问题可以参考图 3.18～图 3.21 的相关说明使用数据透视表确认，也可以将提供信息的原始表格（注册信息表）中的拼接依据变量（A 列“用户 ID”）复制到另外的位置，选中复制的这一列数据，然后单击“数据”选项卡中“数据工具”组中的“删除重复值”按钮，如此这一列中重复出现的数值将只能保留一个，其余都被删除。如果去重前后状态栏上的计数项结果（参见图 3.16 的相关说明）没有变化，则这个变量不存在重复值；如计数项结果变少，则变量存在重复值，那么分析师需要先检查数据记录是否有误。

图 3.32 中的 I～J 列呈现了 VLOOKUP 函数的计算结果，K～L 列分别展示了计算结果对应的公式。VLOOKUP 函数共有 4 个参数。

	A	B	C	D	E	F	G	H	I	J	K	L
1	注册信息表				最近3个月交易信息表				拼接结果		公式	
2	用户ID	性别	年龄		用户ID	交易次数	交易金额	最后一次交易距今天数	性别	年龄	性别	年龄
3	00001	0	20		00001	28	893.82	29	0	20	=VLOOKUP(E3,A$2:C$17,2,FALSE)	=VLOOKUP(E3,A$2:C$17,3,FALSE)
4	00002	0	24		00002	0	0	108	0	24	=VLOOKUP(E4,A$2:C$17,2,FALSE)	=VLOOKUP(E4,A$2:C$17,3,FALSE)
5	00003	1	32		00003	20	201.88	19	1	32	=VLOOKUP(E5,A$2:C$17,2,FALSE)	=VLOOKUP(E5,A$2:C$17,3,FALSE)
6	00004	0	27		00004	24	816.26	27	0	27	=VLOOKUP(E6,A$2:C$17,2,FALSE)	=VLOOKUP(E6,A$2:C$17,3,FALSE)
7	00005	1	24		00006	21	550.43	26	0	30	=VLOOKUP(E7,A$2:C$17,2,FALSE)	=VLOOKUP(E7,A$2:C$17,3,FALSE)
8	00006	0	30		00007	14	501.12	16	0	16	=VLOOKUP(E8,A$2:C$17,2,FALSE)	=VLOOKUP(E8,A$2:C$17,3,FALSE)
9	00007	0	16		00008	30	986.09	9	1	49	=VLOOKUP(E9,A$2:C$17,2,FALSE)	=VLOOKUP(E9,A$2:C$17,3,FALSE)
10	00008	1	49		00009	0	0	345	1	42	=VLOOKUP(E10,A$2:C$17,2,FALSE)	=VLOOKUP(E10,A$2:C$17,3,FALSE)
11	00009	1	42		00011	5	131.19	37	0	23	=VLOOKUP(E11,A$2:C$17,2,FALSE)	=VLOOKUP(E11,A$2:C$17,3,FALSE)
12	00010	1	41		00012	13	795.31	28	1	28	=VLOOKUP(E12,A$2:C$17,2,FALSE)	=VLOOKUP(E12,A$2:C$17,3,FALSE)
13	00011	0	23		00013	29	994.65	8	1	16	=VLOOKUP(E13,A$2:C$17,2,FALSE)	=VLOOKUP(E13,A$2:C$17,3,FALSE)
14	00012	1	28		00014	4	911.88	6	1	33	=VLOOKUP(E14,A$2:C$17,2,FALSE)	=VLOOKUP(E14,A$2:C$17,3,FALSE)
15	00013	1	16		00014	8	861.61	21	1	33	=VLOOKUP(E15,A$2:C$17,2,TRUE)	=VLOOKUP(E15,A$2:C$17,3,TRUE)
16	00014	1	33		00100	26	120.53	3	#N/A	#N/A	=VLOOKUP(E16,A2:C17,2,FALSE)	=VLOOKUP(E16,A2:C17,3,FALSE)
17	00015	0	19		00100	29	896.97	10	0	19	=VLOOKUP(E17,A$2:C$17,2,TRUE)	=VLOOKUP(E17,A$2:C$17,3,TRUE)

图 3.32　使用 VLOOKUP 函数拼接数据

第一个参数指定接收数据的表格（交易信息表）中作为拼接依据的变量取值。因为交易信息表中的拼接依据变量“用户 ID”在 E 列，所以公式中第一个参数的列标为 E；行标则随同公式所在行的行号变化。

第二个参数指定提供数据表格（注册信息表）所在的区域。作为拼接依据的变量（A 列“用户 ID”）必须位于这个表格区域的最左侧一列，VLOOKUP 函数会自动在这个区域的最左侧一列中寻找第一个参数取值最早出现的那一行。

第三个参数指定要从提供数据表格（注册信息表）所在的区域提取哪个变量补充到接收数据的表格（交易信息表）中。第二个参数指定的区域从左到右各列分别编号为 1、2，以此类推。例如，在图 3.32 中，因为 K 列公式要提取的是注册信息表中的左数第二列“性别”，所以第三个参数为 2。

第四个参数是一个逻辑值，有 FALSE（或 0）和 TRUE（或 1）两个选择。如果为 FALSE，则 Excel 只有在第二个参数指定区域的最左侧一列中找到与第一个参数指定数值完全一致的内容时，才会返回结果，否则返回错误信息“#N/A”（见图 3.32 中的 I16:J16 单元格区域）；如果为 TRUE，则在找不到完全一致的内容时，会找到比第一个参数取值小的最大数值所在的那一行，返回对应的结果（见图 3.32 中的 I17:J17 单元格区域，注册信息表的“用户 ID”列中并没有出现"00100"，在第四个参数为 TRUE 时，由于这一列的所有值都小于"00100"，所以返回其中最大的值"00015"所在行的对应数值）。如果能够在第二个参数指定区域的最左侧一列中找到与第一个参数指定数值完全一致的内容，则这个参数的取值不影响返回结果（见图 3.32 中的第 14 行和第 15 行）。这个参数可以省略，省略时默认按 FALSE 处理；在大部分实际场景中按默认值设置处理更加合理。

2．筛选数据的常用操作

筛选数据就是从全部数据中提取能够支持某一个分析目标的数据。如果筛选标准涉及一个变量，则可以使用 Excel 提供的筛选功能（参见图 3.29 的相关说明）。

筛选功能能够满足对一个变量进行筛选的各种常见需求。但如果筛选数据的规则涉及两个或更多变量，则它只支持各变量筛选条件的交集，而不支持各变量筛选条件的并集，也就是说：它输出的结果是"同时满足对变量 A 的要求和对变量 B 的要求的行"，而不支持"满足对变量 A 的要求或满足对变量 B 的要求的行"。图 3.33 以本章的案例数据为例展示了一个对多个变量使用筛选功能的例子：在 D 列"名称"中筛选"猎聘网"、在 E 列"广告排名"中筛选"1"，得到的 35 条结果都是"由猎聘网投放且排在第一名的广告"。即某一行数据只有既满足 D 列的筛选要求，又满足 E 列的筛选要求，才会被展示出来。

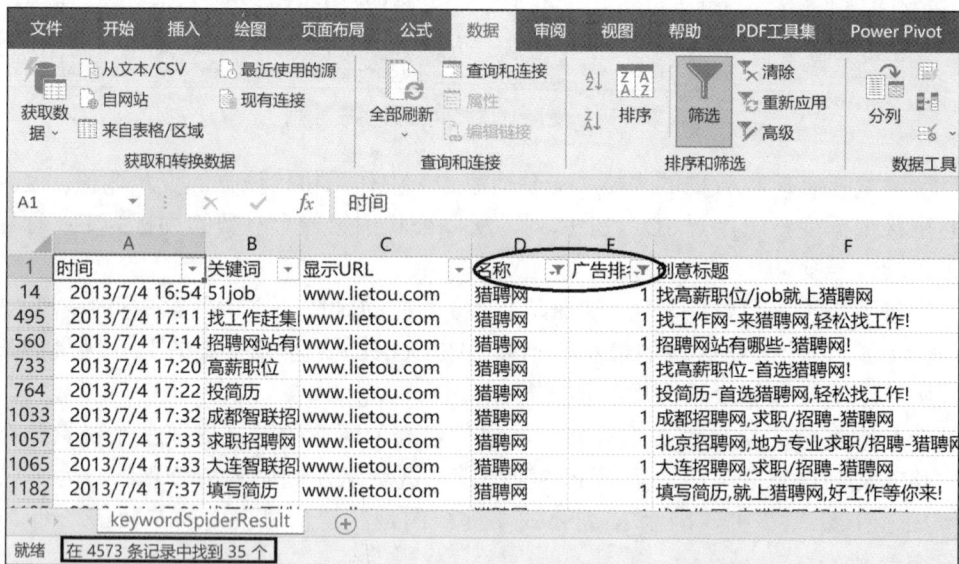

图 3.33　通过多个变量筛选数据："筛选"功能生成符合各变量筛选条件的数据的交集

如果某次分析筛选数据的要求涉及两个或更多变量，但只要数据满足对其中任一变量的筛选要求即可，那么可以用函数+筛选的方式来解决。仍然沿用本章的案例数据，假设分析师想了解"在创意文本中出现某个广告主品牌名称（如智联）的广告占比"。创意文本包括标题和描述两个部分，分别储存在"创意标题"和"创意描述"两个变量中。上述分析目标转换为数据筛选规则就是：指定一个品牌名称，"创意标题"中出现了它，或"创意描述"中出现了它。

　　要实现这个筛选规则，需要先分别判断"创意标题"和"创意描述"中是否含有品牌名称。如图 3.34 所示，这一步可以通过 FIND 函数来实现。以 C、D 两列对"创意标题"变量的判断为例，FIND 函数包含以下 3 个参数。

　　第一个参数指定要找什么（在这个例子中就是找"智联"这个品牌名称），可以直接输入字符串，也可以指定一个写有品牌名称的单元格。

　　第二个参数表明从哪里找（在这个例子中就是写有"创意标题"的一个单元格），可以直接输入字符串，也可以指定一个单元格。

　　第三个参数指定从第二个参数对应字符串的第几个字符开始查找，要求输入一个正整数，且其数值不能大于第二个参数对应的字符串的长度；这是一个可选参数，默认值是 1，也就是从字符串的第一个字符开始查找。

	创意标题	创意描述	FIND函数		FIND函数+ISNUMBER函数	
			结果	公式	结果	公式
3	智联招聘-海量优秀简历模板下载!	求职应聘来智联招聘,优秀简历模板,版式素材任你下载,更有300万好职位等着你,好机会..	1	=FIND("智联",A3,1)	TRUE	=ISNUMBER(FIND("智联",A3,1))
4	51job 大型专业招聘网站-专业简历指导	51job.com全国领先的专业招聘网站,拥有大型简历攻略专区,手把手教您打造华丽简历.	#VALUE!	=FIND("智联",A4,1)	FALSE	=ISNUMBER(FIND("智联",A4,1))

图 3.34　通过多个变量筛选数据：函数嵌套生成符合各变量筛选条件的数据的并集

　　如图 3.34 所示，单元格 A3 中包含"智联"，函数返回一个正整数 1（见 C3 单元格），表示第一个参数（"智联"）从第二个参数（A3 单元格）中字符串的第一个字符开始出现；如果 A3 单元格的字符串中多次出现"智联"，则函数会返回它第一次出现的位置。但如果遇到像 A4 单元格中这样的不包含所查找内容的字符串时，函数会如 C4 单元格所示返回一个错误值"#VALUE!"。这个错误值在参与运算和展示时不如数字方便，可能会增加后续步骤的复杂度和难度，可以如 E、F 两列所示使用 ISNUMBER 函数来将它转化成可以直接参与四则运算的逻辑值。这种将一个函数的输出结果作为另一个函数的参数的使用函数的方式叫作"函数嵌套"，是使用 Excel 时经常用到的技巧。

　　ISNUMBER 函数只有一个参数，它的功能是检查这个参数是不是一个数值，参数可以是直接输入的字符、单元格或如本例中的一个函数运行结果。如果参数是数值，则 ISNUMBER 函数返回 TRUE，否则返回 FALSE，两个结果都可以参与四则运算，且运算结果直接展现为人们所熟悉的数字形式。对于图 3.34 的这个例子，可以分别用这种函数嵌套的方法对"创意标题""创意描述"两个变量进行判断，并对两个判断结果求和；再利用筛选功能选出求和结果不等于 0 的行，即可取得符合前述目标的数据。

细心的读者可能已经发现，利用图 3.34 相关的方法，不但可以求出两个变量条件之间的并集，也可以求出图 3.33 所示的两个变量条件之间的交集，只需将对逻辑值之和的筛选条件由"不等于 0"改为"等于 2"即可。在进行数据筛选的场景里，函数嵌套确实是更为灵活、高效的方法，读者可以在实践中有意识地多加使用和探索。

3. 转换数据的常用操作

（1）合并和拆分数据

转换数据时经常进行的操作大多可以使用之前介绍过的工具实现。将编码替换为文本或将文本替换为编码，可以使用图 3.32 相关说明文字中介绍的 VLOOKUP 函数。一般的衍生指标计算通常使用四则运算、乘方开方（对应运算符为"^"，运算符前写底数，运算符后写指数）即可完成。生成（分类）汇总数据可以使用 3.3.2 节介绍的数据透视表。从非格式化数据中提取格式化特征是比较复杂的任务，Excel 函数也能完成其中一些比较简单的工作。例如，图 3.34 所示的相关例子就是将文本这种非结构化数据转换成是否包含某个(些)关键词的结构化变量。另外一类对文本数据常见的简单操作是将多个文本变量合并为一个变量，或从一个文本中截取一部分。图 3.35 展示了一对这样的例子，左侧展示如何将两个文本变量合并为一个变量，右侧展示如何将合并后的变量再拆分为原来的两个变量。

合并多个变量时，可以使用"&"操作符，或使用 TEXTJOIN 函数。使用"&"操作符（如图 3.35 中的 D 列所示）类似进行连加，从左至右将需要连接的内容依次用"&"连起来即可。TEXTJOIN 函数（如图 3.35 中的 E 列所示）接收多个参数，其中第一个参数是连接符，它表明多个被连接起来的原始变量的分界线，选择一个在待合并的各个原始变量中都没有出现过的符号即可；第二个参数是逻辑值，可以取 TRUE 或 FALSE，也可按照默认设计留空（与 TRUE 含义相同），取值为 TRUE，则待连接单元格中的空单元格会被忽略，取值为 FALSE，则空单元格也被包含在结果中；第三个和之后的参数就是待连接的原始变量或字符串。当分析中需要一个唯一的行标识，但原始变量中任何一个变量都不能满足条件时（图 3.35 所示的 A~B 列的原始数据表，"班级"和"姓名"变量中都有重复值出现），可以用合并多个原始变量的方法来生成一个新变量，作为数据集中的唯一行标识。

	A	B	C	D	E	F	G	H	I	J	K
1	班级	姓名	\multicolumn{3}{c}{班级+姓名}		班级+姓名	\multicolumn{2}{c}{班级}	\multicolumn{2}{c}{姓名}	
2			结果	公式1	公式2			结果	公式	结果	公式
3	A	张三	A-张三	=A3&"-"&B3	=TEXTJOIN("-",,A3:B3)	A-张三	A	=LEFT(G3,FIND("-",G3,1)-1)	张三	=RIGHT(G3,LEN(G3)-FIND("-",G3,1))
4	A	李四	A-李四	=A4&"-"&B4	=TEXTJOIN("-",,A4:B4)	A-李四	A	=LEFT(G4,FIND("-",G4,1)-1)	李四	=RIGHT(G4,LEN(G4)-FIND("-",G4,1))
5	A	王五	A-王五	=A5&"-"&B5	=TEXTJOIN("-",,A5:B5)	A-王五	A	=LEFT(G5,FIND("-",G5,1)-1)	王五	=RIGHT(G5,LEN(G5)-FIND("-",G5,1))
6	B	张三	B-张三	=A6&"-"&B6	=TEXTJOIN("-",,A6:B6)	B-张三	B	=LEFT(G6,FIND("-",G6,1)-1)	张三	=RIGHT(G6,LEN(G6)-FIND("-",G6,1))
7	B	赵六	B-赵六	=A7&"-"&B7	=TEXTJOIN("-",,A7:B7)	B-赵六	B	=LEFT(G7,FIND("-",G7,1)-1)	赵六	=RIGHT(G7,LEN(G7)-FIND("-",G7,1))
8	B	钱七	B-钱七	=A8&"-"&B8	=TEXTJOIN("-",,A8:B8)	B-钱七	B	=LEFT(G8,FIND("-",G8,1)-1)	钱七	=RIGHT(G8,LEN(G8)-FIND("-",G8,1))

图 3.35　合并与拆分数据

与前一个例子相反，转化数据时经常遇到的另一种情况是：原始数据是多个变量粘贴在一起的结果，需要将它们拆分开。图 3.35 中 G 列所示的就是其中最简单的一种情况：有统一的分隔符将不同的变量分隔开。解决这类问题的思路是用 FIND 函数找到分隔符所在的位置，然后分别用 LEFT 和 RIGHT 函数将分隔符左右两侧的部分截取出来。LEFT 函数可以从一个字符串的左侧开始截取其某一部分，它的第一个参数是待截取的原始数据，第二个参数是截取内容的结束位置。图 3.35 中 I 列展示的公式中，第二个参数位置上使用了 FIND 函数，函数返回找到的分隔符 "-" 所在的位置；在这个结果的基础上减 1，就是再向左移动一个字符的位置，将截取的结束位置指定到分隔符之前的那个字符。K 列的 RIGHT 函数与 LEFT 函数类似，不过因为它是从文本的最右侧开始截取一段，所以它的第二个参数指定的是截取开始的位置。这里还涉及一个函数 LEN，它返回字符串的长度，只接收一个参数，可以是字符串或者写有字符串的单元格。从字符串整体长度中扣掉起始位置至分隔符的部分，得到的结果就是分隔符后内容的起始位置。

上述操作除了使用函数之外，也可以通过"分列"功能来实现。如图 3.36 所示，选中待拆分原始数据所在的 G 列，单击"数据"选项卡"数据工具"组中的"分列"按钮，在弹出的对话框中输入分隔符（本例中为 "-"）即可。不过这个方法会直接将 G 列的数据拆分为两列新的数据；如果需要保留原始数据，则需要先将其复制一份再进行操作。同时，被拆分为多列的数据会从原始数据所在列开始向右填充其他列，执行操作前最好保证原始数据右侧、新生成变量所需的各列空白，以免覆盖其他数据。分列功能在处理需要拆分出 3 列或更多列的情况下更加方便。

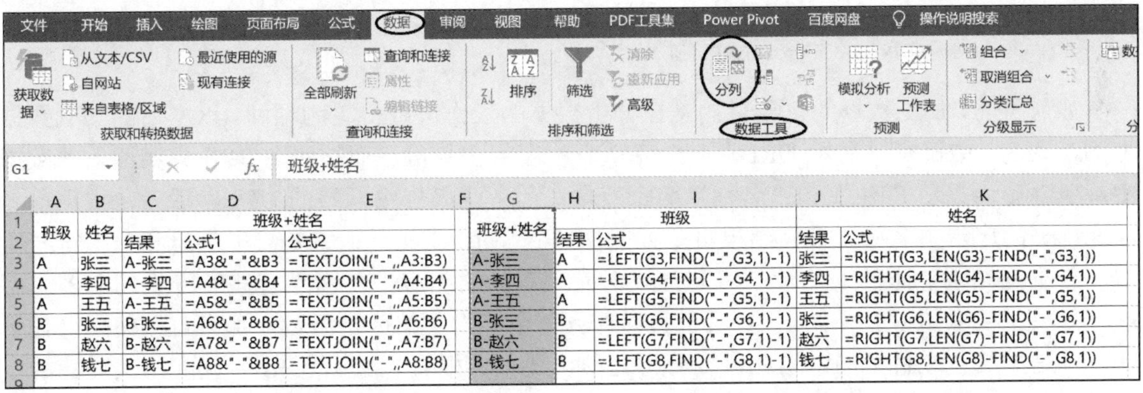

图 3.36 通过"分列"拆分数据：原始数据中有分隔符

（2）从日期时间变量中提取时间属性

另一种常见的转换数据的操作是从日期时间变量中提取年、月、日、时等属性。例如，想要根据日报表汇总得到每周、每月的数据，就要先从日期中提取周、月等更粗的时间粒度。图 3.37 所示为一些常用的日期与时间函数。其中 B~C 列展示的 YEAR 函数和 D~E 列展示的 MONTH 函数可以分别提取日期中的年份和月份，两个函数都只接收一个日期作为参数。汇总月度数据时，如果分析涉及的时间长度超过一年，则按照 F~G 列所示的方式生成年份+月份会更方便。这一类操作在对时间序列数据进行同比、环比分析时经常会用到。

	A	B	C	D	E	F	G	H	I	J	K
1	日期	年份		月份		年份+月份		周几		是否工作日	
2		结果	公式	结果	公式	结果	公式	结果	公式	结果	公式
3	2020-1-1	2020	=YEAR(A3)	1	=MONTH(A3)	2020-1	=B3&"-"&D3	3	=WEEKDAY(A3,2)	是	=IF(WEEKDAY(A3,2)<=5,"是","否")
4	2020-2-1	2020	=YEAR(A4)	2	=MONTH(A4)	2020-2	=B4&"-"&D4	6	=WEEKDAY(A4,2)	否	=IF(WEEKDAY(A4,2)<=5,"是","否")

图 3.37　常用的日期与时间函数

除了自然日/周/月/年等时间属性外，日期时间数据还有一些其他很重要的常用属性。例如，工作日、非工作日就是分析中经常会用到的一个变量，对于休闲娱乐类的产品和服务来说，这个变量非常重要。可以先用图 3.37 中 H～I 列所示的方法来区分是一周中的第几天：WEEKDAY 函数返回某一天在一周中所处的次序，它接收两个参数：第一个参数是一个日期；第二个参数是 1～7 中的某一个整数，其中 1 表示以周日为一周的第一天，2 表示以周一为一周的第一天，以此类推。I 列中的公式表示以周一为一周的第一天，计算某个日期是一周的第几天。

接下来按照图 3.37 中的 J～K 列所示进一步判断这一天是不是工作日，在 WEEKDAY 函数的外部嵌套一个条件判断函数 IF。IF 函数接收 3 个参数：第一个参数是一个条件，第二个参数和第三个参数分别指定条件满足和不满足时函数的返回值。K 列中的公式表示如果这一天是周一到周五，就返回"是"，否则返回"否"。

3.4.3　对 SEM 广告数据进行加工

如前所述，加工数据的主要目的是让分析数据的工作进行得更为顺利。以本章的案例数据为例，表 3.1 中仅有"显示 URL"一个变量表明广告主身份，而按照图 3.15 说明读入的数据中却包含有"显示 URL"和"名称"两个变量，前者是广告主网站的 URL，后者是根据前者匹配出来的广告主名称。搜索结果页中只能抓取到显示 URL，但它是一串字母和一些符号，对广告主网站不熟悉的人比较难将之直接对应到竞品的品牌上。而且有些广告主还有多个网站，如果想要像图 3.18～图 3.21 所示那样计算每个广告主的广告条数，那么直接使用"显示 URL"是无法达成目标的。为此，在分析之前，要预先根据"显示 URL"匹配出其对应的广告主"名称"。具体的处理过程如下。

如图 3.38 所示，将图 3.16 中的 C 列"显示 URL"单独复制到一个新的表中。单击列名选中复制好的数据；然后单击"数据"选项卡，在"数据工具"组中单击"删除重复值"按钮，Excel 弹出"删除重复值"对话框，如图 3.39 所示。

在"删除重复值"对话框中选中"数据包含标题"复选框，表明所选区域的第一行是变量名称，则所选区域的第一行不会被纳入这次去重的操作（如图 3.39 所示，选中复选框后，A1 单元格被认定为标题，不再处于被选中状态）；然后单击对话框右下方的"确定"按钮。

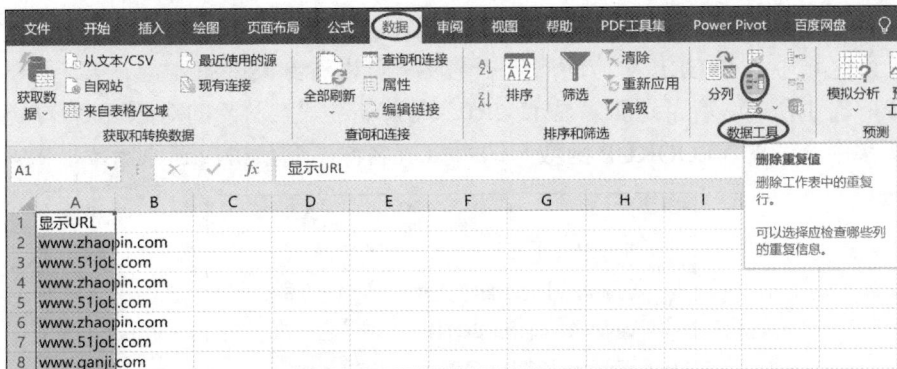

图 3.38 "删除重复值": 对 "显示 URL" 变量进行去重处理

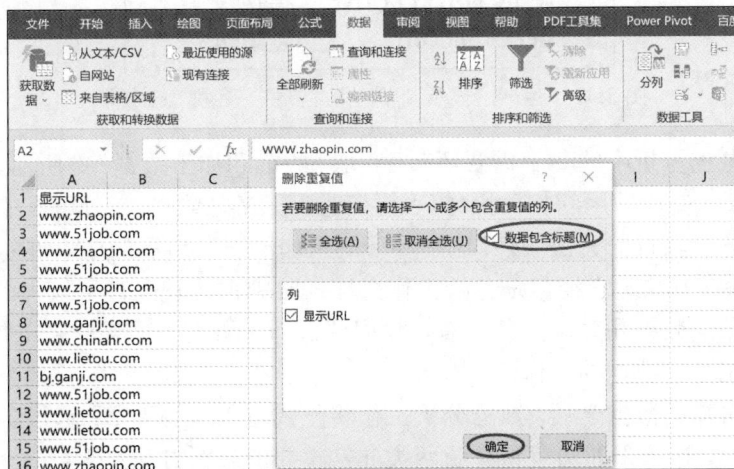

图 3.39 "删除重复值"对话框

Excel 对 A 列的数据完成去重操作,并弹出图 3.40 所示的提示框,显示全部的 4573 条数据中,有 4567 行数据中包含重复值,经过去重后,只保留了 6 个不同的取值。单击提示框中的"确定"按钮,进入下一步操作。

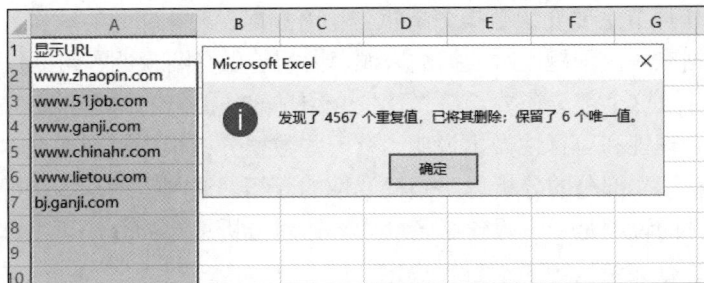

图 3.40 完成去重操作后的提示信息

如图 3.41 所示，在 B1 单元格中输入列名"名称"，然后在 B2:B7 单元格区域中依次输入 A2:A7 单元格区域中 6 个 URL 对应的广告主名称。可以看到其中第 4 行、第 7 行的两个 URL 都由同一个广告主所有。有了这张"显示 URL"与广告主"名称"的对照表后，再使用图 3.32 相关说明文字中介绍的 VLOOKUP 函数，即可将"名称"变量拼接到原始数据中。

	A	B
1	显示URL	名称
2	www.zhaopin.com	智联招聘
3	www.51job.com	前程无忧
4	www.ganji.com	赶集网
5	www.chinahr.com	中华英才网
6	www.lietou.com	猎聘网
7	bj.ganji.com	赶集网

图 3.41 生成"显示 URL"和广告主"名称"对照表

本章介绍了数据分析中的一个重要环节"获取、验证和加工数据"中所需进行的常规工作，以及如何通过 Excel 完成常用的相关操作。"巧妇难为无米之炊"，充分可靠的数据是完成一个富有价值的数据分析项目的先决条件。这个环节的工作一般在最后的成果展示中不会占据突出的位置，但在实际工作中，它经常是分析工作全部耗时中占比较大甚至最大的一部分。从保障数据分析工作成果的效果和效率的角度看，数据分析师（团队）一定要充分重视获取数据、评估数据质量、加工处理数据的工作。

准备好充分可靠的数据之后，数据分析工作将正式进入核心环节：通过各种分析方法探索数据中隐含的规律。接下来的两章将介绍两类非常重要的分析方法：第 4 章介绍探索数据基本特征的描述性分析方法，第 5 章介绍对数据之间的关系进行量化的模型分析方法（以线性回归模型和逻辑回归模型为例）。

3.5 数据分析报告写作：数据说明

本章的报告写作环节主要介绍数据分析报告中"数据说明"部分的写作。数据说明部分要介绍清楚使用哪些数据来解决问题，对数据的来源、内容等做必要说明，帮助报告阅读者初步了解数据的基本情况。并且这个部分还要承接"背景介绍"部分提出的问题和研究目标，对选用这些数据来解决问题的合理性和可行性做出说明。有一些数据分析报告也会在此对后续"数据分析与解读"部分的分析思路做概要性的介绍。通常数据基本情况和对合理性、可行性的说明是一份报告必备的内容，对分析思路的介绍可由作者根据成果复杂性、行文结构等因素自行决定。

在一篇 10 页左右的阅读版报告中，数据说明部分可以占据 1～2 页的篇

3-2 撰写数据说明

幅。读者可以根据以下清单来组织这部分内容的写作。

（1）介绍数据源、获取方式和原始数据基本情况。包括数据从何处以及以何种方式获得、获取和使用这些数据是否合法合规、这些数据是否适用于解决本报告关心的问题、原始数据和清理过的数据的量级等基本情况。这部分内容通常不会占用过多篇幅，也无须对涉及的技术方案和处理细节面面俱到，重点应在于对适用性和合理性的解释。

（2）介绍对原始数据进行的质量评估与加工工作。相关步骤的基本思路和常见操作在 3.3 节和 3.4 节已经详细介绍，具体操作时它们可能会花费分析师很多的精力，但要特别注意对其进行介绍时同样无须关注具体细节。这部分内容的写作目的在于使报告阅读者认可数据的可靠性，这是他们接受分析报告成果和业务改进建议的根本。

（3）为处理后用于分析的数据撰写数据介绍。这是"数据说明"部分的重点内容，要详细介绍后续将使用的各个变量的基本情况，会涉及比较多的细节呈现，要特别注意系统性，避免内容过于零碎。数据说明表是完成这部分内容的一个好工具。

习题

1. 基于本章的案例数据，填写下表中的空白。

广告主名称	广告数/条	广告排名第 1 的广告数/条	广告排名第 2~第 5 的广告数/条
赶集网	1048		
猎聘网	353		
前程无忧	1366		
智联招聘	1247		
中华英才网	559		
合计	4573		

2. 验证数据的工作一般包含哪些常见的操作？

3. 对数据进行加工一般包含哪些常见的操作？

4. 基于第 1 题的计算结果回答以下问题。

（1）计算每个广告主投放的广告中，广告排名第 1 的广告所占的比例、广告排名第 2~第 5 的广告所占的比例。

（2）绘制散点图，横轴为各广告主投放的广告数，纵轴为各广告主广告排名第 1 的广告所占的比例。

（3）在散点图中增加一个系列，横轴为各广告主投放的广告数，纵轴为各广告主广告排名第 2~第 5 的广告所占的比例。在图中增加图例，区分两个不同的系列。

5. 在网络上搜索历年我国广告市场的规模，以及互联网广告在其中所占的份额，并完成以下工作。

（1）将这些数据导入 Excel，注明数据来源。

（2）计算我国广告市场规模数据的复合年均增长率（Compound Annual Growth Rate，CAGR）。

（3）根据广告市场规模和份额的变化，预测互联网广告在未来 3 年的市场规模和份额。写出你的预测结果、推断方法和预测理由。

实践练习

假设你为本章案例数据中涉及的 5 个广告主之一工作，负责为其优化 SEM 广告的投放。你准备通过本章收集到的案例数据，研究你的雇主及其 4 个竞争对手投放 SEM 广告的特点，然后根据竞品的投放特点有针对性地改进雇主的 SEM 广告投放策略。请完成以下工作。

1．评估数据质量：对本章数据进行系统的质量评估。列出你的所有评估项目，针对每个评估项目列明评估方法、评估标准和结论。

2．加工数据：将原始数据清理为可以实施分析的数据，内容包括以下几个方面。

（1）删除质量评估中不符合要求的数据；增补质量评估中要求增补的数据（或具体说明应增补哪些数据）。

（2）补充分析所需的其他变量（如需要）。

（3）其他你认为需要完成的数据加工工作，并将其逐项列出。

3．基于第 2 题加工好的数据，按照本章案例和报告写作部分的介绍，撰写数据分析报告的数据说明部分。要求：宋体，小四号字，1.5 倍行距，标准页边距，篇幅 1～2 页。

第**4**章　探索数据的基本特征

学习目标

1. 了解探索数据特征对于数据分析的重要意义；
2. 掌握衡量数据特征的常用指标，能够通过 Excel 公式计算这些指标；
3. 掌握常用数据图形的适用范围和绘图规范，能够使用 Excel 绘图工具绘制常用数据图形；
4. 熟悉组合图形的绘制规范，能够使用 Excel 绘图工具绘制常用的组合数据图形；
5. 掌握数据分析报告描述性分析部分的写作方法。

4.1　掌握数据基本特征的重要性

本章将展开讲解探索数据基本特征的相关内容。本章与第 5 章一起构成了 1.2 节中图 1.2 所示的"商务数据分析的主要工作流程"的第 3 个步骤"实践数据解决方案"的主要内容。在解决实际问题时，一般先探索数据基本特征，然后进行建模。有时问题在前一个环节就已经被解决了，所以建模工作未必每次都会用到，但探索数据基本特征的工作基本上是必然会涉及的环节。学好探索数据基本特征的各种技能和工具对数据分析师来说非常必要。

其实，在验证和加工数据的过程中，分析师对数据特征已经有了一些基本了解，如单个变量的分布、两个变量之间的关系等。"探索数据特征"环节则是在此基础上对**每个变量的特征、变量之间的关系**进行**系统、全面**的探索。这部分工作在两个方面有突出作用。一是帮助分析师充分掌握数据情况。很多相对简单的问题在这个阶段就可以直接找到答案。对于需要进一步建模的复杂问题，也可以帮助后续工作进行得更加顺畅。因此越是复杂的问题，了解数据特征的工作越要到位。二是后续的"设计与开发数据产品""推广分析成果"，一般都需要大量展现数据的基本特征来帮助数据使用者全面了解情况。这部分工作做得足够扎实，对于这两个数据成果应用环节的工作有非常好的促进作用。

探索数据特征的工作经常也被称为"探索性数据分析""描述性分析",最常用的工具是**统计表和统计图**。本章将以一个衡量全球各国/地区性别差异的例子贯穿,引导读者逐一掌握常用的描述性分析工具。以下先简单介绍这个贯穿全章的案例的背景。

📚案例背景介绍:全球性别差异的指标体系与数据分析

性别差异是一个覆盖范围异常广泛、同时解决起来也异常复杂的问题。随着社会的进步和网络的普及,"两性之间的平等发展到了什么程度"在近几年逐渐成为社会热点问题之一,并且几乎每个人对此都有一套自己的观点,也都能从自己的日常生活、朋友圈和网络热搜中信手拈来各种事例作为佐证。这些回答众说纷纭,充满了分歧和疑义,但都来自鲜活的社会现实,自有其合情或合理的部分,因此每个人都会对自己的观点特别坚持。不过,也正是因为个人对这个问题的观点大多是从自身的生活体验中得来的,所以对描述一个社会总体的性别差异而言,无异于盲人摸象。基于这样碎片化的认知和思考,自然也不可能寻找到推进性别平等的有效解决方案。

要在这样的复杂问题上弥合分歧、推动达成共识和解决问题,首先要建立一套统一的视角和评价标准,使参与讨论的各方使用同一种语言对话;数据非常适合充当这个统一各方思路的角色。更具体地说,我们需要建立一个足以反映完整现实的、合理的指标体系,以便各个利益相关方能够遵循统一的逻辑来评价和思考一个问题。

针对"性别差异"这个重要而复杂的问题,已有很多组织和机构建立了自己的指标体系和研究方法,如联合国开发计划署发布的性别发展指数(Gender-related Development Index, GDI)、性别赋权指数(Gender Empowerment Measure, GEM)、性别不公指数(Gender Inequality Index, GII),联合国教科文组织发布的性别平等指数(Gender Parity Index, GPI),经济合作与发展组织发布的社会制度和性别指数(Social Institution and Gender Index, SIGI)等。考虑到数据的复杂性和连贯程度,本章案例使用了世界经济论坛发布的"全球性别差异报告"(Global Gender Gap Report, GGGR)[1]提供的指标体系和历史数据。[2]GGGR自2006年起逐年发布,覆盖全球150多个国家/地区,是世界经济论坛整合各种国际组织、各国家/地区人民政府发布的数据,编制的一份衡量各国家/地区和全球性别差异程度的报告。为此,GGGR建立了一个由14个明细指标、4个分项得分、1个汇总得分构成的指标体系。每一年度的报告都覆盖多个国家/地区,可供国家/地区横向比较,对于多个年度参评的国家/地区还可以观察到其在推进实现性别平等方面的进展。从探索数据特征的角度看,这是一个学习指标(体系)设计、在某一时点对多个个体进行对比分析、在时间轴上探索指标变化趋势等探索性分析方法的良好素材;具备类似特征的数据在实际场景中

---

[1] 可至世界经济论坛官网下载报告全文。

[2] 每个指标体系有其各自的特点,在实际中也各有应用的场景,体现了各发布者对于这个问题的思考框架和基本立场。读者在研究具体问题及数据时,应当综合考量各方面的因素,注意辨析各发布者和应用者对数据的解读,以便对方法的可靠性、数据的可信度和推断的合理性做出正确判断。

也非常常见。读者在后续的学习中，请特别注意从这 3 个方面理解和提炼对数据进行分析的通用思路和方法。

图 4.1 所示为 GGGR 指标体系的基本构成。汇总层级的性别差异得分由"经济参与度与机会""教育程度""健康与生存""政治赋权" 4 个分项得分加权汇总而来。每个分项得分又由其下所辖的若干明细指标加权汇总而来。整个指标体系只使用了 14 个明细指标，通过对它们进行适当的分类和汇总，就把如何衡量性别差异程度这样一个异常复杂的问题解说清楚了。为了实现衡量性别差异这一目标，GGGR 的指标体系在设计时遵循了以下两个重要原则。

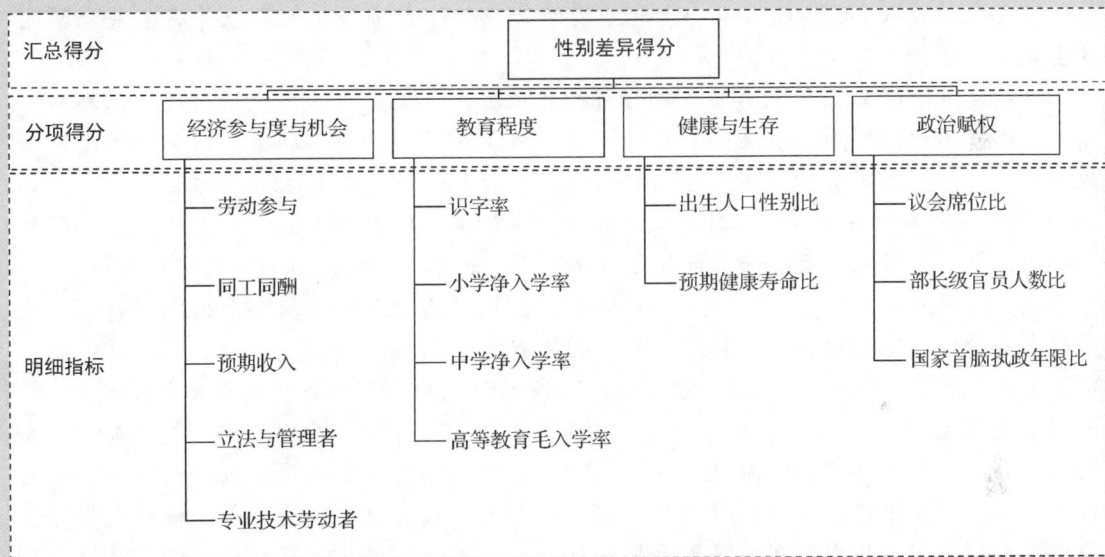

汇总得分	性别差异得分			
分项得分	经济参与度与机会	教育程度	健康与生存	政治赋权
明细指标	劳动参与 同工同酬 预期收入 立法与管理者 专业技术劳动者	识字率 小学净入学率 中学净入学率 高等教育毛入学率	出生人口性别比 预期健康寿命比	议会席位比 部长级官员人数比 国家首脑执政年限比

图 4.1　GGGR 指标体系的基本构成

（1）**衡量差异，而非绝对发展水平**

以"经济参与度与机会"分项中包含的衡量工资差异的指标"同工同酬"为例：一个经济不发达，但能够做到同工同酬的国家/地区；与一个经济发达，但同等条件下女性收入明显低于男性的国家/地区，虽然女性整体在后一个国家/地区可以拿到更高的薪水，但 GGGR 会给予前一个国家/地区更高的得分。为了实现这个设计目标，指标体系中的所有**明细指标都采用了"女性水平/男性水平"的比例数值**，这样的处理可保证它不受绝对水平的影响。同时，这个设计也使得明细指标、分项得分和汇总得分的高低在实际上代表了性别差异被消除的程度。也就是说，**指标值或得分越接近 1 的国家/地区，在消除性别差异、实现性别平等方面就表现得越出色**。

（2）**衡量结果，而不考虑相关的原因**

性别差异可能会受到国家/地区的政策、道德传统、民间习俗、社会文化等各种因素的影响，各种因素之间也存在关联，想要全面考量所有重要影响因素的影响力是不现实的，并且每个人的情况千差万别，受这些因素的影响程度也不同。想要全面衡量各种因素之间的关系与互动，难免会陷于各种细枝末节，甚至忽视了核心的研究目标。于是，GGGR 将精力聚焦在更容易理解和剖析的最终结果上，按照人类社会生活中最为重要的 **4 个方面**来展开分析："教育程度""健康与生存"两个分项反映人类的基本生存条件；"经济参与度与机会""政治赋权"两个分项与人类在解决了基本生存问题之余，谋求在社会生活中的影响力和发展空间有关。这个框架超越了国家/地区、文化等因素的影响，也不受个人体验的限制，只专注于描述两性之间在基本生存与充分发展方面的整体性差异。这个设计使 GGGR 能够以一个非常简洁的指标体系来反映性别差异这个复杂问题的全貌。

计算完每个国家/地区的各项明细指标的取值后，GGGR 还要对其进行逐级汇总，以衡量全球整体的性别差异情况：首先，将每个国家/地区的指标取值按照固定权重进行加权平均，得到每个国家/地区的分项得分；然后，计算 4 个分项得分的算术平均数，得到各国家/地区的性别差异得分；接下来，以人口为权重，对各国家/地区的分项得分进行加权平均，得到全球的分项得分，再取全球分项得分的算术平均数为全球性别差异得分。

以"健康与生存"分项为例，它包含两个指标："出生人口性别比（女性/男性）""预期健康寿命比（女性/男性）"，两者的**固定权重**分别为 70% 和 30%。固定权重在 2006 年首次撰写报告时就被确定下来：取 2006 年各国家/地区明细指标数据，对于每个指标，计算各国家/地区指标取值的标准差，以标准差的倒数为比例分配各指标权重。也就是说，如果国家/地区之间在某个指标上表现得差异更大，就给这个指标一个比较小的权重。固定权重的设计可保证历年得分的可比性；以标准差的倒数为权重，使各个指标的变化对于**分项得分和性别差异得分具备同等的影响力**。

除了 GGGR 的数据，为了进一步增强数据的丰富性，本章还提供了各国家/地区的一些基本属性数据，包括其所在地区、收入水平等定性变量，GDP（Gross Domestic Product，国内生产总值）、人均 GDP、人口密度、国土面积等定量变量。这些国家/地区属性数据与 GGGR 性别差异数据相结合，有助于更进一步探索各国家/地区在性别差异方面的表现可能受到哪些因素的影响。这些国家/地区属性数据采取的是最近可得的时点数据，不记录指标取值随时间的变化。类似这样需要将不同来源、不同时间粒度的数据融合起来共同分析解决一个问题的情况，在实际工作中也非常常见。关于打通数据的思路和工作，在第 3 章中有比较详细的讲解，读者可回顾 3.4 节的内容作为参考。本章后续的内容将主要以 GGGR 和各国家/地区属性两份数据为示例，介绍各种常用的探索性分析方法以及对相关结果的解读方法。

虽然本章案例的主题是衡量和分析性别差异，但其中所表现出来的问题特征非常具有代表性。无论是在个人的日常生活中，还是在社会生活和各种组织的运营过程中，都经常会遇到像性别差异这样**具有重要意义**，但又因涉及多方利益而很难达成一致的问题。在这种情况下，各方因为立场和背景不同，掌握的信息不同、推理思路等不同，所以难以互相理解，更难以达成共识。**应用数据来建立统一的衡量标准和分析思路**对于在这类场景下促进消除分歧非常有帮助。本章案例中指标（体系）设计、数据分析的思路都可以用于其他类似复杂问题的解决，读者在学习时也要注意举一反三。

4.2　衡量数据特征的常用指标

进行系统的探索性分析的第一步是决定从哪些角度来评价数据特征，也就是设计合理的指标或指标体系。在实际工作中，一些基础的常规工作可能已经有了比较合理的指标体系，则可以免去这一步；但是解决相对复杂和新颖的问题时，一般都会涉及这个环节。从本章的案例背景介绍中不难看出，设计好指标体系在针对复杂问题的数据分析中非常重要。好的指标体系在**逻辑上完备而清晰，概括和表达能力都非常好**，能够起到**化繁为简**的神奇作用。而且**设计良好的指标体系也能为后续的模型分析输送高质量的输入**。

要设计出合理的指标体系，首先要**确定好分析的目标**，围绕目标来进行设计。例如，GGGR 的指标体系衡量的目标是"差异"而不是"绝对水平"，所以指标一律采用"女性水平/男性水平"的方式来计算。这就是一个衡量目标和指标设计互相匹配的例子。在实践中，有些读者在分析经验还不够丰富时，经常会问"这个指标设计得对不对"，其实这个问题更适合的提问方式是"这个指标设计得与我的分析目标是否匹配"。没有结合应用场景的单独一个指标怎样计算都无所谓对错，只有当它被用来回答一个问题、推断某个结论时，才会因为计算方法与应用场景、推理逻辑不匹配而发生错误。可以说，没有"算"错的指标，只有"用"错的指标。

其次，要尽量做到各个指标之间的**逻辑关系简洁明晰**。例如，GGGR 的 14 个明细指标全面覆盖了人类的基本生存和充分发展所涉及的 4 个大方向，并且每个指标所反映的社会现实范围彼此互不重叠。这种相对**完备且互斥**的设计，能保证它可以用最简洁高效的方式来剖析问题。同时，**GGGR** 在设计之初也考虑到了后续的逐年对比问题，所以在从明细指标向分项得分汇总的过程中采取了固定权重的设计，保证不同年份之间数据的可比性，使指标取值的变化趋势可以反映性别平等的推进程度。好的指标体系在设计之初就应当考虑到后续的各种典型应用场景，并做出相应的设计和处理。

本节主要介绍几种常用的指标构造方法。读者在了解每种方法的具体实施时，要特别注意充分理解它们所支持的分析"目标"，在实际应用中也一定注意结合业务问题来完成指标设计工作。

4.2.1　衡量数据集中趋势和离中趋势的指标

在数据分析中经常会用到，而且可以放在一起对照学习的第一对分析目标是衡量数据的"集中趋势"和"离中趋势"。所谓的"中"，就是数据的中心。"集中趋势"就是数据集中出现的地方，"平均数""分位数"等都是衡量数据集中趋势常用的指标。"离中趋势"则是数据从中心散开的程度，极差、标准差、变异系数等指标都是衡量数据离中趋势的常用指标。

表4.1展示了一个可以帮助读者理解这一对概念的例子。假设一位教师在使用本书授课时，每完成一章就进行一次小测验，那么当学习到本章时，每名学生应该已经有了 3 次小测验成绩。3 名学生哪一名成绩比较好呢？这是一个考察**数据的集中趋势**的问题。对每名学生各次小测验成绩加总后除以测验次数得到"平均分"，003 号学生拿到了 88 分的最高平均成绩，学得最好，拿到 85 分平均成绩的 001 号、002 号学生略逊一筹。

表 4.1   部分学生小测验成绩

学号	测验 1 成绩/分	测验 2 成绩/分	测验 3 成绩/分	平均分/分	分数极差/分
001	80	90	85	85	10
002	83	85	87	85	4
003	86	89	89	88	3

那是不是平均成绩一样的 001 号、002 号两位学生对学习内容的掌握程度就一样了呢？这是一个需要结合**数据的离中趋势**来回答的问题。"分数极差"是指每名学生 3 次小测验成绩中的最高分减去最低分，002 号学生 3 次小测验的成绩最大差距只有 4 分，围绕平均分波动的幅度非常小；但同样得到 85 分平均分的 001 号学生，成绩围绕平均分波动的幅度达到了 10 分，成绩相对不稳定。综上，虽然两名学生的平均分一样，但是成绩更稳定的 002 号学生对内容的掌握会更好一些。

这个例子使用的平均数和极差各自只是衡量集中趋势和离中趋势常用指标中的一种，而且它们只适用于某些特定类别的数据。接下来的内容将结合数据类型逐一介绍各种常用的集中趋势衡量指标和离中趋势衡量指标，并展示如何在 Excel 中计算这些指标。

分析中常用的数据涉及多种计量尺度，换句话说，衡量不同事物的计量方法是不同的。所以要全面掌握集中趋势和离中趋势的度量方法，要先按照计量方法的不同，了解常见的数据类型。

（1）定类数据：按照某种属性特征对事物进行分类，各类别之间相互平行，类别间只有取值不同，无大小顺序。例如，性别可分为男、女；籍贯可分为各省（自治区、直辖市）；所学专业可分为文、理、工、农、医等。在分类时要做到完备互斥，即各个类别互不重叠，所有类别合并后穷尽该属性的所有可能。

（2）定序数据：仍然是按照某个属性特征对事物进行分类，但是属性的不同取值之间有等级差异或顺序差异。例如，某人对某观点的认可程度可以分为非常同意、同意、中立、不同意、非常不同意；疾病的发展可以分为初期、中期、晚期；学生的成绩等级可以分为优、良、中、差。这些分类虽然有顺序或大小之分，但是无法进行四则运算。

（3）定距数据：可以衡量事物类别或次序之间间距的数据，一般以自然单位或常用的度量衡单位为计量标准，记录为数值。定距数据可以进行加减运算，但乘除运算没有意义。例如，表 4.1 中 003 号学生的平均分比另外两名都高出 3 分；温度的单位之一是摄氏度，20℃比 10℃高 10℃；但考 100 分不代表对学习内容的掌握程度比考 50 分好两倍；20℃也不比 10℃热两倍。

（4）定比数据：也表现为数值，但是较定距数据更进一步，可以进行有意义的乘除法。例如，月收入 10000 元是月收入 5000 元的两倍；8 小时睡眠时间是 4 小时睡眠时间的两倍等。

在实践中有些可能会对 4 类数据造成混淆的常见做法，请读者一定注意辨别和避免。为了节省存储空间或便于分析，数据库一般会将定序数据和定类数据编码为数字，如男性编码为 0，女性编码为 1。但即使进行了类似处理，性别仍然只具有分类的意义，既不能说女性优于男性，也不能说女性比男性大 1。定距数据和定比数据都表现为数值，常用的分析方法也大致相同，一般情况下不必特意区分，但一定要注意，对定距数据进行乘除运算没有意义，不要对其做出类似"20℃比 10℃热两倍"的解读。

表 4.2 展示了衡量 4 类数据集中趋势和离中趋势可用的各种指标，以下分别展开讲解。

表 4.2　数据类型与常用集中趋势和离中趋势衡量指标

衡量目标	指标	定类数据	定序数据	定距数据	定比数据
集中趋势	众数	√（※）	√（※）	√	√
	中位数/分位数	×	×	√	√
	均值	×	×	√（※）	√（※）
离中趋势	异众比率	√（※）	√（※）	√	√
	极差/四分位差	×	×	√	√
	方差/标准差	×	×	√（※）	√（※）
	变异系数	×	×	√（※）	√（※）

注：※表示对此类型数据最为适用的测量指标。

1．集中趋势

在衡量集中趋势时，**众数**是最为普适的指标，对 4 类数据都可计算，但最常用于定序数据和定类数据，它是一组数据中出现次数最多的那一个值。对于定序数据与定类数据，计算每个取值的频数，频数最高的取值即众数。若最高频数对应多个取值，则这些取值都为众数，即众数可以不唯一。对于定距数据和定比数据，众数的计算分为两种情况。

当数据未分组时，类似定类数据与定序数据，出现频数最高的数值即众数。在表 4.1 中，"平均分"指标的众数就是 85 分。有时候在对定距数据和定比数据进行分析时，为了处理方便会对它们进行分组。例如，人口普查会根据每一个被调查对象的年龄衍生年龄分组变量，并汇报 0～14 岁、15～64 岁、65 岁及以上 3 组的频数。这实质上是基于原始的定距数据或定比数据，转换生成新的定类数据或定序数据，在这种情况下，按照对定类数据或定序数据计算众数的方法对新生成的变量计算众数即可。

下一组衡量数据集中趋势的常用指标是**中位数/分位数**，这些指标主要适用于定距数据和定比数据。其基本思路都是对数据按照大小排序，取排在某个位置的值，3.3 节简要说明过相关内容，可与本节互相对照。中位数其实是分位数的一种，因为最常用，所以经常被单独列出来。顾名思义，它取的就是从小到大排列好的数据中，处于序列中间位置的数值。除中位数外，常见的分位数还有四分位数、十分位数、百分位数。顾名思义，四分位数包含 3 个值，从小到大将数据序列按个数等分为 4 份。其中，中间的那一个四分位数均分了数据就是中位数，也称第二四分位数；另外两个，数值较小的称为第一四分位数或下四分位数，数值较大的称为第三四分位数或上四分位数。以此类推，十分位数包含 9 个值，将数据序列十等分；百分位数包含99 个值，将数据序列一百等分。

第三组衡量数据集中趋势的常用指标是**均值**，其对定距数据和定比数据适用。均值指标中最常见的是算术平均数，其通过将所有数据加总后除以数据个数得到。表 4.1 中的"平均分"指标就是 3 次测试成绩的算术平均数。算术平均数默认所有数据对于描绘数据的中心同等重要，如果数据中的一部分更为重要，则可以改用加权平均数，其中的"权"指的是表明每个数据对于评价数据中心重要性的"权重"。

仍然以表 4.1 为例，假设学生们在 3 次小测验后又进行了一次期中考试，要重新计算平均分，数据如表 4.3 所示。以 001 号学生为例，如果认为期中考试比小测验更重要，为期中考试指定40%的权重，每次小测验指定 20%的权重，则其平均分应为(80×20%+90×20%+85×20%+91×40%)÷(20%+20%+20%+40%)=87.4。如果认为期中考试与小测验同等重要，则其平均分应为(80+90+85+91)÷4=86.5。这个式子也可改写为：(80×1+90×1+85×1+91×1)÷(1+1+1+1)=86.5，即为4 个分数都指定了同样的权重 1。所以，算术平均数其实是加权平均数的一个权重相等的特例。

表 4.3　部分学生小测验及期中考试成绩

学号	测验 1 成绩/分	测验 2 成绩/分	测验 3 成绩/分	期中成绩/分	平均分 （算术平均数）/分	平均分 （加权平均数）/分
001	80	90	85	91	86.5	87.4
002	83	85	87	83	84.5	84.2
003	86	89	89	86	87.5	87.2

从表 4.3 中 3 名学生的平均成绩对比可以看出：采用不同平均数计算方法得到的平均分是不同的，即得到的数据中心是不一致的。无论是个人成绩，还是 3 名学生的排名，都会因权重不同发生变化。由于调整权重能够影响数据中心，所以在实际工作中采取加权平均数时要特别注意权重分配的合理性。确定权重时，可以参照本章案例在进行指标逐层汇总时的方案，用数据本身的特征作为权重，也可以请专家按照领域的专业知识来指定权重。无论如何，权重一旦确定，最好不要轻易修改，否则在研究数据随时间变化的趋势时会更难处理。

从以上介绍中可以看到，众数、中位数/分位数和均值都在描述数据的中心，但是它们采用的逻辑有所不同。众数关注最高频的数据所在的位置，这种与频数绑定的性质使它特别适用于描述定类数据和定序数据的中心所在。对于定距数据和定比数据，虽然 3 组指标都可计算，但一般而言更常使用均值。不过，与众数和中位数/分位数相比，均值有容易受到极端值影响的特点。例如，有些公司会给高管人员开出非常高的薪酬，如此在计算公司全体员工平均收入时，平均收入会被少数几位高管的高薪拉高，偏离了大部分一线和中层管理者的收入水平。在这类情况下，中位数可对数据中心进行更好的刻画。分析师在进行具体处理时，除了要考虑分析目标之外，也要注意结合数据的分布特征来选择最为合适的指标。

2．离中趋势

对于了解一组数据的特征来说，除了通过集中趋势指标来了解中心在哪里，通过离中趋势指标来了解数据从中心分散开的程度也非常重要。数据远离中心的程度越高，集中趋势指标所提供的数据中心对这一组数据的代表性就越差；反之，集中趋势指标值对这一组数据的代表性就越好。将离中趋势控制在足够小的范围内是很多领域的要求。例如，工业生产中零件的尺寸和质量如果明显偏离了规格要求，就会导致废品率变高、成本增加。越是精密高端的制造产业，产出质量稳定这一点就越关键。表 4.2 列出了 4 组常用的离中趋势衡量指标。

异众比率是指非众数组的频数在总频数中的占比。从定义中可以看出，它是一个与众数结合使用的指标，最适用于定类数据和定序数据。异众比率越高，取值为众数的数据占比越小，众数对数据整体的代表性越差；反之，众数对一组数据的代表性越好。**四分位差**是上下四分位数之差，一组数据中的一半位于两个四分位数之间，这个距离越短，说明这部分数据的分散程度越小。四分位差与表 4.1 中的**极差**指标的设计思路类似，但它不受极端值的影响。对于定距数据和定比数据，**方差**和**标准差**是最常用的离中趋势衡量指标，通常和均值配合使用。对于一组数据，计算其中每一个数值与均值之差的平方，再对这一组平方值求算术平均数，即得到**方差**[①]。方差开平方即得到**标准差**。对于有单位的数据，标准差的单位与原始数据是一致的，具有实际意义，方差则不具备这个特点。因此，在分析实际问题时会更多地采用标准差指标。

4-1　总体和样本的方差和标准差

均值与标准差这一对集中趋势和离中趋势衡量指标结合应用，可以帮助人们识别数据中那些明显偏离数据中心的**离群点**：当数据量足够大时，一般一组数据中的绝大部分会落在以均值为中心加减 3 倍标准差的区间内；小于均值减 3 倍标准差或大于均值加 3 倍标准差的数据为离群点。离群点可能会影响我们对数据特征的认识，在分析中要注意处理。有一些离群点可能是数据记录错误造成的，这类问题应当在第 3 章讲述的数据验证的过程中已得到解决；也有一些离群点中蕴含了重要的信息，了解导致它远离中心的原因可能获得巨大的价值。例如，研究生产效率特别高的工人是如何工作的、成绩特别突出的运动员是如何训练的、发现和培育产量或品质特别好的作物等，都有可能带来明显的社会效益或经济效益。

4-2　大数定律和中心极限定理

除衡量一组数据的集中趋势和离中趋势外，在应用领域中也经常会有综合比较两组数据特征的场景。例如，某人要在两条不同的通勤路线中选择上下班的路线，先分别记录了一段时间走两种路线的耗时，并计算出每条路线耗时的均值和标准差，如表 4.4 所示。

[①] 此处所述为总体方差及标准差的计算方法，样本方差与标准差的计算方式略有不同，感兴趣的读者可查阅统计学书籍了解计算方法及两者之间的联系和区别。

从中可以看到，两条路线中地铁线路因需要绕路，平均耗时较地面公交长；但地面公交受拥堵情况影响大，通勤时间的标准差较地铁大。在选择通勤线路的场景中，及时到达工作场所很重要，所以一般会优先选择离中趋势足够小、耗时稳定的路线。但两条路线的均值不同，无法直接通过标准差大小进行比较。于是可以综合均值与标准差指标计算两条路线的**变异系数**："路线 1：地铁"的耗时更加稳定，使通勤时间更加稳定。

表 4.4   两条通勤路线的耗时

路线	均值（a）/分钟	标准差（b）/分钟	变异系数（$c=b/a$）
路线 1：地铁	95	2	0.02
路线 2：地面公交	85	5	0.06

在进行数据分析时，首先要注意明确场景和分析目标，根据分析目标确定需要衡量数据哪个方面的特征（如表 4.4 所示的例子，配合考勤的需求，通勤路线用时要稳定，也就是离中趋势要小）；然后根据数据类型选取合适的指标。

4.2.2   绝对数指标和相对数指标

在根据分析目标设计或选择数据指标时，要注意的第二对概念是"绝对数"和"相对数"。本章的案例背景介绍中解释了 GGGR 指标体系设计的两个基本原则，其中之一是"衡量差异"。为此，这个指标体系中的所有明细指标都采用"女性水平/男性水平"的比例数值。以其中的"预期收入"指标为例：计算中涉及的"女性预期收入""男性预期收入"是绝对数；而两者相除后的结果则是一个相对数。更一般地，**绝对数**是反映自然、经济、社会等现象的总体规模或水平的数值。例如，人口数、国土面积、GDP、收入、利润等都是常见的绝对数指标。**相对数**则是由两个或以上相关的数据指标进行对比求得的比值，一般用来反映几个数据之间的联系和对比关系。例如，人口密度、人均 GDP、利润率等都是常见的相对数指标。绝对数和相对数各有擅长表达的内容，在设计和使用指标时，要根据分析目标来选取。

1. 绝对数指标

绝对数指标通常有单位，可以是实物单位，也可以换算为价值单位等非实物单位。例如，某互联网公司在盘点资产时，可计算其所拥有的服务器台数，这就是实物单位的绝对数指标；也可以将服务器折价，计算服务器资产对应的货币价值，这就是以货币这个价值单位来表示的绝对数指标。将实物单位指标换算为价值单位指标通常是为了方便对比。在这个资产盘点的例子中，如果服务器以实物单位计量，则难以比较它与其他不同实物单位的资产之间的价值高低；如果将各种资产的价值货币化，则很容易看出每种实物单位不同的资产在公司总资产中所占的比例和重要性。

使用绝对数指标时，还应注意分辨指标的时间属性。反映某个现象在某一时刻情况的绝对数指标，称为**时点数**。反映某个现象在某段时期活动结果的绝对数指标，称为**时期数**。人口数量、资产负债额、员工人数等都是常见的时点数指标，用于衡量一个指标在某个时点的存量大小。GDP、研发投入、工资收入等都是常见的时期数指标，用于衡量一个指标在某段时间内的流量大小。同一个时点数指标在不同时点上的取值相加后无意义，但可计算增量、增长率或均值等。例如，某企业年初雇用员工 2500 人，年末雇用员工 2800 人，则企业当年雇用员工数量的增长量为 2800-2500=300 人，员工数量增长了(2800÷2500-1)×100%=12%，年度平均雇用员工数量(2800+2500)÷2=2650 人；但年初和年底的时点数的加和 2500+2800 无法对应任何实际意义。与时点数相比，时期数最明显的特征之一是必须明确附带的时间单位，如某个季度的GDP、某个年度的 GDP；而且不同时间段的时期数可以相加，如将全年每个月的收入加和后可得到年收入。时期数也可以计算增量和增长率，但要注意参与计算的指标值附带的时间单位应当相同：可以计算今年的 GDP 较去年的 GDP 增长了多少，但计算今年的 GDP 较去年第四季度的 GDP 增长了多少没有实际意义。

2．相对数指标

相对数指标根据参与比较的指标关系不同，有些有单位，有些没有单位。有单位的相对数指标一般由两个性质不同而又有联系的绝对数指标相除后得到。例如，平均每百人病床数指标可以衡量医疗系统的承载能力，单位是"张/百人"；人均可支配收入反映国民的富裕程度，单位是"元/人"。

无单位相对数指标中最为典型的是计算整体中某个部分在整体中的占比的**结构相对数**。例如，各产业在 GDP 中的占比、各类资产在企业总资产中的占比、工资收入和非工资收入在收入中的占比，都属于结构相对数。结构相对数宜用百分数的形式来表示，各个组成部分彼此之间应是完备且互斥的，每个部分的占比都是非负数，所有组成部分的占比加和应为 100%。

另一种常用的无单位相对数指标是**比例相对数**，对比的是整体中的两个组成部分。例如，GGGR 指标体系中的"出生人口性别比"就是用出生人口中女婴数量与男婴数量相除得到的。计算比例相对数通常是为了考察它是否大于 1 或大于某个特定的数值。仍以"出生人口性别比"指标为例，自然状态下女婴与男婴的比例通常在 100∶105 左右小范围浮动。如果这个比例过低或过高，则意味着可能存在胎儿性别选择或其他相关问题。

综上，绝对数更适用于表达某个事物的整体表现，相对数更适用于反映事物各组成部分之间的强弱对比，或事物不同方面数据特征之间的关系。在分析工作中要注意结合分析目标来进行选择和设计。

4.2.3　分组描述数据特征

4.2.1 节和 4.2.2 节介绍的内容大多是通过一个指标来描述一组数据的特征。由于一个指标通常只能描述数据某一个方面的特性，所以难免会忽略数据很多其他方面的特征。例如，对于表 4.1 中的 001 号和 002 号两名学生，从平均分看他们成绩的集中趋势是一样的，所以又补充了描述离中趋势的极差指标来从另一个角度描述数据特征。像这样联合使用多个指标，从多个角度来描述数据特性的方法，是实际工作中常用的一种更为完整地了解数据特征的方法。而另一种更为完整地了解数据特征的常用方法是，仍然使用同样的数据指标，但不是对数据整体进行计算，而是对数据进行分组，然后用这个指标描述每个组的数据特征。本节将概要介绍分组描述数据特征方法，这种方法对于分析取值较多的定距数据和定比数据尤其有用。本节的大部分讲解也主要聚焦在分组方法在这两种数据上的应用。

实现分组描述数据特征的方法要解决两个问题：①按照什么分组？②分组后计算哪些指标？

1．选择分组依据

为某个指标**选择分组依据**，即决定按照什么分组，仍然要根据分析目标来决定。泛泛地说，有两种常用的手段。

（1）可以直接将这个指标的取值范围划分为一组完备互斥的子区间。各子区间之间可能有天然或约定俗成的界限，如考试分数可以按照"及格"（分数≥60）、"不及格"（分数<60）分为两档。也可能是针对分析目标由分析人员指定，如分析公司员工的薪资构成，人力资源经理会考虑公司的薪酬带来划分。还可能是两者结合，如分析人口的年龄构成，法律规定的成人年龄、退休年龄都是应当采用的界限，在这两个时点切分出来的 3 个年龄段中还可以继续细分。

（2）除了可以将某个指标本身的取值范围划分为若干区间之外，也可以选择其他的指标作为分组依据。前面所举的几个例子中，学校分析某年级学生的考试成绩，可以将班级作为分组依据，分析比较每个班级的成绩水平；分析员工的薪资构成，可以将部门作为分组依据，分析比较每个部门的薪酬情况；分析人口的年龄构成，可以按地区分组，比较各地区人口的年龄构成。

除了按照单个指标分组外，在比较复杂的分析中，也可以综合利用两个或更多指标分组，称为复合分组。例如，对于学校分析学生考试成绩的例子，就可以按照及格/不及格和班级交叉分组。在进行复合分组时，一般先按最关注的指标分组，再按次要的指标分组。

2．确定数据指标

分组之后的下一步是**计算能够表现数据特征的指标**。这在每一项具体的工作中当然也要根据分析的目标来决定。除了 4.2.1 节和 4.2.2 节中介绍的所有指标外，在分组分析数据时，也经常计算频数及从频数中衍生的频率：频数就是每个组中数据的个数，它在全体数据中的个数占比就是频率。频数和频率会指出在各个分组中，数据在哪里稀疏，在哪里稠密。

接下来将使用本章案例的数据，结合上述讲解展示一些具体的分析实例。

以 2017 年的 GGGR 数据为例，这一年的报告共有 144 个国家/地区参评，表 4.5 所示为这些国家/地区汇总性别差异得分的基本数据特征：这一年所有参评国家/地区的平均性别差异得分为 0.697，最高得分和最低得分分别为 0.878 和 0.516，两者相差 0.362。考虑到性别差异得分一般来说是一个在[0,1]取值的指标[①]，可以认为各国家/地区在性别平等上的进度差异还比较大，全球在弥合性别差异上仍有较大的进步空间。为此，可以通过分组的方法了解各国家/地区在不同得分区段的分布情况，以进一步了解全球的性别平等状况，寻找弥合差异的路径。

表 4.5 2017 年 GGGR 报告 144 个国家/地区性别差异得分的基本数据特征

指标	性别差异得分
平均数	0.697
最大值	0.878
上四分位数	0.731
中位数	0.695
下四分位数	0.669
最小值	0.516
极差	0.362

（1）按照性别差异得分指标本身进行分组

将分组的上下界按照数据的最大值和最小值分别外扩到 0.9 和 0.5，然后以 0.05 为间隔将 144 个国家/地区分为 8 组。表 4.6 提供了各组的频数与频率数据。从各组对应的频数与频率中可以看到，国家/地区分布呈现中间多，两端少的特征，66%的国家/地区得分集中在 0.650～0.750，得分高于 0.750 或低于 0.650 的国家/地区分别仅占全部参评国家/地区的 15%和 19%。

表 4.6 2017 年 GGGR 报告 144 个国家/地区性别差异得分的分组分布情况

性别差异得分分组	频数	频率	向下累计频数	向上累计频数
[0.850,0.900]	1	1%	1	144
[0.800,0.850)	6	4%	7	143
[0.750,0.800)	15	10%	22	137
[0.700,0.750)	45	31%	67	122
[0.650,0.700)	50	35%	117	77
[0.600,0.650)	18	13%	135	27
[0.550,0.600)	7	5%	142	9
[0.500,0.550)	2	1%	144	2

除频数与频率外，表 4.6 中还展示了两种常用的频数变体指标：向下累计频数和向上累计频数。对于除定类数据之外的 3 类数据，这两个指标都适用。具体计算时，首先将各组按照大小顺序排列好（如表 4.6 中各组就是按照性别差异得分从大到小的顺序排列的），向下累计频

---

① 性别差异得分在理论上可能大于 1，即女性的情况好于男性。但是在历年已发布的 GGGR 报告中尚未出现过任何一个国家/地区性别差异得分大于 1 的情况，所以此处仍然认为该指标的取值范围为[0,1]。

数从取值最大的一组开始逐渐累加各组频数,向上累计频数从取值最小的一组开始逐渐累加各组频数。每一组的向下累计频数对应大于等于这一组下限值的总频数,每一组的向上累计频数对应小于这一组上限值的总频数。根据累计频数也可以计算其对应的累计频率。这两个指标在需要了解小于或大于某一数值的数据出现的总次数时非常有用。例如,以 0.800 为性别平等实现程度较高的界限,想要了解到底有多少国家/地区实现了较高的性别平等水平,就要找到以 0.800 为分组下限值的这一组,查看它对应的向下累计频数为 7,即共有 7 个国家/地区符合要求。

（2）使用性别差异得分之外的其他指标作为分组依据

例如,想要比较各大洲的性别差异得分情况,了解性别平等实现情况是否会随地域变化而有所不同,就可以以地域分类变量为分组依据来计算各组的平均得分等指标。表 4.7 所示为各地域分类性别差异得分的基本数据特征,从中可以看出各大洲所包含的参评国家/地区数量、平均得分、得分的分散程度都有比较大的差异。以亚洲和欧洲两组数据为例,两洲的参评国家/地区数相近,是几个大洲中最多的,但亚洲参评国家/地区的平均得分较低,各国家/地区之间的得分差异也更大。从这些数据来看,亚洲的情况会更加复杂,欧洲各国家/地区的表现则更加趋同。此外,在以地域分类为分组标志时,由于地域分类是定类数据,各大洲之间无大小关系,所以无法计算累计频数。

表 4.7　2017 年 GGGR 报告各地域分类性别差异得分情况

地域分类分组	频数	均值	最小值	最大值	极差
亚洲	41	0.659	0.516	0.790	0.274
非洲	35	0.675	0.575	0.822	0.247
南美洲	11	0.712	0.678	0.758	0.080
大洋洲	3	0.720	0.638	0.791	0.153
北美洲	15	0.725	0.667	0.814	0.147
欧洲	39	0.740	0.670	0.878	0.208

4.2.4　常用指标在 Excel 中的实现

本节介绍前 3 节提及的各种指标和操作在 Excel 中的实现方法。各示例使用的数据均为 GGGR 报告 2017 年的数据。

1. 常用集中趋势指标在 Excel 中的实现

（1）计算算术平均数

算术平均数可通过 AVERAGE 函数计算得到。如 4.1 节的介绍,GGGR 指标体系中最高一层的汇总指标"性别差异得分"是第二层 4 个分项得分的算术平均数。图 4.2 所示为根据全球的分项得分计算全球性别差异得分的过程。AVERAGE 函数的设置非常简单,只需要将需要参与求平均的所有数据都作为参数写入函数。如果涉及多个不连续的数据区域,则可用逗号追加,图 4.2 中 D2 单元格的公式也可以写作 AVERAGE(D3,D4,D5,D6)。

D2　=AVERAGE(D3:D6)

	A	B	C	D	E
1	年份	国家/地区	指标名称	指标得分	
2	2017	全球	性别差异得分	0.68	
3	2017	全球	经济参与度与机会	0.58	
4	2017	全球	教育程度	0.95	
5	2017	全球	健康与生存	0.96	
6	2017	全球	政治赋权	0.23	
7					

图 4.2　通过 AVERAGE 函数计算算术平均数

（2）计算加权平均数

加权平均数可通过 SUMPRODUCT 函数计算得到。以 4.1 节讲解过汇总方式的“健康与生存”分项指标为例，它由“出生人口性别比”（女性/男性）、“预期健康寿命比”（女性/男性）两个明细指标加权汇总得到。按照 GGGR 报告给出的权重设置，健康与生存分项得分=出生人口性别比×0.693+预期健康寿命比×0.307。如图 4.3 所示，使用 SUMPRODUCT 函数需要明确两个参数：第一个参数是参与平均数计算的指标值区域 K2:K3，第二个参数是指标对应的权重值区域 L2:L3。使用这个函数时要特别注意，两个参数区域的大小形状要一致。此外，由于 SUMPRODUCT 函数实际上是在计算多个乘积的加和，所以直接使用它来计算加权平均数时要注意保证权重列各单元格取值均为正，且加和为 1。

K4　=SUMPRODUCT(K2:K3,L2:L3)

	H	I	J	K	L	M
1	年份	国家/地区	指标名称	指标得分	权重	
2	2017	卢旺达	出生人口性别比	0.944	0.693	
3	2017	卢旺达	预期健康寿命比	1.060	0.307	
4	2017	卢旺达	健康与生存	0.980	-	

图 4.3　通过 SUMPRODUCT 函数计算加权平均数

（3）计算四分位数/中位数、四分位差

四分位数和中位数可以通过 QUARTILE.EXC 函数和 QUARTILE.INC 函数计算得到，读者参阅 3.3.2 节中图 3.22 的相关内容即可。上、下四分位数相减即可得到四分位差。

（4）计算众数、异众比率

对定类数据、定序数据、定距数据、定比数据都可计算众数。但在 Excel 中，计算众数的 MODE 函数只能对数值型的数据生效。如果是以文本形式表达的定类数据和定序数据，则需要先将文本转为数值型数据后才能使用 MODE 函数；也可使用数据透视表等其他功能。图 4.4 展示了这两种求众数的方法。R2:R145 单元格区域是 2017 年参评 GGGR 的 144 个国家/地区的“性别差异得分”，对于这一类数值型变量，将其所在区域作为参数写在 MODE

函数中，即可求得众数；如果数据处于多个不连续的区域，则可以以逗号追加数据区域。图 4.4 中的编辑栏显示了在 U1 单元格中以 MODE 函数对 R 列“性别差异得分”指标求众数的具体公式。

如果将 MODE 函数用于 Q 列的文本型变量“地域分类”，则 Excel 将返回错误信息#N/A，表示无法获取可以使用的数字。可以将“地域分类”变量转换为数字编码，如欧洲替换为 1，非洲替换为 2，等等。之后对替换后的编码使用 MODE 函数。

此外，无论是文本型变量还是数值型变量，都可借助 3.3.2 节中图 3.18～图 3.21 相关文字中介绍的数据透视表来求众数。以图 4.4 中 Q 列的文本型变量“地域分类”为例，可以该变量为“行标签”，“值”选择计算“国家/地区”变量的计数项，之后数据透视表会自动计算“地域分类”列中各大洲出现的次数。按照计数项大小排序即可看到“地域分类”变量的众数应为“亚洲”：在全部 144 个国家/地区中，共有 41 个亚洲国家/地区；非亚洲国家/地区共有 144−41=103 个，“地域分类”变量的异众比率为 103÷144×100%≈71.5%。

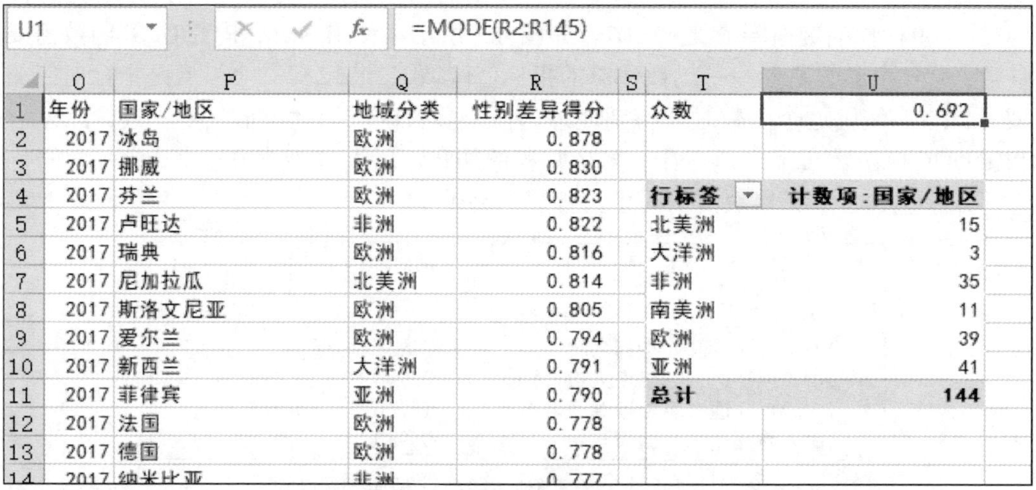
U1 =MODE(R2:R145)

	O	P	Q	R	S	T	U
1	年份	国家/地区	地域分类	性别差异得分		众数	0.692
2	2017	冰岛	欧洲	0.878			
3	2017	挪威	欧洲	0.830			
4	2017	芬兰	欧洲	0.823		行标签	计数项:国家/地区
5	2017	卢旺达	非洲	0.822		北美洲	15
6	2017	瑞典	欧洲	0.816		大洋洲	3
7	2017	尼加拉瓜	北美洲	0.814		非洲	35
8	2017	斯洛文尼亚	欧洲	0.805		南美洲	11
9	2017	爱尔兰	欧洲	0.794		欧洲	39
10	2017	新西兰	大洋洲	0.791		亚洲	41
11	2017	菲律宾	亚洲	0.790		总计	144
12	2017	法国	欧洲	0.778			
13	2017	德国	欧洲	0.778			
14	2017	纳米比亚	非洲	0.777			

图 4.4　通过 MODE 函数和数据透视表计算众数

2. 常用离中趋势指标在 Excel 中的实现

（1）最大值、最小值与极差

数值型数据的最大值、最小值可通过 QUARTILE.INC 函数计算得到，读者可参阅 3.3.2 节中图 3.22 的相关介绍；也可分别通过 MAX、MIN 两个函数获得。MAX、MIN 这两个函数非常相似，只需将数据所在区域作为参数写入即可，当数据区域不连续时，以逗号追加。图 4.5 所示为使用这两个函数求各国家/地区性别差异得分中的最高分与最低分的结果，编辑栏中展示了单元格 U2 中结果对应的 MAX 函数的参数写法。MIN 函数的使用方法与之类似，只需改写函数名即可。得到最大值与最小值后，对其求差即可得到极差。

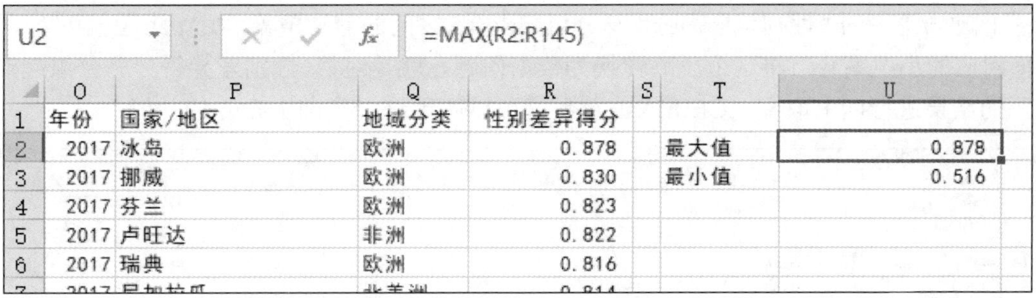
U2 =MAX(R2:R145)

	O	P	Q	R	S	T	U
1	年份	国家/地区	地域分类	性别差异得分			
2	2017	冰岛	欧洲	0.878		最大值	0.878
3	2017	挪威	欧洲	0.830		最小值	0.516
4	2017	芬兰	欧洲	0.823			
5	2017	卢旺达	非洲	0.822			
6	2017	瑞典	欧洲	0.816			

图 4.5　通过 MAX 函数计算最大值

（2）方差与标准差

总体方差和标准差可以分别通过 VARP 和 STDEVP 函数计算得到，这两个函数也只需输入数据区域作为参数；如果涉及数据不连续，则用逗号追加即可。图 4.6 中的编辑栏展示了 VARP 函数的用法，U2 单元格展示了 VARP 函数返回的结果。标准差函数的调用方法与方差函数类似，只需改写函数名即可。

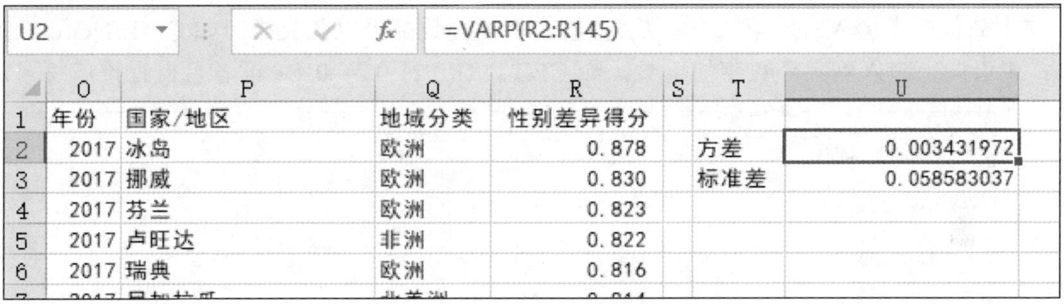
U2 =VARP(R2:R145)

	O	P	Q	R	S	T	U
1	年份	国家/地区	地域分类	性别差异得分			
2	2017	冰岛	欧洲	0.878		方差	0.003431972
3	2017	挪威	欧洲	0.830		标准差	0.058583037
4	2017	芬兰	欧洲	0.823			
5	2017	卢旺达	非洲	0.822			
6	2017	瑞典	欧洲	0.816			

图 4.6　通过 VARP 函数计算总体方差

3．分组和计算各组数据指标在 Excel 中的实现

在对数据进行分组分析时，通常原始数据中并没有现成的分组标志，要先根据分组依据生成新的衍生变量作为组标志，然后通过数据透视表等计算各组的数据特征。以下将介绍如何基于图 4.7 中 A～D 列的数据在 Excel 中对数据进行分组以及探索各组的数据特征，得到表 4.6 所示的结果。

（1）生成组标志“性别差异得分分组”

为了根据图 4.7 中 A～D 列的数据得到表 4.6 所示的数据，要生成一个新变量（F 列的“性别差异得分分组”）作为分组标志；为了得到“性别差异得分分组”，还需要先生成一个作为中间桥梁的辅助变量（E 列的“小组编号”）。

首先，在 E 列补充小组编号，这个步骤需要用到 CEILING 函数。按照分组标准，自 0.5 起至 0.9 止，8 个小组各自覆盖数轴上长度为 0.05 的一段，其中 0.05 称为组距。因此，只需要计算每个国家/地区的“性别差异得分”与分组起点 0.5 之间的差别覆盖了几个组距就可以得到这个数值对应的小组编号。将这个思路转换为数据问题，就是对“（性别差异得分－分组起点）÷组距”的结果进行向上取整。CEILING 函数就可以实现这一类向上舍入的功能。

	A	B	C	D	E	F	G	H	I
1	年份	国家/地区	地域分类	性别差异得分	小组编号	性别差异得分分组		小组编号	性别差异得分分组
2	2017	冰岛	欧洲	0.878				1	[0.500, 0.550)
3	2017	挪威	欧洲	0.830				2	[0.550, 0.600)
4	2017	芬兰	欧洲	0.823				3	[0.600, 0.650)
5	2017	卢旺达	非洲	0.822				4	[0.650, 0.700)
6	2017	瑞典	欧洲	0.816				5	[0.700, 0.750)
7	2017	尼加拉瓜	北美洲	0.814				6	[0.750, 0.800)
8	2017	斯洛文尼亚	欧洲	0.805				7	[0.800, 0.850)
9	2017	爱尔兰	欧洲	0.794				8	[0.850, 0.900)
10	2017	新西兰	大洋洲	0.791					
11	2017	菲律宾	亚洲	0.790					

图 4.7　原始数据：待补充“小组编号”和“性别差异得分分组”

CEILING 函数接收两个参数，第一个参数是需要向上舍入的数字，第二个参数是舍入的标准。如图 4.8 中的编辑栏所示，在这个例子中，第一个参数就是“（性别差异得分－分组起点）÷组距”；第二个参数为 1，表示向上舍入到整数。CEILING 函数的第二个参数还有更多选择：在十分位向上舍入时，第二个参数为 0.1，小数位数都可以此类推，如 CEILING(0.21,0.1)=0.3；也可向上舍入到某个数字的倍数，如 CEILING(0.21,0.2)=0.4。读者可自行推广练习。

E2　=CEILING((D2-0.5)/0.05,1)

	A	B	C	D	E	F
1	年份	国家/地区	地域分类	性别差异得分	小组编号	性别差异得分分组
2	2017	冰岛	欧洲	0.878	8	[0.850, 0.900)
3	2017	挪威	欧洲	0.830	7	[0.800, 0.850)
4	2017	芬兰	欧洲	0.823	7	[0.800, 0.850)
5	2017	卢旺达	非洲	0.822	7	[0.800, 0.850)
6	2017	瑞典	欧洲	0.816	7	[0.800, 0.850)
7	2017	尼加拉瓜	北美洲	0.814	7	[0.800, 0.850)
8	2017	斯洛文尼亚	欧洲	0.805	7	[0.800, 0.850)
9	2017	爱尔兰	欧洲	0.794	6	[0.750, 0.800)
10	2017	新西兰	大洋洲	0.791	6	[0.750, 0.800)

图 4.8　通过 CEILING 函数生成“小组编号”

生成“小组编号”后，再通过 VLOOKUP 函数（可参见 3.4.2 节中图 3.32 的相关介绍），根据图 4.7 中 H1:I9 单元格区域所示的“小组编号”与“性别差异得分分组”的对照关系，将每个小组编号对应的“性别差异得分分组”补充到 F 列中。

（2）通过数据透视表计算各组频数

选中图 4.8 中 A～F 列的所有数据，建立数据透视表（可参见 3.3.2 节中图 3.18～图 3.21 的相关介绍），以“性别差异得分分组”为行标签，设置值字段为计算“国家/地区”变量的计数项，即可得到图 4.9 所示的各组频数。

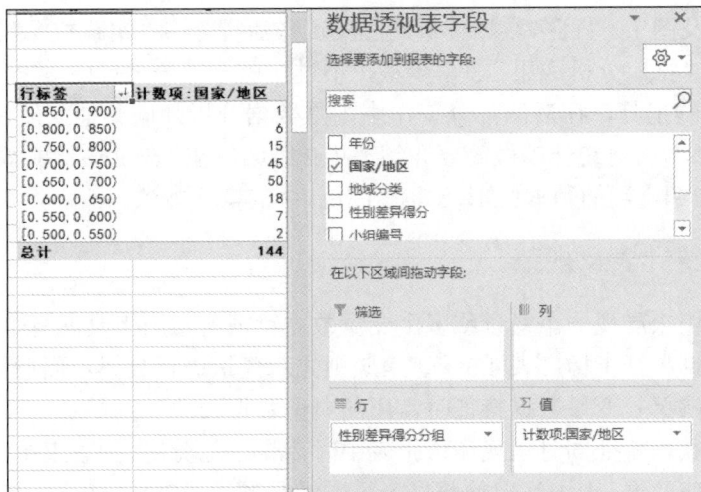

图 4.9　通过数据透视表计算各组频数

（3）计算累计频数

根据小组频数计算累计频数无须调用函数，通过简单的四则运算公式即可完成。如图 4.10 所示，以向下累计频数为例。首先，对数据透视表按照行标签大小排序；然后，由于向下累计频数是从大到小累加的，所以行标签对应数值最大的这一组的向下累计频数就是小组的频数；接下来，从行标签次大值这一组开始，每一组的向下累计频数都是上一组向下累计频数与本组频数之和。在图 4.10 中以箭头表示加和方向，将箭头尾部对应单元格数字相加即可得到箭头头部指向的数字。向上累计频数的计算过程与此类似，只不过是从行标签最小的这一组开始反向操作。

图 4.10　通过各组频数计算累计频数

4.3　数据图表

相较于文字，数据图表能够以简短的篇幅呈现大量的数据特征。图表不但是探索性数据分析环节最常使用的方法，也是数据分析师向业务合作伙伴展示数据分析成果最重要的工具。也就是说，它同时涉及图 1.2 "商务数据分析的主要工作流程"中"实践数据解决方案""设计与开发数据产品"和"推广分析成果"3 个步骤，不过在前一部分工作中，它是数据分析师自己用来发现数据规律的工具，在后两部分工作中则是数据分析师向其他人展示其工作成果的工具。4.3.1 节和 4.3.2 节将对统计表做简要介绍，并介绍如何在 Excel 中绘制规范、美观的表格；从 4.3.3 节起主要介绍常用的数据图形及其在 Excel 中的实现方法。

4.3.1　常用统计表及规范

统计表是一种用来展现一个变量或多个变量数据特征的常用工具。例如，表 4.5 集中展现一个变量的多个数据特征指标；表 4.6 和表 4.7 则先对变量进行分组，而后展示每组的数据特征。这是两种在了解单一变量数据特征时常用的典型数据表。

将两个变量的数据特征同时呈现在一张表中时，常用列联表。列联表中涉及的两个变量通常是定类数据或定序数据，表中呈现的数据特征通常是频数或频率。表 4.8 是按照定序变量"性别差异得分分组"和定类变量"地域分类"统计出的参评国家/地区频数表。除了以各变量取值作为行标和列标外，表中还有总计行呈现列合计数，总计列呈现行合计数；它们分别是"地域分类"和"性别差异得分分组"的单变量频数分布。这种将两个变量的联合分布情况和两个变量单独的分布情况结合在一起的呈现方式，是列联表最常见的表现形式之一。

表 4.8　性别差异得分分组与地域分类的列联表

性别差异得分分组\地域分类	北美洲	大洋洲	非洲	南美洲	欧洲	亚洲	总计
[0.500,0.550)						2	2
[0.550,0.600)			3			4	7
[0.600,0.650)		1	8			9	18
[0.650,0.700)	4		16	3	8	19	50
[0.700,0.750)	9	1	4	7	18	6	45
[0.750,0.800)	1		3	1	8	1	15
[0.800,0.850)	1		1		4		6
[0.850,0.900)					1		1
总计	15	3	35	11	39	41	144

除上述两种常用数据表格之外，还有一种非常实用的数据表格就是 3.5 节微课中介绍过的数据说明表。数据说明表一般出现在数据分析报告中，为听众概要介绍某一项分析工作所使用的各个变量的基本情况，是一种非常简洁明了的信息陈列方式，读者可回顾该节复习相关内容。

4.3.2　Excel 表格——格式优化

想要绘制出规范、美观又有表现力的表格，不但要关注内容，还要注意格式。尤其是在"设计与开发数据产品"和"推广分析成果"步骤，表格通常是展现在数据产品中供他人查阅的，尤其要注意做到规范、易读、美观；否则不但影响数据产品的使用者理解和接受相关的内容，也容易让他们对分析成果的专业性产生疑虑。Excel 就是呈现数据表格的工具，在优化表格格式方面有天然的优势。

在 Excel 中，调整表格格式一般有 3 类工作：调整表格版式、调整表格内容的格式、提示重点内容。完成这类表格格式调整工作经常会用到"开始"选项卡中"字体""对齐方式""数字"和"样式" 4 个组中的功能，其位置如图 4.11 所示。以下介绍常用的基本操作。

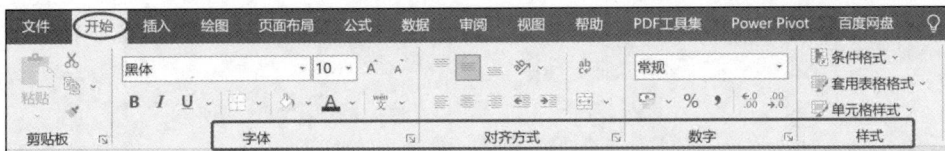

图 4.11　"开始"选项卡中与调整表格格式相关的常用组

1. 调整表格版式

调整表格版式主要是指调整边框线，相关功能都可在"开始"选项卡的"边框"下拉列表中找到。最简单的是绘制类似图 4.12 中的全框线表格。如图 4.12 所示，先选中需要设置边框的 F2:G10 单元格区域，然后单击"边框"按钮右侧的下拉箭头，在弹出的下拉列表中选择"所有框线"选项，之后选中区域内所有单元格的分界线都会添加等粗细的框线，具体样式如 F17:G25 单元格区域所示。

图 4.12　调整表格边框线

单击"边框"按钮右侧的下拉箭头，在弹出的下拉列表中还有更多选项，可供单独添加或删除某一部分的边框线，或添加不同粗细的边框线。例如，想要将图 4.12 中的 F2:G10 单元格区域设置为三线表格式（即表格上下两条粗框线，标题行下方一条细框线，无其他框线），则可按照以下步骤操作。

（1）选中 F2:G10 单元格区域，单击"边框"按钮右侧的下拉箭头，在弹出的下拉列表中单击"其他边框"选项，Excel 弹出图 4.13 所示的"设置单元格格式"对话框。

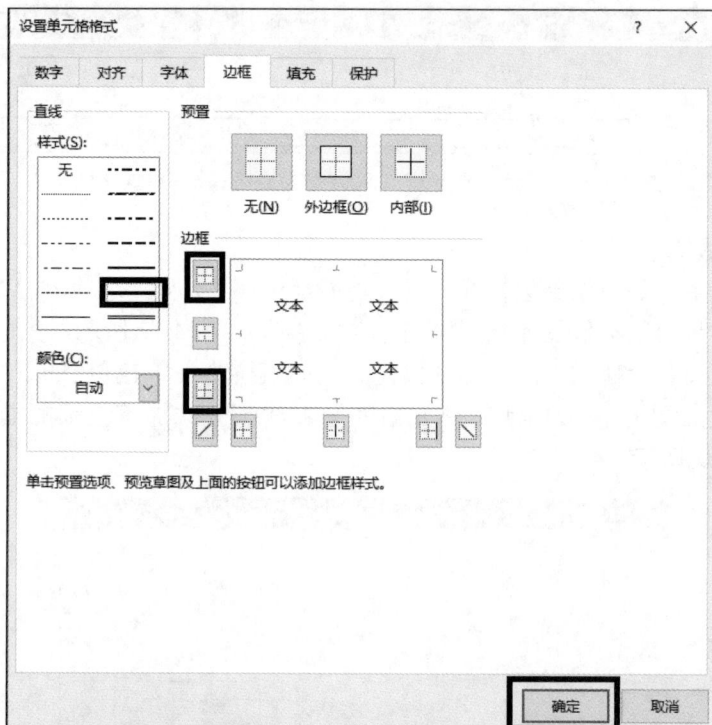

图 4.13 "设置单元格格式"对话框：调整表格边框线

（2）选择"边框"选项卡，在"样式"列表框中选中粗线，在"边框"栏中依次单击选中上框线、下框线，然后单击"确定"按钮，三线表中的上下两条粗框线就设置完成了。

（3）选中 F2:G2 单元格区域，再次进入"设置单元格格式"对话框的"边框"选项卡。在"样式"列表框中选择细线，在"边框"栏中单击下框线，最后单击"确定"按钮，三线表的最后一条线添加完成。

2. 调整表格内容的格式

调整表格内容的格式通常包含设置对齐方式、字体、字号、数字格式等操作。对齐相关的操作主要通过"开始"选项卡的"对齐方式"组实现。以完成的三线表为例，选中其所在 F~G 列，单击"对齐方式"组的"垂直居中"按钮，选中区域中各单元格内容调整为与单元格上下边界等距；单击"居中"按钮，选中区域中各单元格内容调整为与单元格左右边界等距，两个按钮的位置如图 4.14 所示。除这两种对齐方式外，Excel 也支持顶端对齐、底端对齐、左对齐、右对齐等方式，都可在"对齐方式"组中实现。将鼠标指针置于对齐方式按钮上即可看到按钮名称，读者可自行探索此组中的其他按钮。

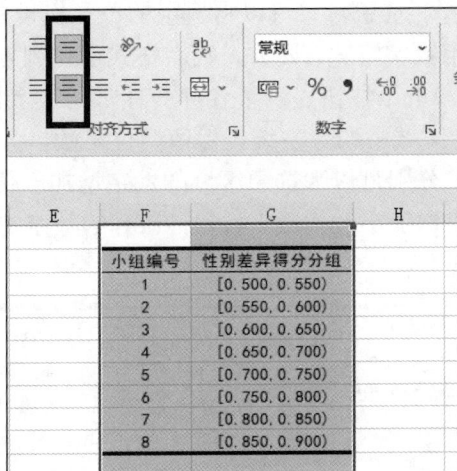

图 4.14　调整对齐方式

调整字体、字号的下拉列表在"字体"组的上半部分。如图 4.15 所示，表格中 4 个变量的字体不同，F～G 列是"10"磅的"黑体"；H～I 列是"12"磅的"宋体"。一个表格中的字体、字号要尽量统一，否则显得杂乱，现要将 H～I 列的字体改为与 F～G 列一致，具体操作方法为：先选中 H～I 列，单击"字体"组中"宋体"右侧的下拉箭头，Excel 弹出字体下拉列表，在其中选择"黑体"；然后单击"12"右侧的下拉箭头，选择"10"磅。

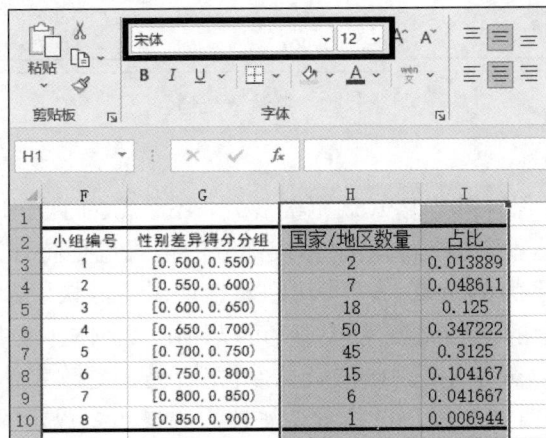

图 4.15　调整字体、字号

除字体、字号外，图 4.15 中还有一个不够规范和美观的部分，I 列的"占比"指标为小数且保留位数不一致，看起来非常杂乱。解决这一类数字格式不规范的问题要用到"数字"组。如图 4.16 所示，先选中 I 列，然后单击"数字"组中的"%"按钮，数字由小数变为百分数，百分号前保留到整数。除百分数外，"数字"组还提供了更多数字格式。在"数字"组中第一行的数字格式下拉列表中选择相应选项，可以将选中的单元格设置为文本、长/短日期、时间、分数、科学记数、货币等常用数字格式。此外，数字格式下拉列表下方还有几个按钮，可用于设置常用的数字格式。其中，货币按钮提供了各种会计常用数字格式的切换功能；"%"按钮右侧的","按钮可以将选中区域中的数字统一保留两位小数，并添加千分位分隔符；最右侧两个按钮，每单击一次按钮，分别可以为选中区域的数字增加一位小数或减少一位小数。以图 4.16 为例，选中 I 列后单击"增加小数位数"按钮，该列的数字将由百分号前保留到整数调整为百分号前保留一位小数。

小组编号	性别差异得分分组	国家/地区数量	占比
1	[0.500, 0.550)	2	1.4%
2	[0.550, 0.600)	7	4.9%
3	[0.600, 0.650)	18	12.5%
4	[0.650, 0.700)	50	34.7%
5	[0.700, 0.750)	45	31.3%
6	[0.750, 0.800)	15	10.4%
7	[0.800, 0.850)	6	4.2%
8	[0.850, 0.900)	1	0.7%

图 4.16　调整数字格式

3. 提示重点内容

在呈现表格时，除了保证基本格式规范美观外，还经常为了方便数据使用者提取信息而对重点内容进行提示，这就需要对表格整体或部分的格式进行特殊设置。当表格篇幅较大、内容较多时，这样的提示尤为重要，能够帮助数据使用者尽快了解数据的基本特征、定位重点信息。如果需要提示的内容比较简单，则可以使用"字体"组中的"填充颜色"和"字体颜色"按钮，它们可以分别为选中的单元格填充底色、更改字体颜色。这两个按钮位于"字体"组中"边框"按钮的右侧，可参看图 4.12。如果需要提示的内容比较多或复杂，则可以通过"开始"选项卡"样式"组中的"条件格式"来实现。条件格式的功能大致可分为以下两类。

（1）将全部数据中符合某一条件的数据以特殊格式显示

如图 4.17 所示，以 2017 年 GGGR 报告中的 144 个国家/地区的性别差异评分数据为例，设置条件格式。假如分析师特别关注某个大洲（如非洲）各国家/地区的得分情况，则可以选中 M 列的"地域分类"变量；在"开始"选项卡的"样式"组中单击"条件格式"按钮，在弹出的下拉列表中单击"突出显示单元格规则"选项。弹出的子菜单中包含很多常用的规则。也可以通过其中的"其他规则"自定义。此处可以直接使用子菜单中的"等于"规则。

图 4.17 设置条件格式

单击"等于"后，Excel 弹出图 4.18 所示的"等于"对话框。在左侧文本框中填写需要满足的条件，在右侧的文本框中设置符合条件的单元格以何种格式展现。在左侧文本框中可直接输入文字，也可指定某个单元格以其中的内容作为条件。指定单元格作为条件时，只需先单击文本框右侧的向上箭头，然后选中条件文字所在的单元格（在本例中是图 4.18 中的 R2 单元格），再单击向下箭头确认，即可完成条件取值的设置。与直接输入文字相比，更推荐读者使用指定单元格作为条件，因为这样更方便修改规则。例如，分析师在查看完非洲国家/地区的得分情况后，想再查看大洋洲国家/地区的情况，那么以单元格为条件时，只需将 R2 单元格中的"非洲"改为"大洋洲"即可；而直接输入文字"非洲"为条件时，需要重新设置一遍规则。

右侧文本框负责设定符合条件的单元格的展示形式，单击其右侧的下拉箭头，可查看和选中预设的格式或自定义格式。两个文本框都设置好后，单击"确定"按钮，M 列中所有符合条件的单元格就会以指定的格式显示。读者可自行摸索图 4.17 中"条件格式"下拉列表中的其他功能，本书因篇幅所限不一一介绍。

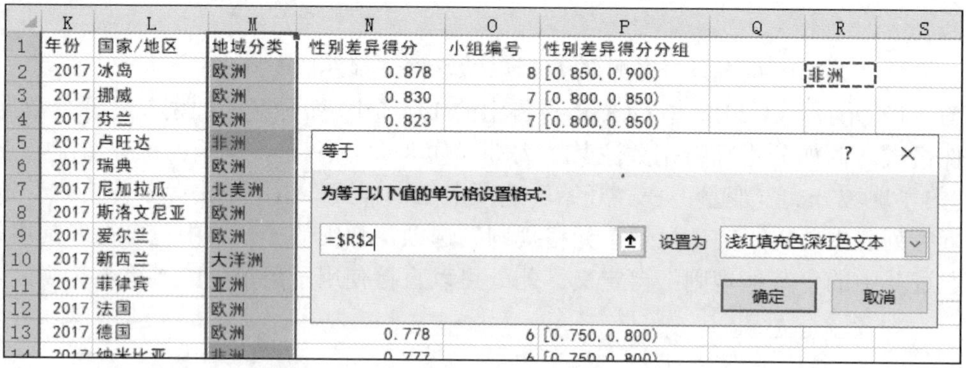

图 4.18　设置条件格式：凸显符合条件的数据

（2）对选中的全部数据使用条件格式

分析师有时需要观察某个变量的整体情况，如果能以不同格式表示数据的大小，则可以帮助使用者更容易地识别数据中隐含的趋势。图 4.19 和图 4.20 展示了一个在数字中融入图形的条件格式设置的例子。以图 4.19 中 N 列的"性别差异得分"为例，假设分析师想要了解各国家/地区的得分是否存在明显的差异，则可以先以 N 列为排序依据对数据表进行排序，然后选中 N 列设置格式。

对 N 列排序的操作如图 4.19 所示，单击待排序变量中的某个单元格，按 Ctrl+A 组合键选中全体数据区域；进入"数据"选项卡，在"排序和筛选"组的最左侧有一对按钮，单击上方升序（A→Z）按钮对选中区域各行按照 N 列数值从小到大排列，单击下方降序（Z→A）按钮对选中区域各行按照 N 列数值从大到小排列。图 4.19 所示为单击"降序"按钮后的结果。如果用于排序的变量是文本，则按照音序排列。

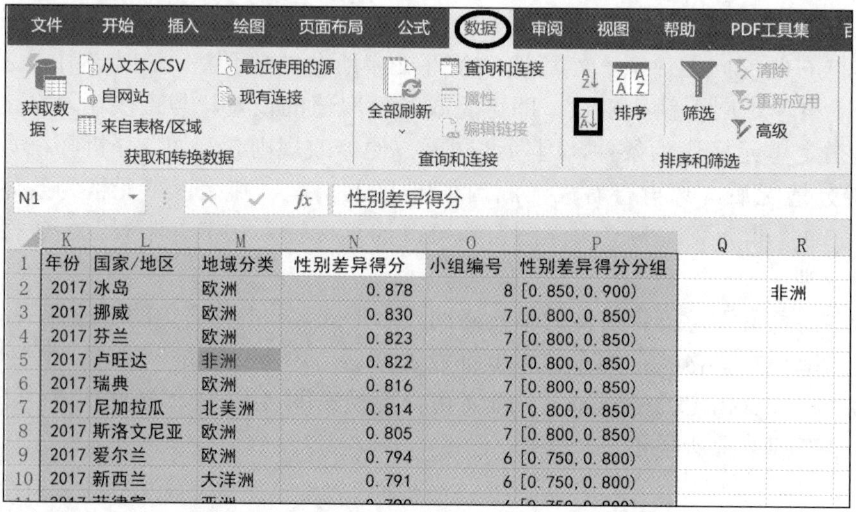

图 4.19　设置条件格式：对数据进行排序

为 N 列设置格式的操作如图 4.20 所示[扫码见图 4.20（彩色）]。选中 N 列，进入"开始"选项卡，在"样式"组中单击"条件格式"按钮；先在弹出的下拉列表中单击"数据条"，然后在弹出的子菜单中选择一种具体的格式（图 4.20 中选择的是红色数据条），则 N 列的每个单元格中出现一个红色渐变的条形，其长度与单元格中的数字大小成正比，整列中的条形合在一起类似一张条形图。分析师只需观察各条形的长度是否有明显变化，如有变化发生在何处，即可知道各国家/地区性别差异得分是否存在明显阶梯、阶段分界点何在。

"条件格式"中的"色阶""图标集"两个选项也提供类似功能，但具体格式与"数据条"略有不同：前者通过颜色深浅区分数字大小，后者通过不同颜色和形状的图标区分数字大小，读者可自行探索。

图 4.20　设置条件格式：展示变量变化趋势

如图 4.20 所示，"条件格式"下拉列表中有一组功能："新建规则""清除规则""管理规则"，可分别用于对表格中的条件格式设置进行增、删、改操作。当表格包含的条件格式规则比较多时，这一组功能可以让使用者非常便捷地对规则进行管理。

除"条件格式"按钮外，"开始"选项卡"样式"组中的"套用表格格式""单元格样式"两个按钮也很常用，可以分别实现在整个表格区域、个别单元格上快速套用预设格式。只需选中需要设定格式的单元格区域或单元格，单击相应的按钮，在弹出的预设格式列表中选中合适的格式模板即可。

4.3.3　常用数据图形及分类

数据图形可以说是认识和展示数据特征最重要、有效和常用的工具。所谓"一图胜千言"，恰当的图形经常可以让数据中隐藏的信息变得不言自明，帮助人们拓展认知的边界，为他们的经验提供参考和矫正的标准，在他们验证设想时提供证据。本节主要介绍数据图形的基本作图规范，4.3.4 节~4.3.7 节将分类介绍如何在 Excel 中实现各类常用数据图形。

4-3　一图胜千言

　　想要绘制规范而富有表现力的数据图形，首先要了解数据图形的评价标准。好的数据图形一定要做到"选型正确"，即成为"正确的图"是成为"好图"的必要条件。这里所谓的"正确"，更明确地说就是根据分析目标的需要来选择合适的图形，而不是为了画图而画图，生硬地将数据套入图形。做到选型正确，图形至少能够得到一个及格分。相反，再精妙新颖的图形，如果与分析目标以及要表现的数据特征不搭配，那么它也只具备陈列和炫耀的意义，不会成为一张实践场景中的"好图"。

　　要做到根据分析目标正确选型，就要对常见的数据分析目标、适用于每个分析目标的常用图形有所了解。图 4.21 将数据分析的目标归并为分布、构成、关系和比较 4 类，并根据所使用的数据的基本情况，给出数据图形选型的建议。

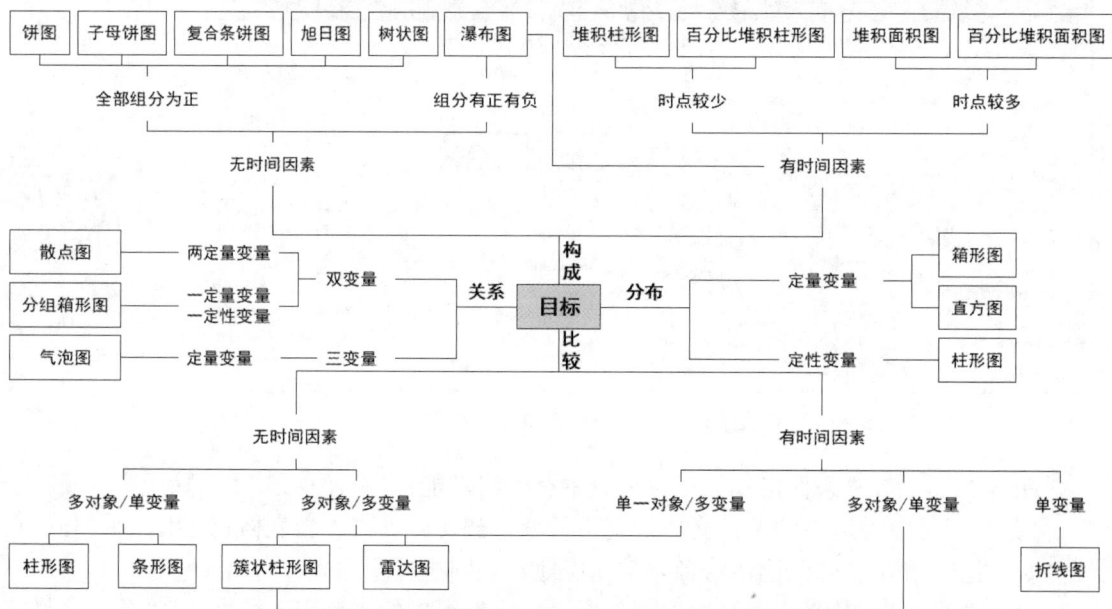

图 4.21　常见分析目标与数据图形选型

　　（1）分布：查看数据所处的范围和疏密。4.2.1 节提及的各种集中趋势与离中趋势指标就是用于描绘数据分布特征的指标，这一组图形可以帮助分析师更加轻松地理解相关的数据特征。

　　（2）构成：查看整体中各个组成部分的大小和比例关系。表 4.6 中的频率就是描述构成的一种典型指标。随着时间的推移，构成也可能会发生变化，这种变化的趋势也是这类研究目标关注的一个重点。

　　（3）关系：与前两种分析目标一般聚焦在单个变量上不同，关系类的工作目标更关注寻找两个或更多变量之间的关系，人们在实践中经常会凭借对于变量之间关系的认知来设计各种操作方案以进行调整优化。

（4）比较：比较类的分析目标关注的情况比较复杂，不但涉及时间上的比较，还可能涉及不同对象之间的比较，或者在多个维度（指标）上进行比较。通过比较发现区别是定位问题和做出判断的常用手段。

图 4.21 中共涉及 20 种常用图形，但其中大部分都是基础图形或者它们的变种与复合。以下是按照绘制方法对这些图形进行的简单归类。

（1）柱形图系列：包括基础图形（柱形图、条形图）和衍生图形（堆积柱形图、百分比堆积柱形图、簇状柱形图、瀑布图）。

（2）折线图系列：包括基础图形（折线图）和衍生图形（堆积面积图、百分比堆积面积图）。

（3）饼图系列：包括基础图形（饼图）和衍生图形（子母饼图、复合条饼图、旭日图）。

（4）散点图系列：包括基础图形（散点图）和衍生图形（气泡图）。

（5）其他：箱形图、分组箱形图、直方图、树状图、雷达图。

对图形进行归类的好处在于可以帮助读者加深理解和简化记忆：只要掌握好一个系列中基础图形的特征，再结合图 4.21 中的说明，就可以在大部分分析任务中做到根据目标选择恰当的图形。4.3.4 节将以基础图形为主线，讲解第（1）个～第（4）个类别的图形及其在 Excel 中的实现。4.3.5 节讲解第（5）个类别的图形及其在 Excel 中的实现，还将讲解一种未在图 4.21 中出现但也应用广泛的图形——地图。4.3.6 节和 4.3.7 节讲解在 Excel 中作图的两个常用技巧：绘制复合图形与保存制图模板，它们可以帮助分析师更加有创造性地绘制图形以及提高绘图相关工作的效率。

4.3.4　Excel 绘图——基础图形

图 4.21 在分类分析目标和数据特征条件时，主要涉及 3 个维度的条件：对象个数、时间因素、变量个数。对象个数主要涉及"比较"这一类目标，只要是看两个或更多不同主体之间的异同，就涉及多个对象；其他几类目标则基本只涉及一个对象。时间因素在"构成""比较"几类目标中都很常见，主要用于了解一个对象随时间推移是否发生了变化，如果发生了变化，是否呈现了某些特定的趋势。变量个数主要体现在研究变量之间"关系"或从多角度"比较"多个对象的分析任务中。掌握这 3 个维度，可以帮助读者进一步加深对图形与分析目标之间匹配关系的理解和简化相关的记忆。以下将结合 3 个维度与各图形系列的特征对数据图形相关内容进行详细讲解。

1. 柱形图系列

柱形图系列包含的图形如图 4.22 所示。这个系列图形的**核心功能**在于以柱体高度（或条形长度）来表示数值的大小，主要可用于 3 类场景。

（1）展示单个定性变量的频数分布：主要涉及柱形图，如果定性变量取值较多或内容较长，则也可使用条形图。

（2）通过柱体高度或条形长度的累加展示单个变量的构成：主要涉及堆积柱形图、百分比堆积柱形图、瀑布图。

（3）对比多个对象之间的异同或同时呈现多个变量的变化趋势：主要涉及簇状柱形图。

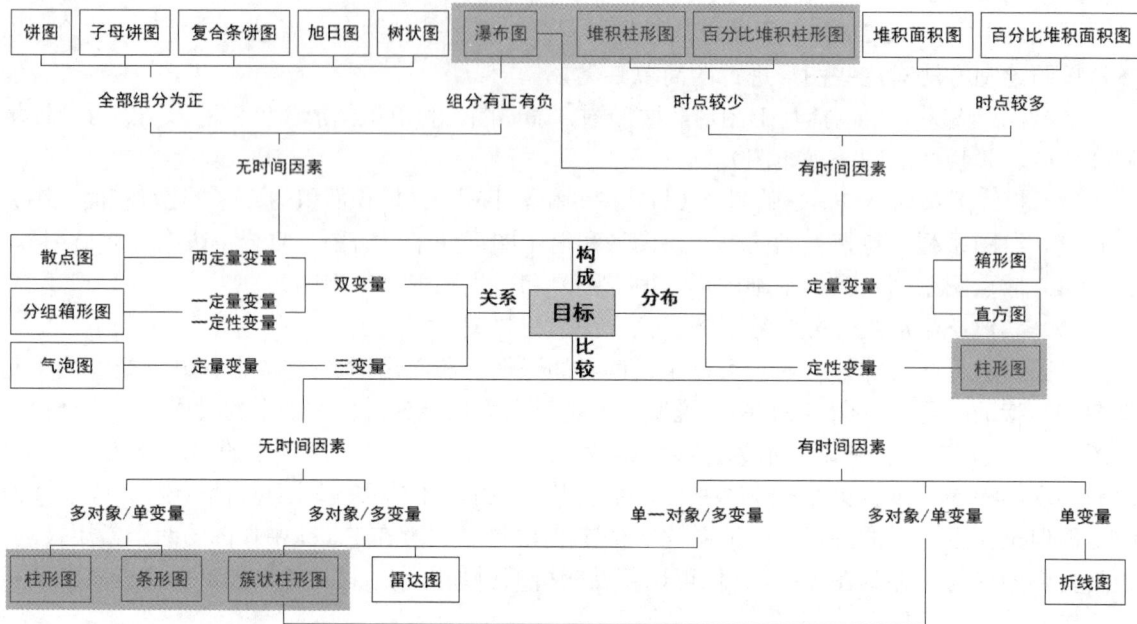

图 4.22　常见分析目标与数据图形：柱形图系列

以下结合实例展示柱形图系列图形的典型应用场景及其在 Excel 中的实现。如图 4.23 所示，制作数据图形最常用的功能都可在"插入"选项卡的"图表"组中找到。该组提供一些图形的快捷按钮，每个按钮都对应一组类似的图形。画图时，选中数据并单击相应的按钮，Excel 会弹出这一组图形中可供选择的具体样式，选中相应的选项即可。此外，单击"图表"组右下角斜向下的箭头图标，可打开图 4.24 所示的"插入图表"对话框；单击"所有图表"选项卡，可以看到左侧列表展示了 Excel 支持的所有常规图形，在列表中选中要绘制的图形种类（如图 4.24 中选中了"柱形图"），右侧区域将随所选图形种类切换展示内容：这个区域上方是这类图形包含的图形子类型（如图 4.24 中展示了"柱形图"类别中的所有分支），选中所需子类型，区域下方图形样式区会展示该子类型套用在所选数据上的结果。通过这个对话框可以很方便地观察数据套用在各种图形子类型上的变化，在有多个候选子类型时使用更便捷，接下来本节的介绍都将基于这个对话框展开。

图 4.23 展示了 2017 年 GGGR 报告的 144 个参评国家/地区及其地域分类、人口数量和性别差异得分（A～E 列），以及按照地域分类变量分组后计算得到的人口总数和平均性别差异得分（G～I 列）。其中地域分类使用了两种划分标准："地域分类 1"按大洲划分，"地域分类 2"

则是将地缘和社会文化传统相近的国家/地区划分为一组。以下是基于这份数据展开的几个柱形图制图实例，读者可以通过对比这些实例中分析目标、图形工具和分析结论的不同，加深对图 4.22 中各相关分支的理解。

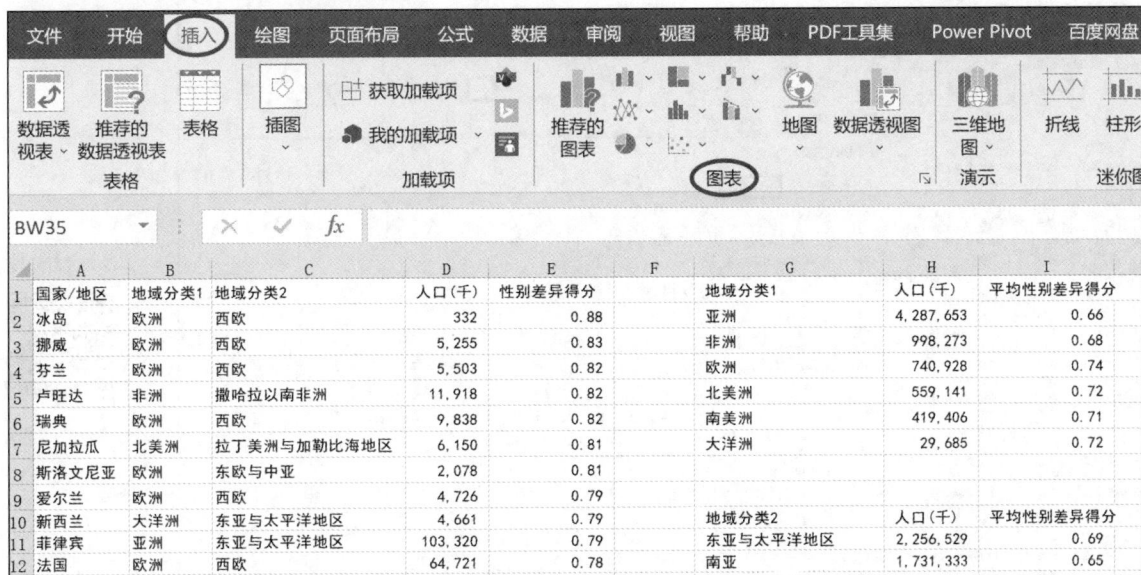

图 4.23　作图相关的常用选项

　　首先比较各个地域参评人口的数量；这是一个典型的无时间因素、多对象（不同地域）、单一变量（人口数量）的比较。如图 4.22 所示，**柱形图**、条形图都可以满足这个分析需求。图 4.23 中的 G1:H7 单元格区域呈现了按照"地域分类 1"分组的计算结果，G10:H18 单元格区域呈现了按照"地域分类 2"分组的计算结果；对两个分组计算结果绘图的步骤类似，下面以 G1:H7 单元格区域数据为例说明柱形图绘制过程。

　　先选中 G1:H7 单元格区域，如图 4.24 所示，打开"插入图表"对话框。单击"所有图表"选项卡，在左侧列表中选择"柱形图"。在右上方的图形子类型中选择第一个选项"簇状柱形图"[①]，右下方的图形样式区域呈现了将所选数据套入后可呈现的两种图形样式：两个样式虽然都只有一列柱体，但左侧样式的全部柱体同色，右侧样式的每个柱体都采用了不同颜色。这是由于 Excel 以不同颜色来区分变量：左侧样式以 H 列为一个变量，G 列为行标签，所以选中区域中只有一个变量。右侧样式认为选中区域中每一行是一个变量，G 列为变量名，H 列为变量取值，所以选中区域有 6 个变量，以 6 种不同颜色来区分。在这个"无时间因素的多对象（不同地域）、单一变量（人口数量）比较"的场景中，显然左侧的图形样式匹配分析目标，因此

---

　　① Excel 为简化选项设置，将柱形图作为簇状柱形图在只有一个变量时的一个特例来处理。但根据图 4.21 可知，柱形图与簇状柱形图使用的数据和分析目标都有所不同，是两种不同的图形。

在图形样式区选中左侧单变量样式，然后单击"确定"按钮，即可得到图 4.25 所示的四联图区域左上方的图形。

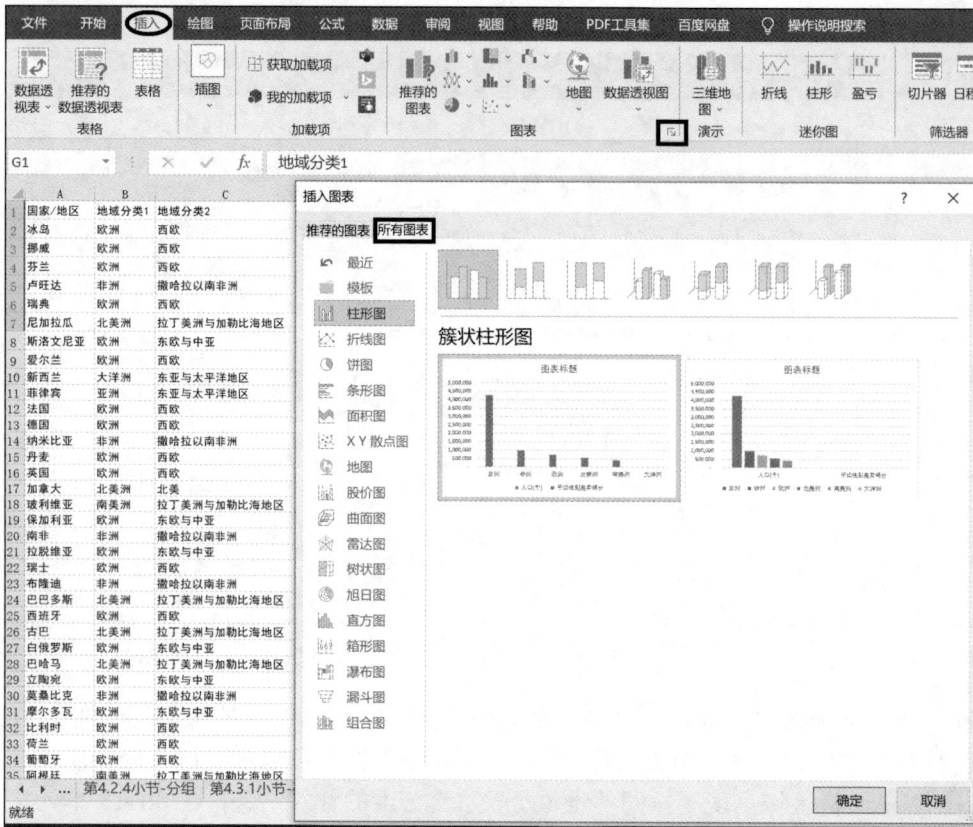

图 4.24 "插入图表"对话框：绘制柱形图

通过上述作图过程可以看出，Excel 将对单个变量的作图（本例中是柱形图）作为多变量作图（本例中是簇状柱形图）的一个特例来处理。这种归并在其他图形中也有应用，它会让图形的分类更加简洁。读者了解这个设定可在作图时更加便捷地找到所需的图形子类型。此外，在 Excel 的图形设定中，不同颜色一般意味着不同的变量，或同一个变量对应的不同时间周期，读者可以根据这个设定来选择合适的图形样式。

接下来选中图 4.23 中的 G10:H18 单元格区域，对"地域分类 2"的人口汇总结果重复以上作图过程，结果如图 4.25 中四联图区域左下方的图形。与上一张图形相比，这张图的横轴坐标由于文字太长，从左至右横向展示空间不够，所以改成了由左下至右上排列，但仍有部分地域分类名称无法完全展现，从图形各元素的大小比例和文字阅读的角度看体验不够好。这是柱形图在处理文字标签较长的数据时固有的局限，可以使用条形图来替换它以得到更好的读图体验。重新选中 G10:H18 单元格区域，打开"插入图表"对话框，单击"所有图表"选项卡，依次选中"条形图""簇状条形图"、单变量样式，得到图 4.25 所示的四联图区域右下方的图形：横轴标签转换成纵轴标签，无论文字说明长短，都只占一行的位置，不再有空间不够无法显示完全的问题。

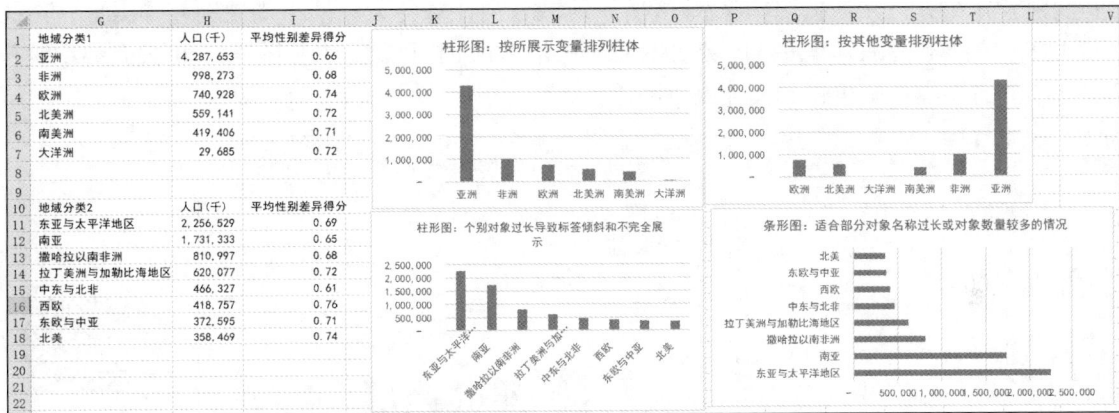

图 4.25　无时间因素的单变量、多对象比较：柱形图与条形图

从这个例子中柱形图与条形图的对比可以看出，大部分无时间因素、单变量、多对象的比较都可以用柱形图来解决，它从左到右呈现数据，非常符合我们日常的阅读习惯。但是在对象名称比较长或者对象数量特别多时，横轴空间有限，可能无法正常展现所有对象名称，这时更适合使用**条形图**。

此外，在图 4.25 中，由于事先对数据进行了排序，所以无论是柱形图还是条形图，都是按照高低/长短顺序排列的。建议读者在作图时也预先对数据进行排序，这是因为作图本身就是为了找到数据中的规律，按照分析目标排序过的数据可以帮助读图人更迅速地捕捉到规律。例如，这个例子的分析目标是看各个地域的人口数量多少，如果序列是杂乱的，那么为了达到这个目标，读图时就需要先在一列柱子中找到最高的一个，再看它对应的地域名称，然后依次重复类似过程，找较低的柱子及其对应的名称，这会增加读图者获取信息的成本。当然，柱体排序的标准不一定必须是要分析的变量本身（如本例中的"人口"），而是可以根据分析目标以其他变量为标准。例如，分析的目标如果改成了考察处于不同性别平等推进程度地域的人口数量的多少，则应该先选中 G1:I7 单元格区域，按 I 列的"平均性别差异得分"降序排列，然后选中 G1:H7 单元格区域绘图。图 4.25 所示的四联图区域右上方的图形展示了重新排序后的图形样式，从这张图中可以看出：平均得分较高的地域人口数量较少，还有大量人口仍处于性别平等推进的早期阶段。

柱形图最常用的衍生图形是**簇状柱形图**。它的用途非常广，一般涉及多个对象、多个指标、多个时点的比较。以下仅以一个多对象、单变量数据在时间上的对比为例展示簇状柱形图在

Excel 中的实现，其他场景可以此类推。图 4.26 所示为绘制簇状柱形图使用的示例数据和作图结果。本例的分析目标是了解随着时间的推移，各地域的性别平等程度是否有所提升，提升程度如何。GGGR 报告自 2006 年开始逐年发布，本书收集的数据截至 2017 年。结合分析目标和已有数据，选取在 2006 年和 2017 年都参评的 113 个国家/地区，列出它们在 2006 年和 2017 年的性别差异得分；然后按照国家/地区所属地域分类计算各大洲的平均性别差异得分，结果如图 4.26 中的 AF1:AH7 单元格区域所示。选中这个单元格区域，重复图 4.24 相关介绍中制作簇状柱形图的过程，即可得到图 4.26 所示的结果。

图 4.26（彩色）

图 4.26　有时间因素的单变量、多对象比较：簇状柱形图

与图 4.25 中的柱形图不同，在图 4.26 中簇状柱形图的横轴上，每个地域分类标签对应了两个而不是一个柱体，通过两个柱体的不同颜色和图形底部的图例标签可知，左侧柱体对应 2006 年的平均得分，右侧柱体对应 2017 年的平均得分。这就是图 4.22 所示的用簇状柱形图来比较同一个指标（如本例中的"平均性别差异得分"）在不同时间周期（如本例中的 2006 年和 2017 年）与多个对象（如本例中的各大洲）取值上的差异。从图 4.26 中可以看到，2017 年，各大洲的性别平等程度整体较 2006 年都有所提升。

在绘制簇状柱形图时需要注意的一点是，当所展示的数据涉及多个指标时，要注意调整各指标的单位。例如，图 4.23 中 H～I 列的两个指标，"人口"以"千"为单位，是 5～7 位数；而"平均性别差异得分"变量是一个在[0,1]范围内取值的小数；两者取值范围相差过大，直接绘制在同一张簇状柱形图中会导致后一个指标对应的所有柱体都被压缩成贴紧横轴的一条短线，完全无法展示各对象之间的大小差异，也就失去了画图的意义。要解决这个问题，可以将"人口"的单位调整为"十亿"，或者对两个指标分别绘制柱形图。考虑到这个例子中各大洲的人口数量差异也非常大，若改为以十亿为单位，则除亚洲外的其他各州人口数量差异也不能充分体现，所以分别绘图的方法更适合。

　　柱形图的另外 3 种衍生图形是**堆积柱形图**、百分比堆积柱形图和瀑布图。相较于侧重比较的前 3 种图形，它们更擅长于表达事物的构成。在 Excel 中，绘制堆积柱形图和百分比堆积柱形图都只需参考图 4.24 所示的步骤，调出"插入图表"对话框，在"所有图表"选项卡的左侧列表中选中"柱形图"，然后在右上方图形子类型中选中对应类型即可（左数第二个是堆积柱形图，第三个是百分比堆积柱形图，具体位置如图 4.27 所示）。

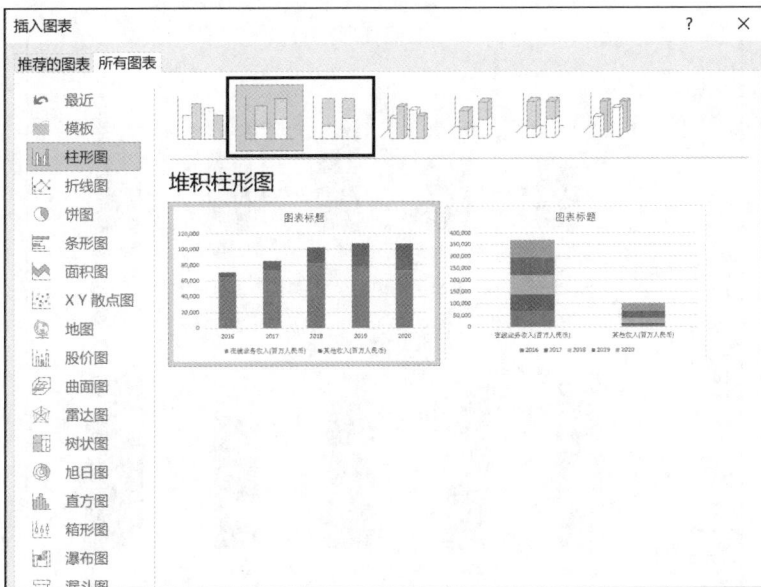

图 4.27　有时间因素的构成：堆积柱形图和百分比堆积柱形图

　　堆积柱形图和百分比堆积柱形图虽然都可用于展示构成，但是侧重点有所不同：堆积柱形图更侧重于展示每个组成部分绝对数量的大小，百分比堆积柱形图更侧重于展示各个组成部分之间的相对大小。图 4.28 使用这两种图形展示了一家互联网上市公司近 5 年的收入构成情况，数据采自该公司发布的年报。通过两种图形都可以看出在线业务收入是其收入的主要组成部分。除此之外，上方的堆积柱形图提供的额外信息是，在线业务收入先增后减，其他业务收入逐年增加，但对两者之间力量对比的展现并不直观。下方的百分比堆积柱形图提供的额外信息是，其他业务收入占比在 5 年内从不足 10%快速上升到 30%以上，但并不能明确这种比例的变化是由哪一方的增减造成的、变化量有多少。在实际工作中，要根据是要回答绝对量的问题还是相对量的问题来决定选择哪一种图形。

　　对数据可视化的初学者而言，堆积柱形图和簇状柱形图也有容易混淆的地方：两者都包含多个柱体序列，只是前者各序列上下堆积，后者各序列左右排列。针对这个问题，只要记住两者对应的分析目标是不同的就可以了：柱体上下堆叠的堆积柱形图可展现各序列的总量，以及各个部分在总体中占的份额，这是在考察一个整体由什么"构成"，序列之间可加；左右并列的簇状柱形图，各个柱体对应的是不同指标或不同对象，序列之间不存在可加的关系，它更多的是在"比较"多个指标或对象之间的差别。

	BA	BB	BC	BD	BE	BF
1	财年	2016	2017	2018	2019	2020
2	在线业务收入（百万元人民币）	64,525	73,146	81,912	78,093	72,840
3	其他收入（百万元人民币）	6,024	11,663	20,365	29,320	34,234

图 4.28　堆积柱形图与百分比堆积柱形图

柱形图系列中的最后一种衍生图形是**瀑布图**（2016 及更高版本的 Excel 提供），它也是表达构成分支下的一种图形，与这个分支中所有其他图形不同的是：其他所有图形都要求整体的每个组成成分都是正数，只有瀑布图可以处理某些组成成分是负数的情况。组分有正有负，经常发生在与货币有关的指标上，如收入、成本等。

图 4.29［扫码见图 4.29（彩色）］展示了一个用瀑布图来呈现组分有正有负的总体构成的例子。它使用的数据仍然来自图 4.28 相关介绍中提及的上市公司财报，是该公司 2020 年现金流量表中报告的现金流的构成。图 4.29 中有 3 种颜色的柱体：蓝色柱体（柱体 a 与柱体 c）和红色柱体（柱体 b 与柱体 d）分别表示取值为正的组分和取值为负的组分，绿色柱体（柱体 e）表示所有组分加总后的结果。表示正数组分的蓝色柱体以底端为起点，以顶端为终点，表示增加柱体长度对应的数量；表示负数组分的红色柱体以顶端为起点，以底端为终点，表示减少柱体长度相应的数量。绿色柱体的长度和方向由所有蓝色柱体和红色柱体复合而成。柱体之间数值的加减规则如下。

　　红色柱体的顶端（起点）都与其左侧柱体的终点处于同一个高度，表示在左侧柱体终点对应数字的基础上减掉红色柱体长度所代表的数量；蓝色柱体的底端（起点）都与其左侧柱体的终点处于同一个高度，表示在左侧柱体终点对应数字的基础上增加蓝色柱体长度所代表的数量。代表加总结果的绿色柱体，起点由最左侧柱体的起点决定，终点由左侧相邻柱体的终点决定；若终点位置在起点位置之上，则结果为正，否则为负。

	BI	BJ	BK	BL	BM	BN
1	现金流量表关键指标	营业活动净现金流(a)	投资活动净现金流(b)	融资活动净现金流(c)	汇率变化调整(d)	现金/现金等价物/受限现金净增长(e=a+b+c+d)
2	单位：百万元人民币	24,200	−27,552	5,665	−212	2,101

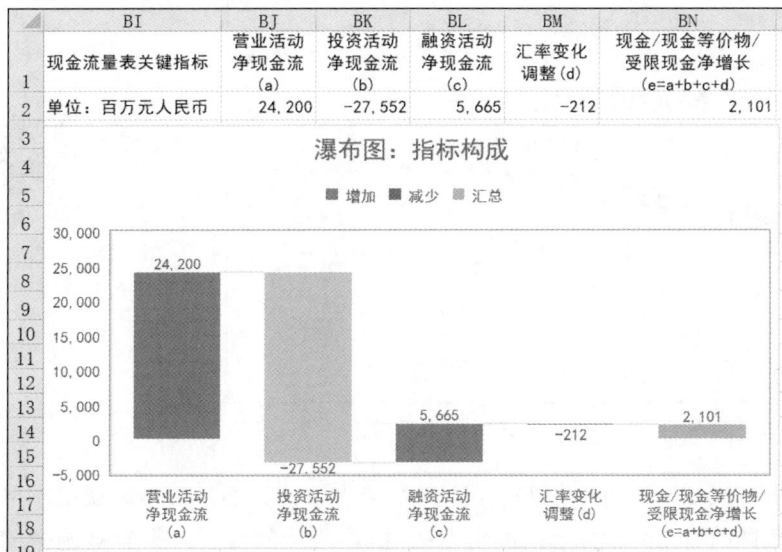

图 4.29（彩色）

图 4.29　通过瀑布图展示现金流的构成

　　瀑布图也可以表示一个指标随时间推移的增减变化过程。图 4.30［扫码见图 4.30（彩色）］基于图 4.28 中 BA1:BF2 单元格区域的某上市公司 2016—2020 年的在线业务收入，计算并展示了该指标在 5 年间的增减变化情况。与展示 2020 年现金流构成的图 4.29 中只有一个代表总量的绿色柱体不同，这张图关心的是总量随时间的变化过程，所以一头一尾两个柱体（柱体"起始：2016"和"结束：2020"）都是代表总量的绿色柱体，不过最左侧一个是总量的起始状态，最右侧一个是总量的最终状态。中间 4 个柱体的规则与图 4.29 一致，以蓝色（柱体"2017"和"2018"）表示较上年有所增长，以红色（柱体"2019"和"2020"）表示较上年有所下降。从图 4.30 中可以看到，这家公司的在线业务收入在前两年均有 10% 以上的增长，但是在后两年却进入了下降阶段。虽然 2020 年的收入水平仍然高于 2016 年，但如果不能改变现有业务收入的下降趋势或找到其他收入增长点，则线上业务收入的规模仍有可能持续萎缩，公司整体营收也会受到影响。

　　相较之前几个图形调用"插入图表"对话框即可完成，在 Excel 中实现瀑布图需要做一些额外的编辑工作。以绘制图 4.30 所示图形为例，具体操作如下。如图 4.31 所示［扫码见图 4.31（彩色）］，选中数据所在的 BP1:BV2 单元格区域，打开"插入图表"对话框；在"所有图表"

选项卡的左侧列表中选中"瀑布图",右侧即展示默认设置下的图形样式,它与左侧展示的成图有明显不同:在默认图形中,所有柱体都被作为增量或减量,虽然有汇总数据的图例,但并没有将任何一个柱体设置为汇总。先单击"插入图表"对话框中的"确定"按钮,得到一张默认样式的图形;然后按照如下说明将左右两端的两个柱体设置为汇总。

图 4.30(彩色)

图 4.30　通过瀑布图展示在线业务收入的年度变化

　　以将最左侧柱体设定为汇总为例。两次单击(注意是两次单击,不是双击)默认图形中最左侧的柱体以选中它,这时默认图形中的序列将变为图 4.32 所示的样子,只有被选中的柱体仍保留原来的颜色,其他柱体颜色变浅,这表示被单击两次的柱体已成功被选中。然后在被选中的最左侧柱体上单击鼠标右键,在弹出的快捷菜单中单击"设置数据点格式",Excel 窗口右侧会弹出"设置数据点格式"窗格。在窗格中选中"设置为汇总",柱体即进入汇总序列,颜色改为绿色。对图中最右侧的柱体重复上述过程,柱体序列颜色设置即从默认样式变为图 4.30 中成图的样式。

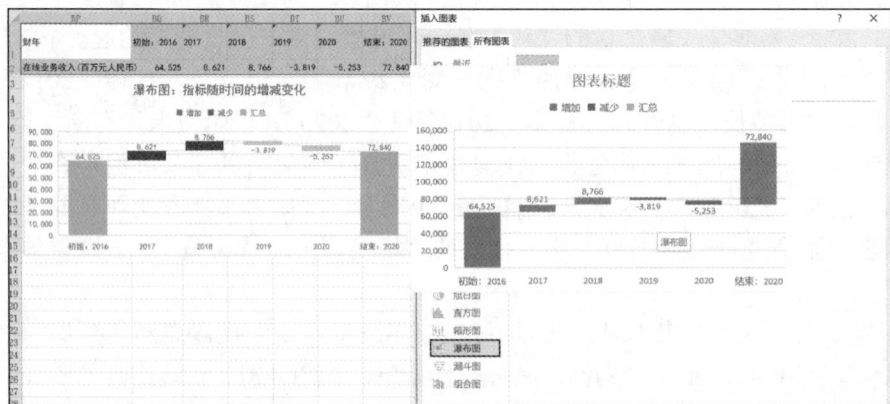

图 4.31(彩色)

图 4.31　"插入图表"对话框:绘制瀑布图

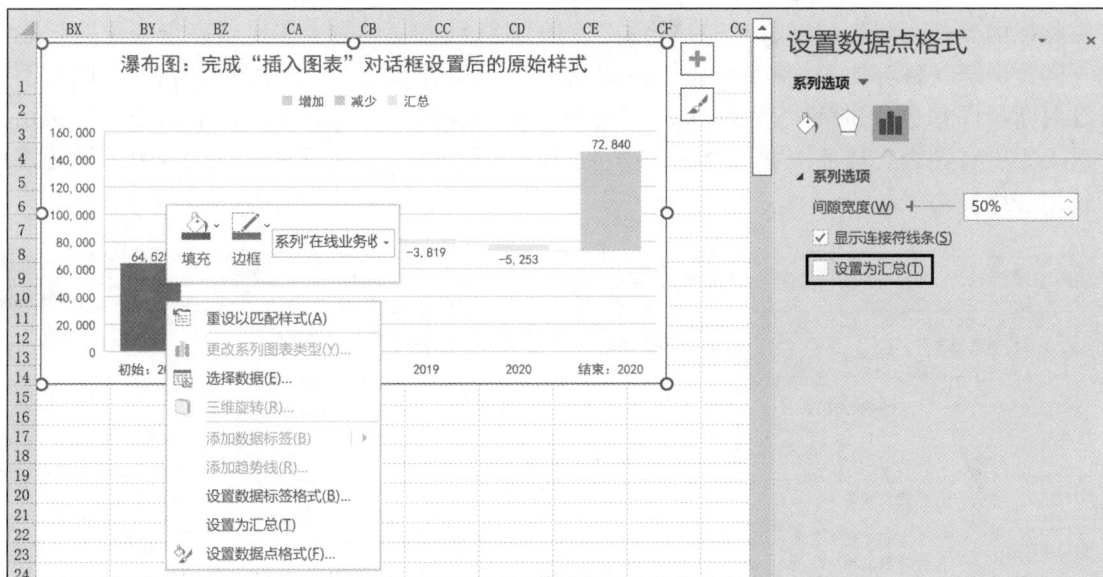

图 4.32　编辑图形：在瀑布图中设置"汇总"

瀑布图是一种具有强大表现力的图形。从以上编辑图形的过程中可以看到，它的设定非常灵活，给使用者发挥创造力留下了很大空间。读者可以结合自己的研究目标，尽情地探索如何用好它，"让数据说话"。

在上述关于编辑瀑布图的介绍中也涉及一个在 Excel 中绘图的实用小技巧：Excel 图形中的任何一个元素都可以被选中，然后进行编辑。除了这种"先选中元素，然后单击鼠标右键调出快捷菜单"的编辑方式之外，还有一些元素可以通过"选中后直接操作"的方式进行编辑。例如，读者可以在图 4.32 中瀑布图的标题上双击，当标题周围出现虚线框时，即可对标题文字进行增删改等操作。或者在图 4.32 中单击瀑布图中任意一条横向的网格线，当图形中的全部横向网格线将被选中后，按下 Delete 键就可以将它们从图中全部删除。

Excel 提供丰富的图形编辑功能，可帮助使用者绘制出更加有表现力且规范、美观的图形。本章后续的讲解中会陆续介绍一些重要的图形编辑功能示例供读者参考，但更重要的还是要靠读者在日常工作中多摸索、多练习，在熟练掌握基本功能的基础上进行创造性的应用。

2．折线图系列

折线图系列包含的图形如图 4.33 所示。该系列图形的**核心功能**在于展现指标随时间推移产生的变化。它常用于分析"构成"或进行"比较"。其中，分析构成的（百分比）堆积面积图与柱形图系列中的（百分比）堆积柱形图类似，都用来展示各组分的绝对量或相对比例随时间变化的趋势。两者相比较，本系列中的（百分比）堆积面积图更适合时点较多的场景，柱形图系列中的（百分比）堆积柱形图更适合时点较少的场景。而在进行比较的应用场景中，折线图多用来展示一个变量随时间推移的大小变化。如果有几个业务意义相近、取值范围相似的变量，则也可以将它们都绘制在同一张折线图上，进一步比较多个变量变化趋势的不同。由于（百分比）堆积面积图应用场景与（百分比）堆积柱形图非常相似，此处不再详细对两种图形进行讲解。读者绘制（百分比）堆积面积图时，只需在"插入图表"对话框中进入"所有图表"选项卡并选择列表中的"面积图"即可。接下来将通过实例讲解折线图的使用和绘制方法。

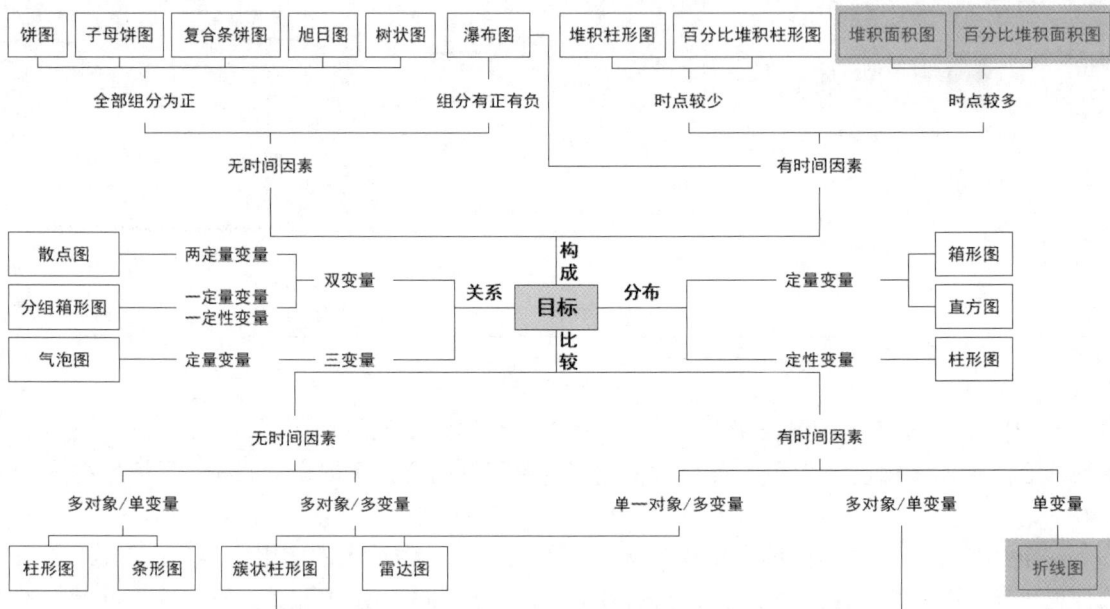

图 4.33　常见分析目标与数据图形：折线图系列

　　从 GGGR 报告中提取历年全球的性别差异得分和 4 个分项得分，如图 4.34 中的 DA1:DF13 单元格区域所示，查看全球性别平等推进程度在数据覆盖的 12 年间是否有所提升。分析目标是查看指标在时间轴上的变化，适用折线图；5 个指标衡量了同一个事物的不同方面，且都是取值范围为[0,1]的得分，可以绘制在同一张图中。选中 DA1:DF13 单元格区域，调出"插入图表"对话框；进入"所有图表"选项卡，在左侧列表中选中"折线图"；然后在右侧的子图形样式中选中左侧第一位的"折线图"，右下方的图形样式区呈现了 3 种具体的图形样式。

　　读者可以将鼠标指针移到每个具体样式上，查看放大图，以便清晰地观察细节区别。这些样式的区别主要是由对所选中区域中数据的属性认定不同造成的。样式区左上第一个样式将 DA 列的年份也作为一个变量而不是横轴上的时间标签来处理，所以这个样式中呈现了 6 条折线，除年份对应的一条折线"高高在上"外，其余 5 条折线因取值范围所限，都被压缩在几乎与横轴重合的狭小范围里。这也从反面说明了为什么之前在决定将 5 个指标绘制在同一张图中时，会强调它们取值范围相近：当各个变量取值范围相差过大时，取值范围较小指标的变化相对于整个坐标轴的覆盖范围会"消失不见"。右上第二个样式以 DA 列的年份为时间标签，5个指标分别对应一条折线。左下第三个样式则将每一行（而不是每一列）理解为一个指标。根据这里设定的目标，只有选取第二个样式才能达到查看 5 个指标随时间变化的目的。

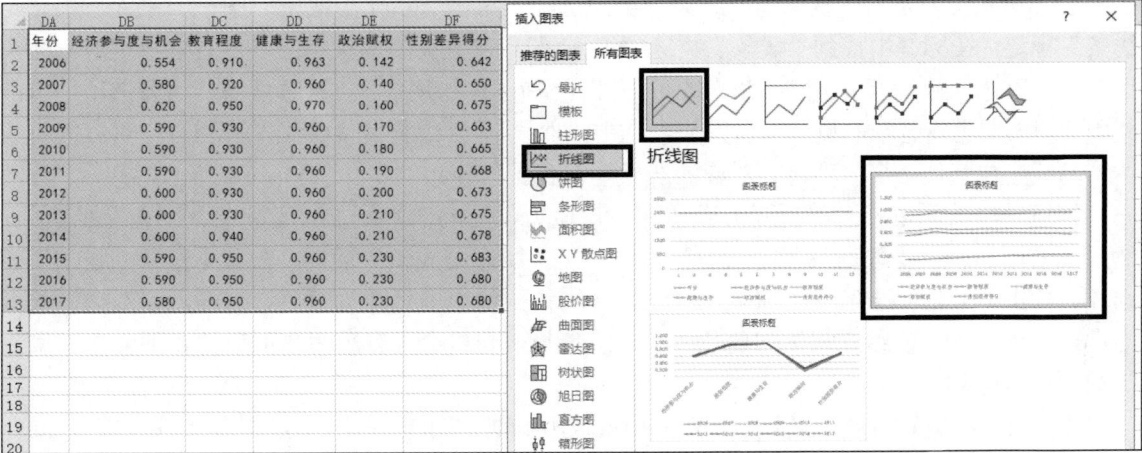

图 4.34 "插入图表"对话框：绘制折线图

绘制完成的折线图默认样式如图 4.35[扫码见图 4.35（彩色）]左侧图形所示，可以看到这张图中有一些可能会给读图人带来阅读障碍的问题：一是 5 条折线的线型都是直线，汇总得分和分项得分的区分不直观，要结合图例分辨；二是图中比较靠下方的 3 条线颜色非常相近（浅蓝、深蓝与青色），如果屏幕、投影或打印稿的显示略有偏色，则看图时对应图例和线条会特别费力。

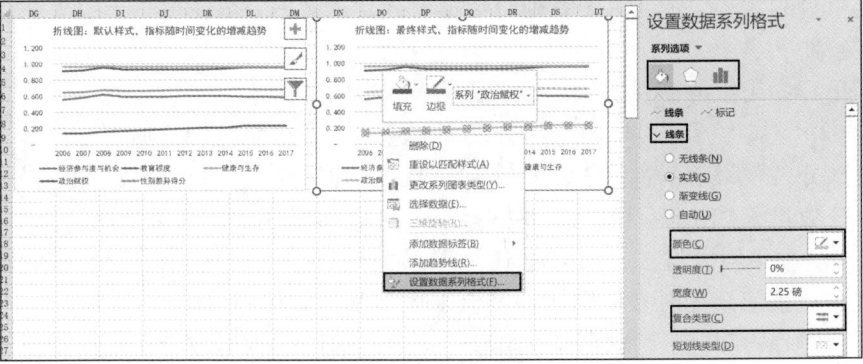

图 4.35 编辑图形：修改线条颜色和线型

读者可以通过调整线型和线条的颜色来解决这些会干扰读图的因素。例如，单击汇总得分"性别差异得分"对应的折线，选中这条线；然后单击鼠标右键，在弹出的快捷菜单中选中"设置数据系列格式"①，调出图 4.35 中右侧所示的"设置数据系列格式"窗格。这个窗格上方有 3 个图标，将鼠标指针移到图标上，从左至右依次显示提示文字："填充与线条""效果""系列"。单击某个图标即可进入对应标签，每个标签都包含若干可以调整的项目。更改线型和线条颜色都属于"填充与线条"标签中的"线条"类的选项。单击"填充与线条"图标，进入"填充与线条"标签，在标签中找到"线条"类选项组（"线条"左侧的箭头指向右侧时选项折叠，箭头指向右下时选项打开，单击"线条"即可在打开和折叠间切换）。打开"线条"组各选项，单击其中"复合类型"选项右侧的下拉箭头，选中"双线"，汇总得分"性别差异得分"对应的折线变为双线，与其他 4 个分项得分对应的线条非常容易区分。

接下来修改颜色相近的折线的颜色：先在折线图中单击分项得分"政治赋权"对应的折线，然后在右侧的"设置数据系列格式"窗格中单击"填充与线条"标签，在其中打开"线条"类选项，单击"颜色"选项右侧的下拉箭头，将线条颜色由青色改为黄色。这样，原本在视觉上易混淆的青色的"政治赋权"和蓝色的"经济参与度与机会"有了明显的对比，不会再因偏色等原因难以分辨。

图 4.35 及其相关内容继续介绍了在 Excel 中编辑图形的一些基本操作。通过这些有限的介绍，读者不难发现 Excel 提供了非常丰富的图形编辑功能，相关的介绍难免挂一漏万。读者在学习图形编辑类内容时，要注意把握工作目标和作图的基本原则，在规范的基础上只要符合分析工作的预定目标、符合图形的规范美观要求，就可以大胆尝试各种可能的搭配，寻找最恰当的效果。本节的结尾还会系统总结绘制数据图形的基本原则，供读者参考。

3. 饼图系列

饼图系列包含的图形如图 4.36 所示。这个系列图形的**核心功能**在于展现整体中各个组分所占的比例，属"构成"的一个分支。注意饼图通常只能展现每个组分在整体中占比的大小，不能体现每个组分绝对量的大小。而且饼图系列对数据有一定的要求，在使用时一定要注意数据确实能够满足如下条件。

（1）所有组分为正。如果组分有正有负，就要改用瀑布图。

（2）所有组分是一个完备互斥集。即每个组分之间无重合，各个组分加总后等于整体。如果各组分之间有重合部分，就不满足互斥的要求，需要将重合的部分唯一归属到某一个组分中。如果整体中有一些组分数量未知，就不满足完备的要求，可以换用柱形图或条形图。

（3）组分不宜过多。如果组分过多（如超过 10 个），则一般饼图中的部分扇形对应的圆心角会非常小，饼图排布元素或读图时参阅图例难度会很大，此时宜用树状图。

如图 4.36 所示，饼图系列共包含 4 种常用图形，按照其适用的典型场景和数据特征的不同，可以将之进一步划分为 3 类。

（1）展现各个组分在整体中所占的比例大小，使用饼图即可。

---

① 注意这个选项的文字会根据选中的内容不同而有所改变。在图 4.32 的相关说明中，选中的是一个系列中的一个数据点，菜单文字显示"设置数据点格式"；因为这里选中的是整条折线所代表的全部数据序列，所以菜单文字显示"设置数据系列格式"。同理，在图形标题上单击鼠标右键可以看到"设置图表标题格式"，在坐标轴上单击鼠标右键可以看到"设置坐标轴格式"，等等。

（2）要在展现整体中各个组分占比之余，额外对某些重要组分进行细分，可以使用子母饼图、复合条饼图。

（3）当每个组分都需要进一步细分，即数据中存在多层分类结构时，可以使用旭日图。

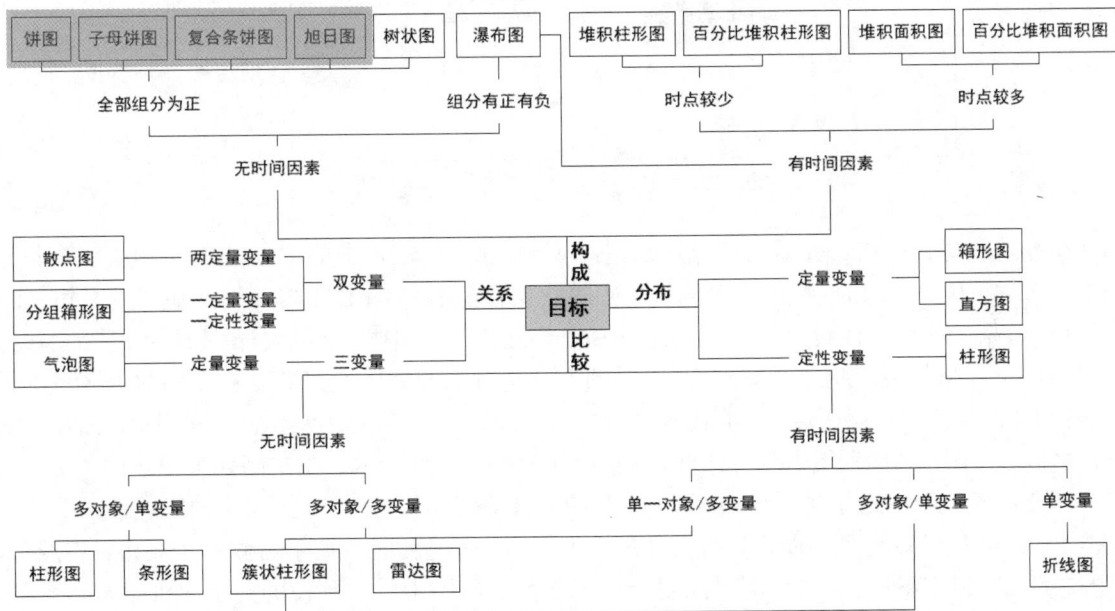

图 4.36　常见分析目标与数据图形：饼图系列

先来看一个应用**饼图**的实际例子。仍然以 2017 年 GGGR 报告所有参评国家/地区的人口数据按照地域汇总后的结果为例，如图 4.37 中的 EA1:EB6 单元格区域所示，可以通过饼图来查看当年参评人口的地域构成。选中数据区域，调出"插入图表"对话框；进入"所有图表"选项卡，在左侧列表中选中"饼图"；然后在右侧的图形子类型中选中左侧第一位"饼图"，即可得到类似对话框左侧的饼图。饼图中各大洲对应扇形的圆心角大小与其参评人口数量成比例；不同扇形呈现不同颜色代表定性变量"地域分类1"的不同取值，图形右侧图例标识各颜色对应的取值；扇形上的数字标签标识由参评人口绝对量计算出的参评人口相对占比。

在图 4.37 中，"插入图表"对话框右上方的图形子类型列表中左数第三个图标和第四个图标对应的就是本系列中的第二类图形：**子母饼图**、**复合条饼图**。这两个图形都适用于需要对某一个重要组分做进一步细分的情况，但子母饼图注重展现各细分部分之间的相对大小，复合条饼图注重展现各细分部分绝对数量的大小。例如，需要将图 4.37 所示饼图中的"美洲"再进一步细分为南美洲和北美洲。针对这个场景，既可绘制子母饼图，又可绘制复合条饼图，两者在 Excel 中的实现极为相似，以下仅以绘制子母饼图的过程为例进行说明。

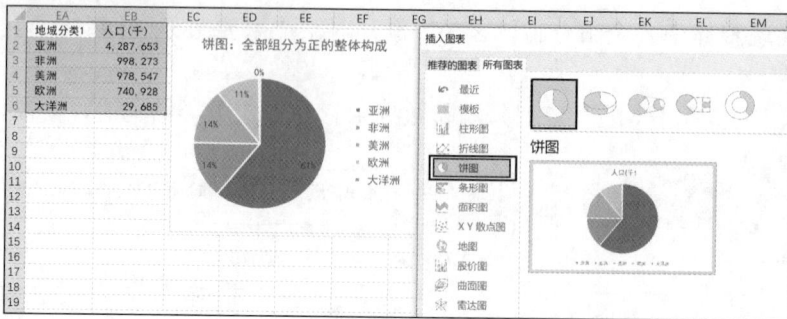

图 4.37 "插入图表"对话框：绘制饼图

在绘制子母饼图前，先要对数据区域进行调整。如图 4.38 中的 EA、EB 两列所示，将图 4.37 中 EA4:EB4 单元格区域的"美洲"对应的数据移至 EA11:EB11 单元格区域（或 EA1:EB7 单元格区域之外的任何位置），将 EA5:EB6 单元格区域中欧洲和大洋洲对应数据上移至 EA4:EB5 单元格区域；将"北美洲""南美洲"及其对应的参评人口数据补充到数据区域的最后两行 EA6:EB7 单元格区域，得到图 4.38 中 EA1:EB7 单元格区域所示的数据。选中 EA1:EB7 单元格区域，调出"插入图表"对话框，进入"所有图表"选项卡；在左侧列表中选中"饼图"，在右侧图形子类型中选中"子母饼图"，得到图 4.38 中上半部分显示的默认样式的图形。这个根据 Excel 默认设置得到的图形，将大洋洲、北美洲、南美洲展示在了右侧的子图中，将亚洲、非洲、欧洲、大洋洲+北美洲+南美洲展示在了左侧的母图中，与预设的展示要求不符。此外，在这张默认样式的图形中也有一些不利于读图的设置，接下来将一并修改，以得到图 4.38 下半部分所示的最终样式的图形。

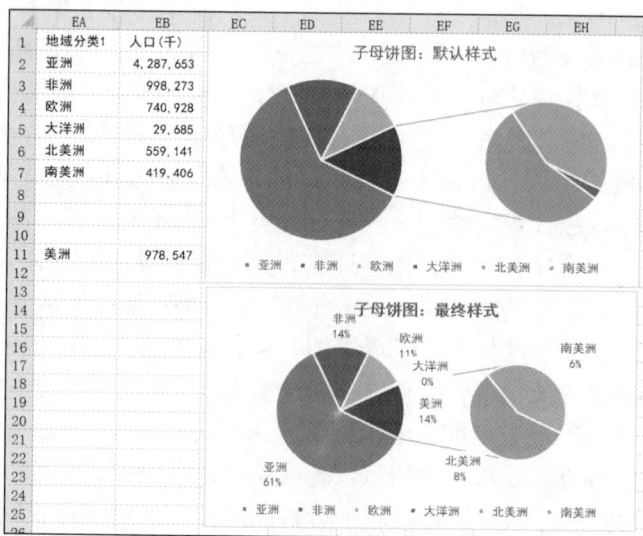

图 4.38 子母饼图

（1）调整子图中的扇形数目。如图 4.39 所示，将鼠标指针置于子母饼图中的任意一个扇形上，单击鼠标右键，在弹出的快捷菜单中选中"设置数据系列格式"，Excel 窗口右侧弹出"设置数据系列格式"窗格；单击进入"系列选项"标签，单击展开"系列选项"这一组选项，可以看到"第二绘图区中的值"选项中设置的数字为 3，这就是默认样式图形中的子图包含 3 个大洲数据的原因。将这个数字由 3 改成 2，按 Enter 键，子图中的扇形数量由 3 变成 2，大洋洲的展示位置从子图改到了母图。

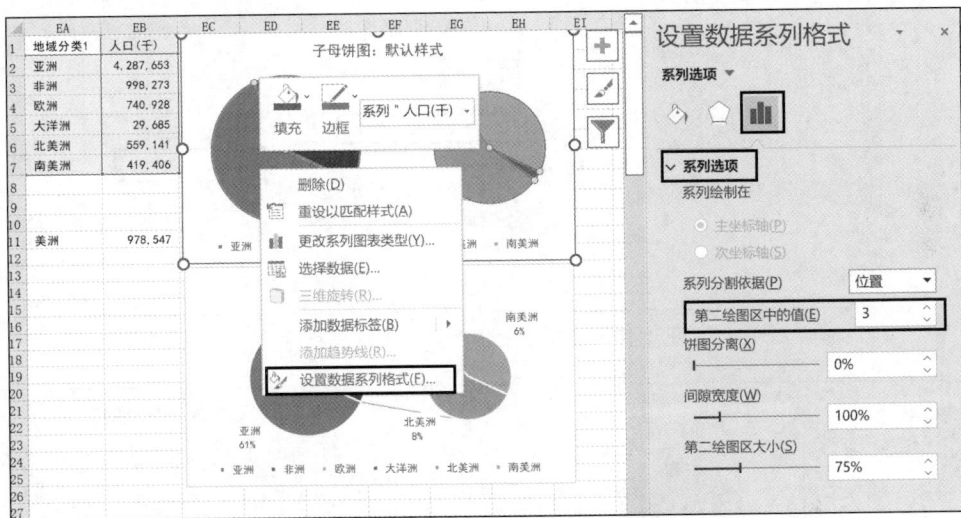

图 4.39　编辑子母饼图：设置子图中的扇形数目

（2）为图形增加文字和数字标签以便阅读。如图 4.40 所示，将鼠标指针置于默认样式子母饼图中的任意一个扇形上，单击鼠标右键，鼠标指针指向弹出的快捷菜单中"添加数据标签"右侧的箭头，在弹出的子菜单中选中"添加数据标注"。子图、母图的每个扇形旁都会增加一个文字标注，内容包括扇形所代表的大洲名称和该洲参评人口在所有参评人口中的占比。有了这些标注，读图人不再需要逐一根据颜色来匹配扇形和图例，读图时会轻松很多。

（3）优化标注的格式与内容。第（2）步操作中添加的默认标注外带边框，当图形篇幅较小或扇形较多时，边框重叠会影响图形美观度，并且母图中被细分扇形的文字标注默认展示"其他"，而不是"美洲"。要去掉标注的边框，可先单击任何一个标注，选中整个标注序列，其状态如图 4.41 中上方默认样式子母饼图所示，每个标注四角各出现一个空心圆点。在标注序列上单击鼠标右键，在弹出的快捷菜单中选中"设置数据标签格式"选项，调出图 4.41 中右侧所示的"设置数据标签格式"窗格；单击进入"标签选项"选项卡，单击打开"填充与线条"标签，单击展开"边框"选项组，选中"无线条"单选按钮。数据标注外的框线消失。在使用 Excel 绘图时，对所有边框线类型元素进行增、删、调色、改线型和粗细类的编辑，操作方式都与此类似。

113

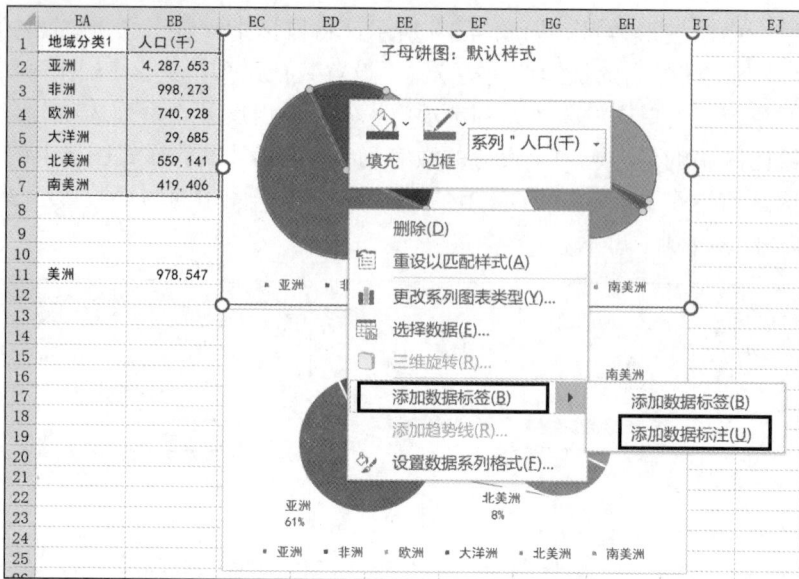

图 4.40　编辑子母饼图：添加数据标注

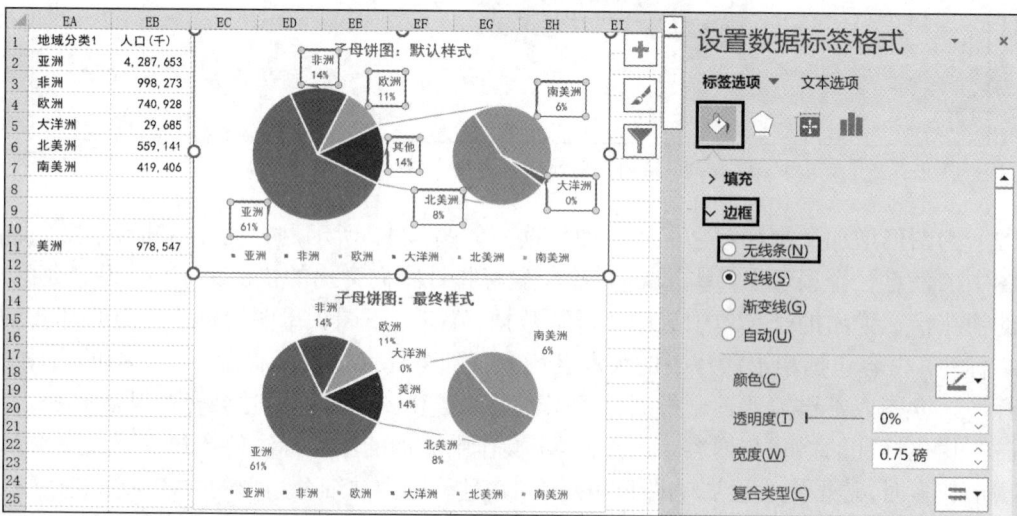

图 4.41　编辑子母饼图：修改整个数据标注序列——去掉数据标注的边框

（4）将默认样式图形中母图中细分扇形的标注从"其他"改为"美洲"。先在待修改的标注上单击两次以选中它。请读者注意从操作和表现两个方面来区分选中整个标注序列和只选中序列中的某个标注。前者的实现方法是在序列中任意标注上单击一次，表现是整个标注序列中的每个标注四周都出现空心圆点，表示进入选中状态；后者的实现方法是在待修改的某个标注上单击两次，表现是只有这一个标注四角及四边中心出现了表示被选中的空心圆点，其他各标注状态并未改变。读者通过图 4.41 和图 4.42 中标注序列状态的对比可以很清楚地看到这两种操作的不同表现。

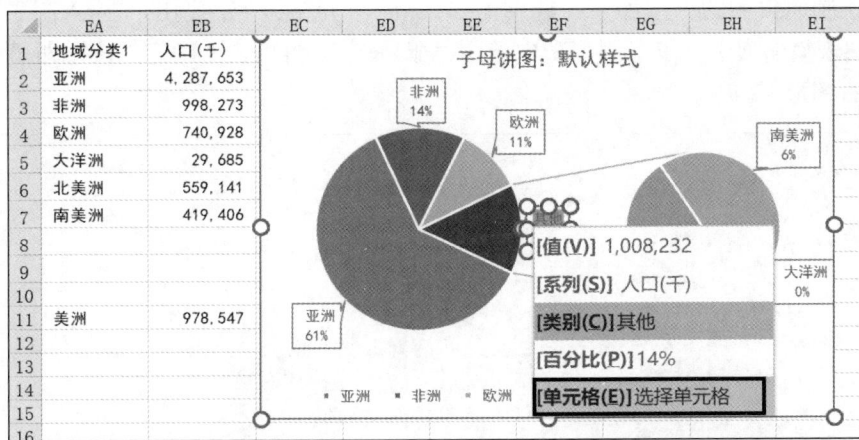

图 4.42　编辑子母饼图：修改某个数据标注——选中待修改的标注

选中"其他"标注后，将鼠标指针置于标注文字位置上双击，Excel 弹出图 4.42 所示的快捷菜单；选中菜单中的"选择单元格"选项，Excel 弹出图 4.43 所示的"数据标签引用"对话框，单击对话框中"选择引用"文本框右侧的向上箭头进入数据选择状态，选中 EA11 单元格后按 Enter 键回到"数据标签引用"对话框；单击"确定"按钮，被细分扇形的文字标注由"其他"更新为"美洲"。子母饼图的全部编辑工作完成。

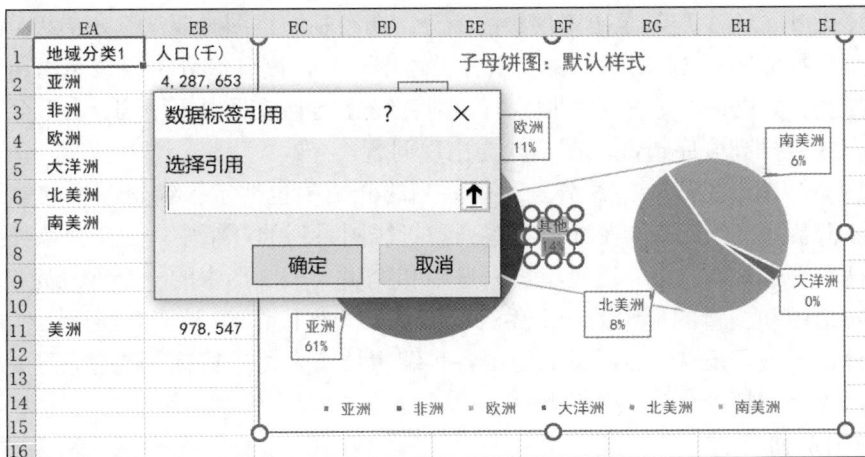

图 4.43　编辑子母饼图：更改数据标注的文字——指定显示内容

子母饼图和复合条饼图只能细分母图中的一个扇形。如果每个扇形都可细分，也就是说有多层分类结构，就要用到饼图系列中的第三类图形——**旭日图**（2016 及更高版本 Excel 提供）。

如图 4.44 中的 EK1:EM7 单元格区域所示,在前述例子中的各大洲之前再添加一重分类:亚洲、欧洲归为欧亚大陆,南美洲、北美洲归为美洲大陆,非洲、大洋洲归为其他。对这个具备两重分类的数据绘制旭日图的方法如下:选中 EK1:EM7 单元格区域,调出"插入图表"对话框,进入"所有图表"选项卡;在左侧列表中选中"旭日图",再单击"确定"按钮即可得到图 4.44 左下角所示的图形。

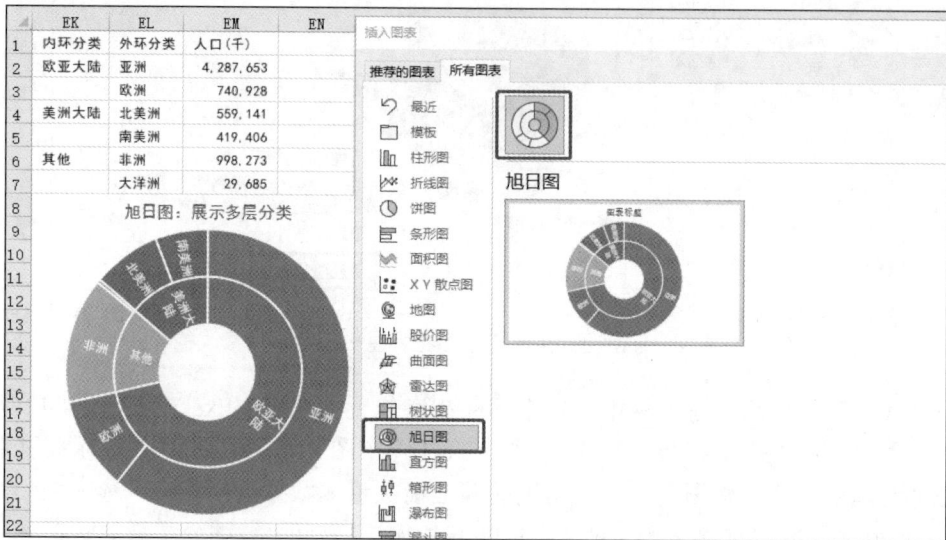

图 4.44 "插入图表"对话框:绘制旭日图

旭日图还可以展示 3 层甚至更多层级的细分。在绘制旭日图时要注意各层级分类数据的排列方式。如果数据如图 4.44 所示,每一重分类占据一列,则各级分类要按照由粗至细、由左至右的顺序排列。如果每一重分类占据一行,则各级分类要按照由粗至细、由上至下的顺序排列。如果数据区域排列顺序错乱,图形就会出现问题。

除了饼图系列图形的绘制方法外,这个系列的介绍中也演示了编辑图形的第三种重要技巧:选中和编辑系列中的元素。在柱形图系列和折线图系列的介绍中,读者应该已经掌握了与之平行的前两种图形编辑技巧:通过单击来选中和编辑一个图形中的一个独立元素(如标题),或者通过单击选中和编辑图形中的一个系列元素(如一列柱体)。读者在实际工作中要根据分析目标来设计图形展示形式,然后灵活运用各种编辑技巧来达成目标,通过练习更加深入地掌握这些技巧,充分发挥图形工具的作用。

4.散点图系列

散点图系列包含的图形如图 4.45 所示,主要有散点图和气泡图两种,分别用于展示两个定量变量之间的相关关系和 3 个定量变量之间的相关关系。散点图和气泡图都以直角坐标系为基础,横轴、纵轴各对应一个定量变量;区别在于,散点图中的每组数据都是一个无大小的点，气泡图中的每组数据则是一个有面积的圆，圆的面积与该组数据中第三个定量变量的取值成正比。

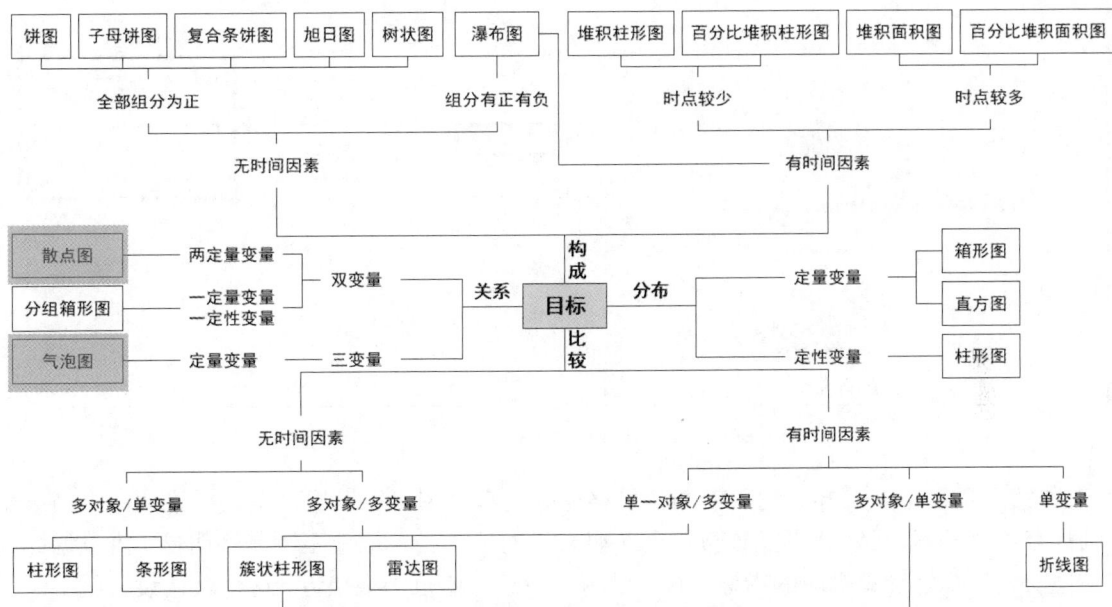

图 4.45 常见分析目标与数据图形：散点图系列

例如，在对 2017 年 GGGR 报告中各国家/地区性别差异得分进行研究时，想要了解性别平等的推进程度是否与国家/地区的经济水平有关，这个研究目的涉及两个定量变量：性别差异得分和人均 GDP，可以用散点图。如果想进一步了解生活在各种经济发展水平和性别平等实现程度组合下的人口数量，则需要引入第三个变量——人口数量，可把散点图换成气泡图。以下分别展示这两种图形在 Excel 中的实现方式。

绘制**散点图**[①]时，如图 4.46 所示，首先选中"性别差异得分"和"人均 GDP（美元）"两个变量所在的 FC1:FD145 单元格区域；调出"插入图表"对话框，进入"所有图表"选项卡；在左侧列表中选中"XY 散点图"，在右侧图形子类型中选中左侧第一个"散点图"。对话框右下方的图形样式区域给出了两种样式的图形：左侧样式包含两个数据序列，它们的横坐标轴均对应行号，纵坐标轴分别对应选中的两个变量，这实质上是一张展现了两个指标的、去掉了连线的折线图，与预设目标不符；右侧样式是以横坐标轴和纵坐标轴分别对应选中数据区域的两个变量绘制出的散点图。选中右侧样式后单击"确定"按钮，即可得到图 4.46所示的默认样式图形。

---

① 3.3.2 节中图 3.27 的相关说明介绍了使用按钮创建散点图的另一种方法。

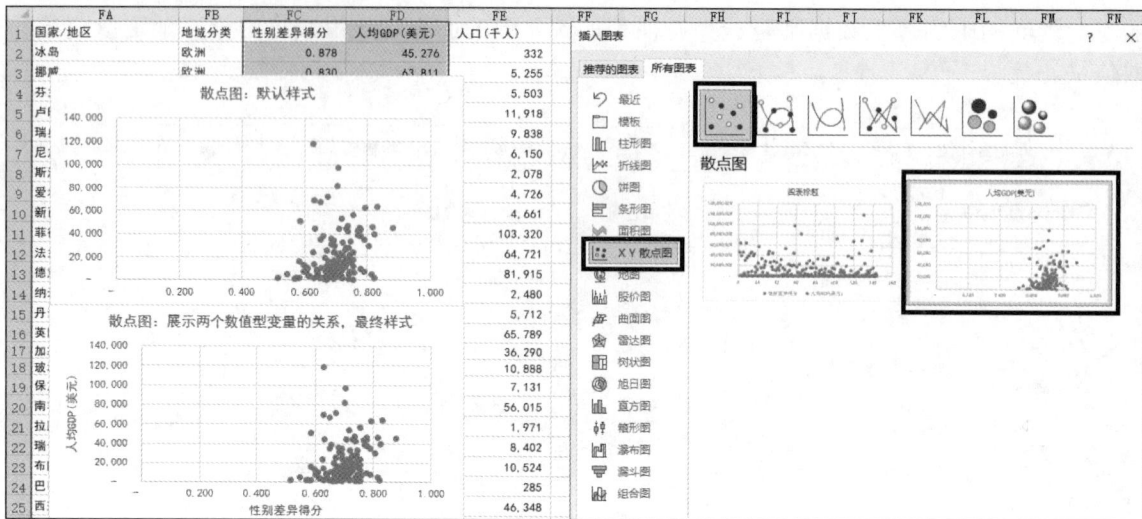

图 4.46 "插入图表"对话框：绘制散点图

观察图 4.46 中默认样式的散点图和最终样式的散点图可以发现，默认样式图形中横纵坐标轴只有数字标签，没有名称。本例中两个坐标轴对应的指标取值范围差别明显，可以据此很容易地明确每个坐标轴对应的指标。但如果两个指标取值范围很接近，这个默认设置就不是很方便读图，可以通过 Excel 提供的"图表设计"选项卡来为坐标轴添加标题，减少读图成本和误读的可能。具体操作如下。

单击图形中的空白处，使其处于被选中状态（图形四角及四边中点出现空心圆点），如图 4.47 所示，这时 Excel 窗口顶部的功能区最右侧出现两个新的选项卡，即"图表设计"和"格式"，其中提供许多对图形进行编辑的功能。单击"图表设计"选项卡，在左侧的"图表布局"组中单击"添加图表元素"按钮，在弹出的下拉菜单中选中"坐标轴标题"；在弹出的子菜单中选中"主要横坐标轴""主要纵坐标轴"，图形中出现图 4.47 所示的坐标轴标题栏。但是，坐标轴标题栏呈现的是默认文字标签"坐标轴标题"。读者需要分别双击标题栏，将默认文字更新为指标名称，使图形坐标轴变为图 4.46 所示的最终样式。

除了向图形中增、删元素外，"图表设计"选项卡还提供为图形套用默认样式、更新图形所选数据区域、更改数据和坐标轴的对应关系等功能。"格式"选项卡则提供修改图形中各元素的线型、线条颜色、标记填充样式等一系列功能。这些功能在编辑美化图形时经常会用到，而且使用时基本不会涉及复杂操作，本书由于篇幅所限不再一一展示，请读者结合实际问题探索。

接下来，加入第 3 个变量人口，绘制**气泡图**。如图 4.48 所示，首先选中"性别差异得分""人均 GDP（美元）""人口（千人）"3 个变量所在的 FC1:FE145 单元格区域；调出"插入图表"对话框，进入"所有图表"选项卡；在左侧列表中选中"XY 散点图"，在右侧图形子类型中选中左起第六个"气泡图";对话框中的图形样式区域仍然给出了两种样式的图形,其区别与散点图两个样式的区别类似,根据本例的分析目标选择右侧样式,以横坐标轴对应"性别差异得分",以纵坐标轴对应"人均 GDP(美元)",以气泡大小表示"气泡大小:人口(千人)";单击"确定"按钮,即可得到图 4.48 中的默认样式气泡图。

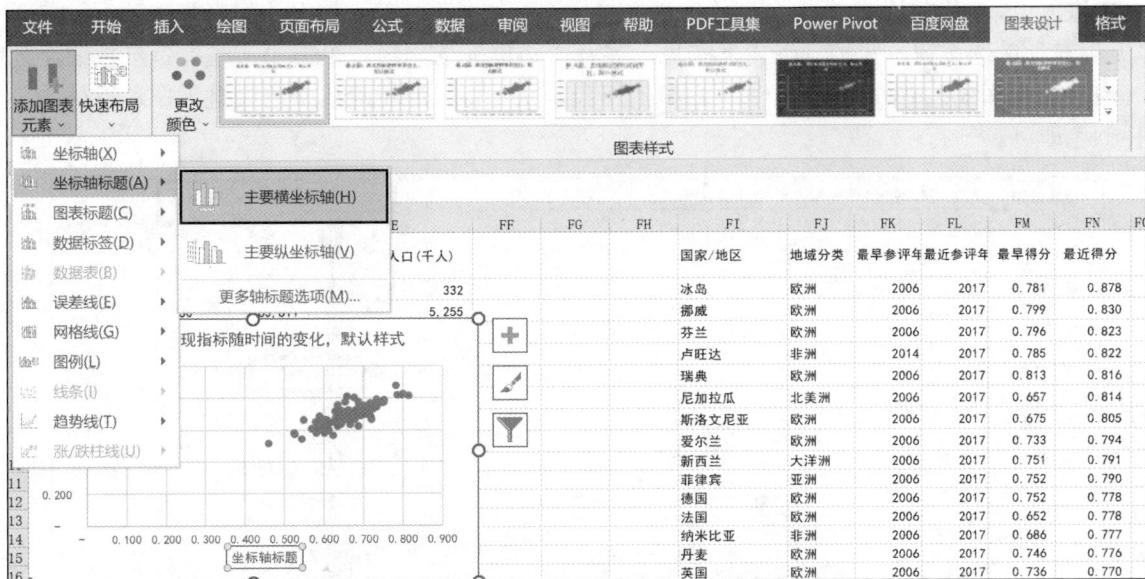

图 4.47　通过"图表设计"选项卡为图形增删元素

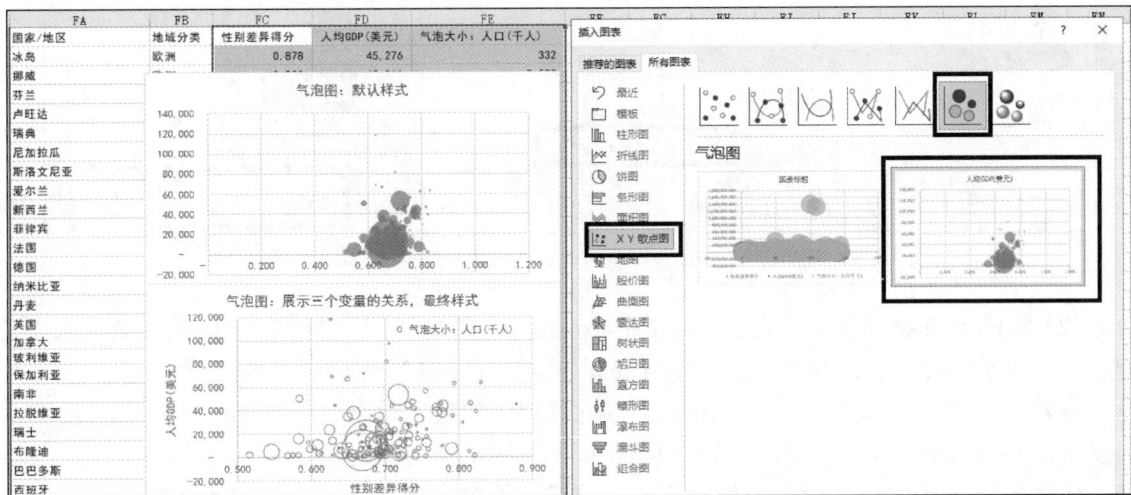

图 4.48　"插入图表"对话框:绘制气泡图

气泡图的默认样式与散点图的类似,坐标轴无名称,可以按照散点图部分介绍的方式添加。

此外，默认样式的气泡图还存在两个问题：气泡彼此重叠遮蔽；没有显示第三个变量的名称。第一个问题可以通过以下两个步骤来解决。

（1）将气泡由实心点改为空心点，避免彼此重叠。如图 4.49 所示，单击选中气泡系列；单击鼠标右键调出快捷菜单；单击"设置数据系列格式"，调出"设置数据系列格式"窗格。单击进入"系列选项"选项卡，再单击进入"填充与线条"标签；展开"填充"选项组，单击"无填充"单选按钮，去掉气泡内部颜色；展开"边框"选项组，单击"实线"单选按钮，为气泡添加轮廓线；单击"颜色"选项右侧的下拉箭头，将气泡轮廓线颜色设置为白色以外的某种颜色即可。

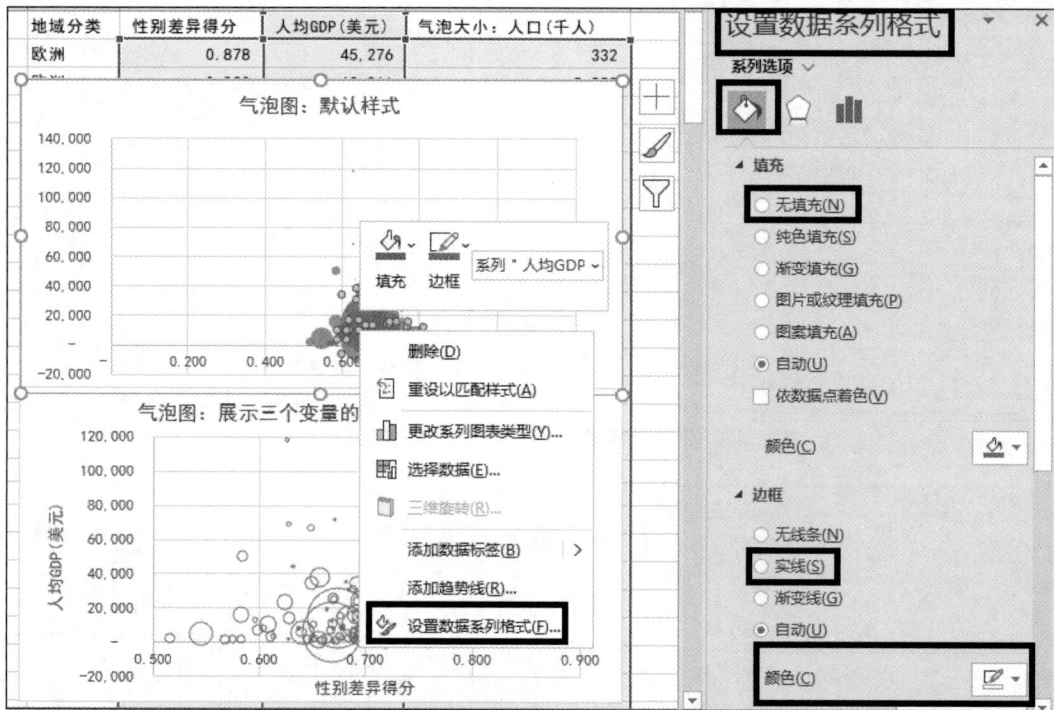

图 4.49　编辑气泡图：实心气泡改空心气泡

（2）将图形的横纵坐标轴覆盖的范围缩小，相当于将默认图形中气泡集中的区域放大，气泡会变得更加分散，从而减少重叠，更容易识别。由于 2017 年 GGGR 报告参评国家/地区的性别差异得分都处于[0.516,0.878]范围内，因此气泡图的横轴只需要能够覆盖[0.5,0.9]，这涉及对横坐标轴的调整。单击选中气泡图的横坐标轴，图 4.49 中的"设置数据系列格式"窗格随之变化为图 4.50 所示的"设置坐标轴格式"窗格。如图 4.50 所示，进入"坐标轴选项"选项卡，展开"坐标轴选项"选项组；将"边界"选项下的"最小值"由 0.0 改为 0.5，"最大值"由 1.2 改为 0.9。同理，选中纵坐标轴，在"设置坐标轴格式"窗格中单击进入"坐标轴选项"

选项卡，再单击进入"坐标轴选项"标签，打开"坐标轴选项"选项组，在"边界"部分将"最大值"由 140000 改为 120000。请读者注意修改纵坐标轴覆盖范围操作中的一个细节：虽然纵坐标轴对应的指标人均 GDP 是一个正数，但是在修改纵坐标轴覆盖范围时，并没有将最小值由负数调整为 0。这是因为气泡图中的气泡有面积，如果将纵轴起点改为 0，则虽然符合指标的取值范围，但是横坐标轴附近一些面积较大的气泡将不能完整展现，影响读图。读者在使用气泡图时也要注意处理好类似的细节。

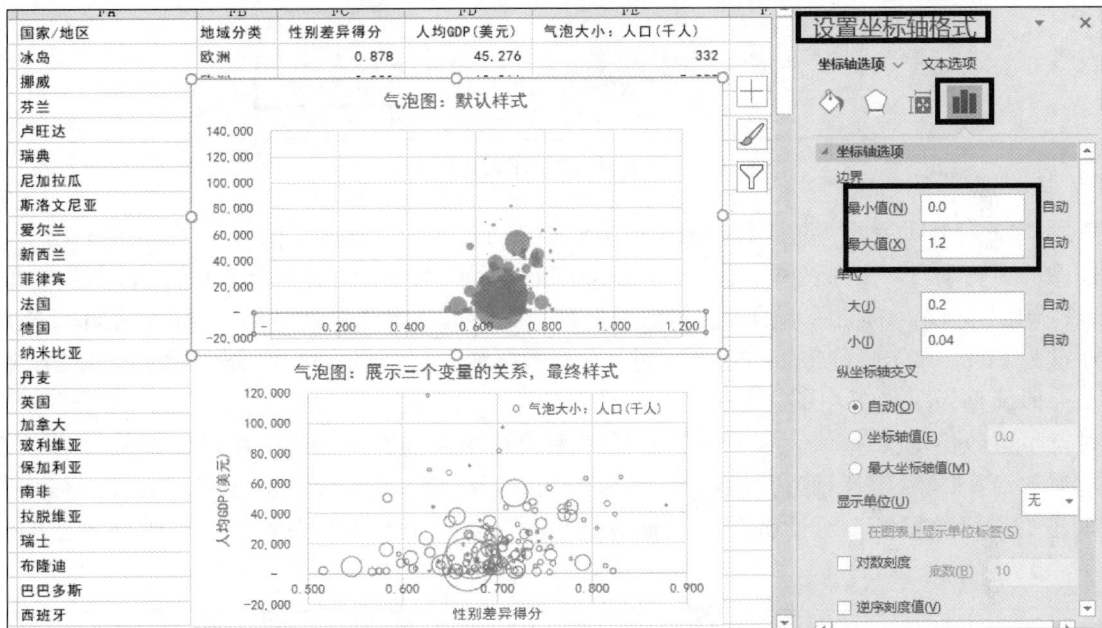

图 4.50　编辑气泡图：改变横坐标轴覆盖数值范围

　　没有显示第三个变量名称的问题可以通过以下两个步骤来解决。

　　（1）为图形添加图例。按照图 4.47 的相关说明添加图例。选中气泡图，进入"图表设计"选项卡；在"图表布局"组上依次单击"添加图表元素"按钮、"图例"选项，然后单击选择一个希望放置图例的位置。Excel 默认的图例位置大多在图形区域之外，如果觉得这样放置太浪费空间，则可以将其拖动到图形区域中相对空白的位置，让图形元素排布更加紧凑。如果要改变图例区域或图形区域的大小，则可以先选中图例区域或图形区域，然后拖动边界上的空心圆点至目标位置即可。

　　（2）调整图例文字内容。Excel 默认添加的图例是纵坐标轴对应指标的名称，对应到这张图中，默认显示"人均 GDP（美元）"，而不是表示气泡面积大小的"气泡大小：人口（千人）"。如图 4.51 所示，在图形上单击鼠标右键，在弹出的快捷菜单中选择"选择数据"选项，调出图 4.52 左侧所示的"选择数据源"对话框。

121

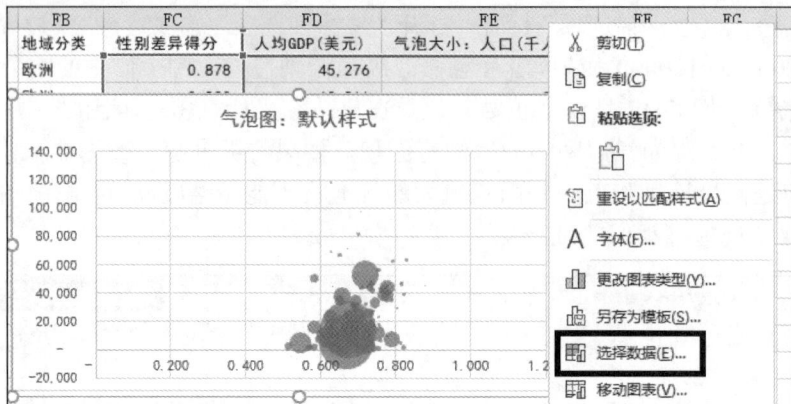

图 4.51　右键单击图形的快捷菜单

　　图 4.52 左侧所示的"选择数据源"对话框左下方有一个"图例项(系列)"列表框列出了气泡图中的图例项目。在列表框中选中"人均 GDP(美元)"系列，然后单击上方的"编辑"按钮；Excel 弹出图 4.52 右侧所示的"编辑数据系列"对话框，将"系列名称"中指定的单元格由 FD1 改为 FE1，单击"确定"按钮，回到"选择数据源"对话框后再次单击"确定"按钮，图例文字即调整为图 4.48 中的"最终样式"。

　　除了更改图例文字，在图 4.52 所示的"编辑数据系列"对话框中还可以调整 X 轴（横坐标轴）、Y 轴（纵坐标轴）、气泡大小对应的指标。编辑其他图形时，也可以通过类似的方法调出"选择数据源"对话框和"编辑数据系列"对话框来调整图形中各元素与数据的对应关系。

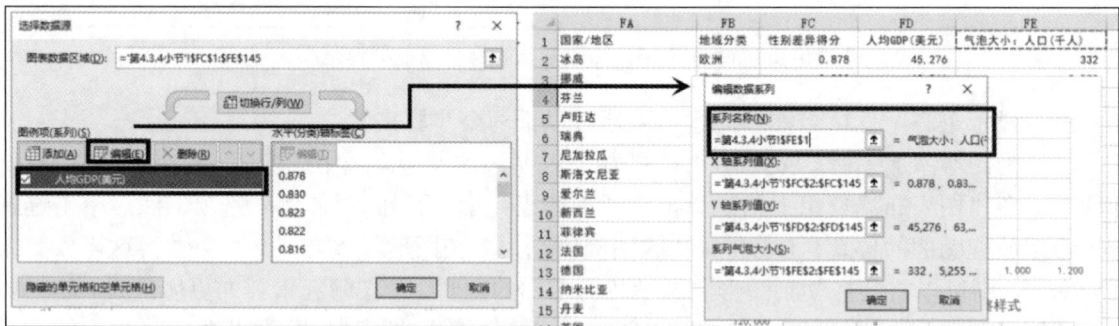

图 4.52　编辑数据系列：更新系列名称

　　除了表示多个指标之间的关系，散点图系列其实也可以用来对比同一个指标随时间变化的趋势，这个操作其实是把同一个指标在不同时期的取值作为不同的变量来处理。图 4.53 展示了一个以散点图来探索指标随时间变化特征的例子，使用的数据是 GGGR 报告发布以来，所有参评不少于两次的国家/地区（共 148 个）最早一次参评的性别差异得分和最近一次参评的性别差异得分，图形的绘制与编辑过程如下。

选中 FM1:FN149 单元格区域，参考图 4.46 的相关说明，即可得到图 4.53 中左上方的默认样式散点图。参考图 4.47 的相关说明为图形添加横纵坐标轴标题，参考图 4.50 的相关说明将两个坐标轴的覆盖范围调整为[0.4,0.9]，图形基本样式编辑完成。

接下来，如图 4.53 中左下方的最终样式图形所示，向图中增加一条由点（0.4,0.4）和点（0.9,0.9）确定的辅助线。这条辅助线将坐标系切分为两个区域：落在其左上方区域的点，所代表的国家/地区最近一次参评得分高于首次参评得分，性别平等程度提高；落在其右下方区域的点，所代表的国家/地区最近一次参评得分低于首次参评得分，性别平等程度降低；恰好落在线上的点，所代表的国家/地区最近一次参评得分等于首次参评得分，性别平等程度维持原状。有了这条辅助线，读图者可以通过某个点与曲线的相对位置来迅速了解其所代表的国家/地区在性别平等方面是否有所进步，也可以通过左上、右下区域中点数的多少来评估全球范围内性别差异是呈现扩大趋势还是缩小趋势。这对于提高图形的表现力和信息量、提升读图效率都很有帮助，读者可以在实践中有意识地多加应用。

在散点图中添加辅助线的方法如下。调出"选择数据源"对话框，如图 4.53 所示，单击"图例项(系列)"列表框上方的"添加"按钮，Excel 弹出类似图 4.52 所示的"编辑数据系列"对话框。但与单击"编辑"按钮时弹出的对话框不同，单击"添加"按钮弹出的对话框中，所有内容都是空白。在"编辑数据系列"对话框中，为"X 轴系列值"选中 FQ1:FQ2 单元格区域（辅助线两端两个点的横坐标），为"Y 轴系列值"选中 FR1:FR2 单元格区域（辅助线两端两个点的纵坐标），单击"确定"按钮，回到"编辑数据系列"对话框后再次单击"确定"按钮。

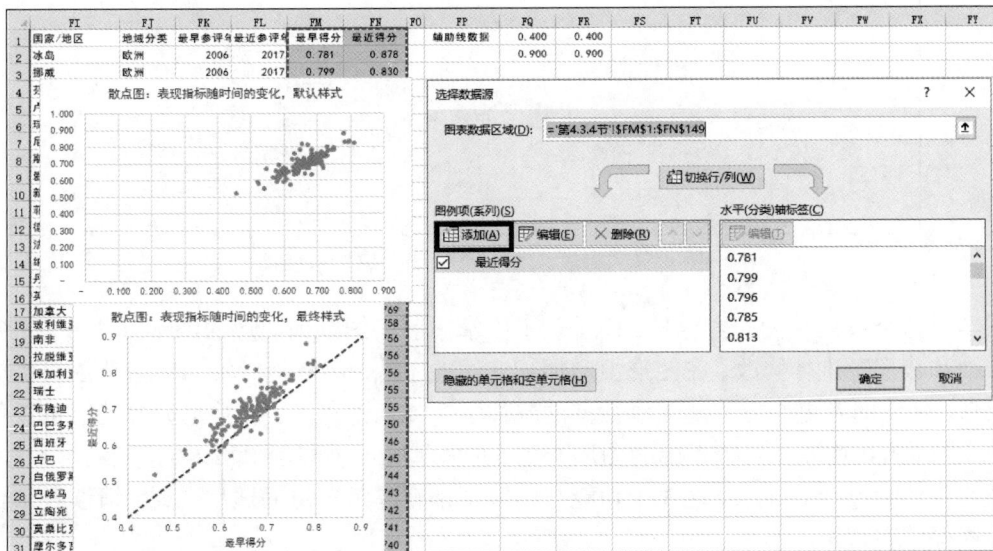

图 4.53　添加数据系列

因为是在散点图中添加辅助线,所以 Excel 将新增加的数据也作为散点图序列来处理,因此辅助线最初的形态是位于绘图区域左下角和右上角的一对点,我们还需要通过图形编辑功能将其转换为一条线,具体操作如下。如图 4.54 所示,选中辅助线对应的数据序列,在系列上单击鼠标右键,在弹出的快捷菜单中单击"设置数据系列格式"选项,调出"设置数据系列格式"窗格;单击进入"填充与线条"标签;注意这个标签中包含的"线条"和"标记"两类选项组在本次操作中都要用到。先单击进入"线条"类选项组,打开"线条"选项组,选中"实线"单选按钮,下方随之增加各种可对线型进行编辑的选项。因为这是一条辅助读图的线,并非图形中的主体数据,所以可在"短划线类型"选项(将实线改为虚线)中选择一种虚线线型,也可以在"宽度"选项(调整线条粗细)中将线条磅值调低,这样淡化处理后,辅助线既能起到方便读图的作用,也不会喧宾夺主。然后单击进入"标记"类选项组,打开"标记选项"选项组,选中"无"单选按钮,辅助线两端的点消失。为散点图添加辅助线的所有工作完成,图形变为图 4.53 中左下方所示的最终样式。

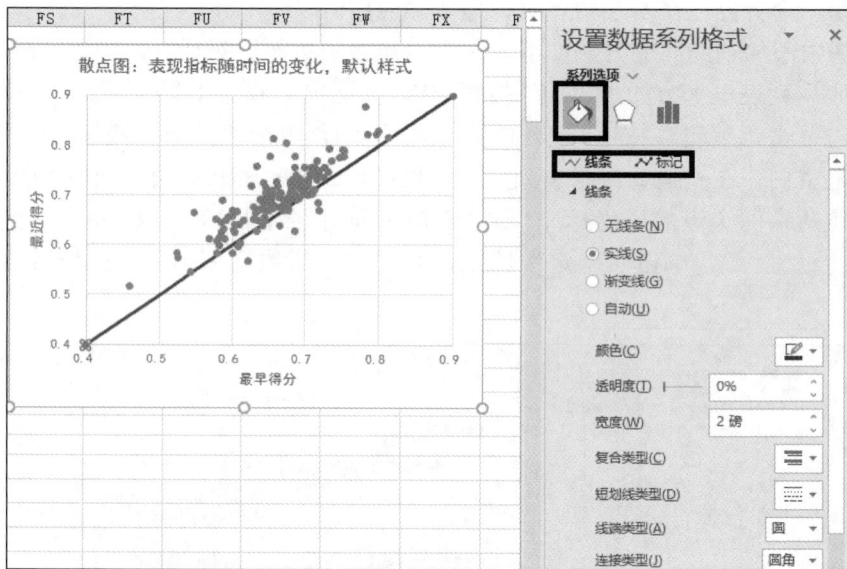

图 4.54　将散点图序列改为虚线辅助线

在学习这个系列相关的内容时,读者除了应掌握散点图系列图形的绘制方法外,还要关注对坐标轴和数据源进行修改、在图形中增加辅助线的方法。调整坐标轴的覆盖范围可以放大或缩小图形,使读图者更加方便地了解数据的整体情况或局部重点。调整数据源功能可以帮助读者选择图形(尤其是涉及多个指标的图形)最好的呈现形式。添加辅助线给读图者增加参照物,将数据的重要特征凸显出来。这 3 个功能在实践中都有非常广泛的适用场景,请读者结合实践继续深入探索和总结。

4.3.5 Excel 绘图——其他常用图形

本节将在前述 4 个系列图形之外，补充介绍其他几种常用图形，并逐一介绍它们的适用场景、在 Excel 中的绘制方法和分析解读的角度。

（1）直方图和箱形图：表达定量变量分布特征。

（2）树状图：表达整体的构成情况。

（3）分组箱形图：用于探索定性变量取值是否对定量变量的取值范围有影响。

（4）雷达图：用于比较多个对象在多个指标上的异同，或者对比同一个对象在不同时间点上各个指标表现的变化。

（5）地图：是在地理信息的基础上附加数据指标的一种图形，通常是在地图上复合柱形图等图形进行展示。

这里要对图 4.55 中未出现的地图做一点说明。地图的表现力非常强，可以用来表达定性变量的分布、整体的构成、各地在某定量变量上取值的不同等，但其最重要的，也是其他所有图形都不具备的功能是展示数据的地域分布特征。其实地图即使是在展示分布、构成和进行比较时，也附加提供了地缘信息（如面积大小、距离远近等）。这个特征能够为我们探索和确认、展示和认知某些数据规律带来特别明显的便利。例如，地理上知名的"黑河-腾冲线"[1]就是数据与地图结合应用的典范案例。由于地图的这种特殊属性，所以并未将其归入图 4.55 中的任何一个类别。

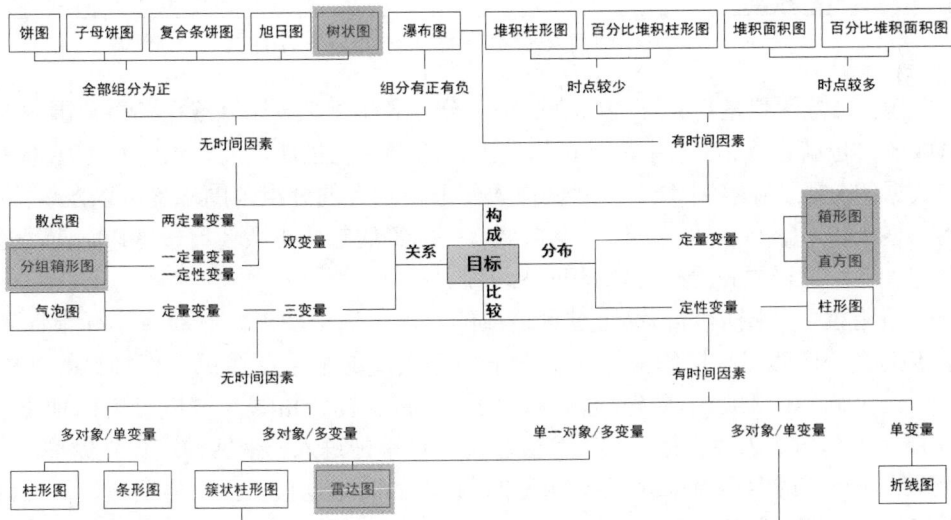

图 4.55 常见分析目标与数据图形：其他图形

---

[1] 初称"瑷珲-腾冲线"，于 1935 年由地理学家胡焕庸在其发表于《地理学报》第二期的《中国人口之分布》一文中首次提出。该文结合全国各地的人口与面积数据，研究各地人口密度的分布变化规律，附有我国第一张全国人口密度图。

1. 直方图（2016 及更高版本 Excel 提供）

直方图是描述定量变量分布的常用图形。接下来以 2017 年 GGGR 报告中各国家/地区的性别差异得分为例展示在 Excel 中绘制直方图的过程。如图 4.56 所示，选中数据区域 C1:C145，调出"插入图表"对话框，进入"所有图表"选项卡；在左侧图形列表中选中"直方图"，然后在右上方的图形子类型区域选中"直方图"；最后单击"确定"按钮，即可得到图 4.56 中左上方的默认样式图形。

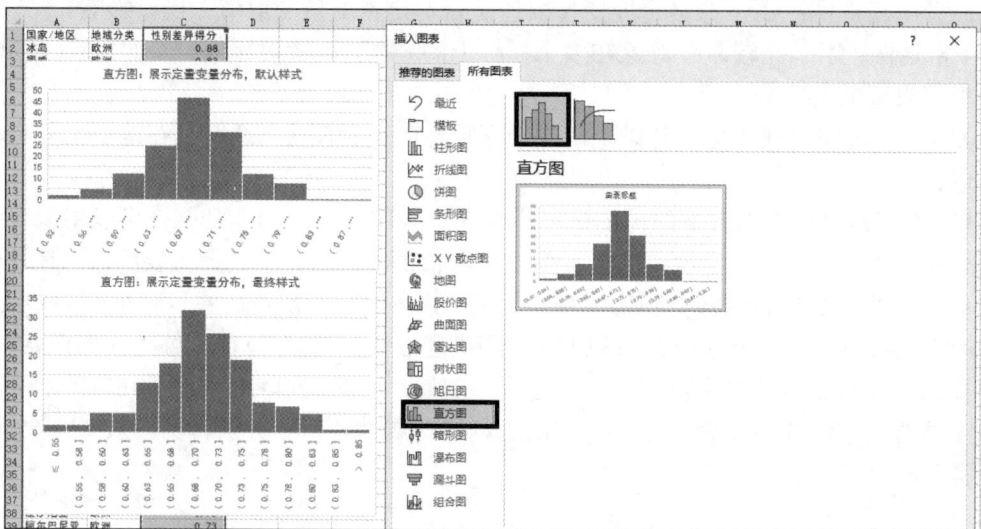

图 4.56 "插入图表"对话框：绘制直方图

可以看出，直方图就是将指标的取值范围划分为若干组后，计算落在各组范围内的数据频数绘制而成的，也就是 4.2.3 节中表 4.6 相关工作的可视化呈现，所以绘制直方图最关键的工作是做好数据的分组。观察图 4.56 中默认样式图形横轴上的分组范围标签可以发现两个问题：标签不能完整呈现，影响读图，应让其完全展现；标签的起始点数值比较零碎，应尽量向逢五逢十的位置靠近，这样更符合一般人的读图习惯。

前一个问题主要是图形的长宽比过大造成的，单击选中图形，然后将鼠标指针置于图形下边沿中点的空心圆点处，按住鼠标左键向下拖动图形的下边框线至坐标轴标签都能完整展现即可。后一个问题需要选中横坐标轴后调出"设置坐标轴格式"窗格对坐标轴进行编辑。如图 4.57 所示，单击进入"坐标轴选项"选项卡；再单击进入"坐标轴选项"标签，打开"坐标轴选项"选项组，选中"箱宽度"单选按钮，其后的文本框被激活，将默认数值改为 0.025，重新设定每个分组覆盖的宽度；选中"溢出箱"复选框，其后的文本框被激活，将默认数值改为 0.85，数据中大于 0.85 的数值全部被计入一组；选中"下溢箱"复选框，其后的文本框被激活，将默认数值改为 0.55，数据中小于等于 0.55 的数值全部被计入一组。

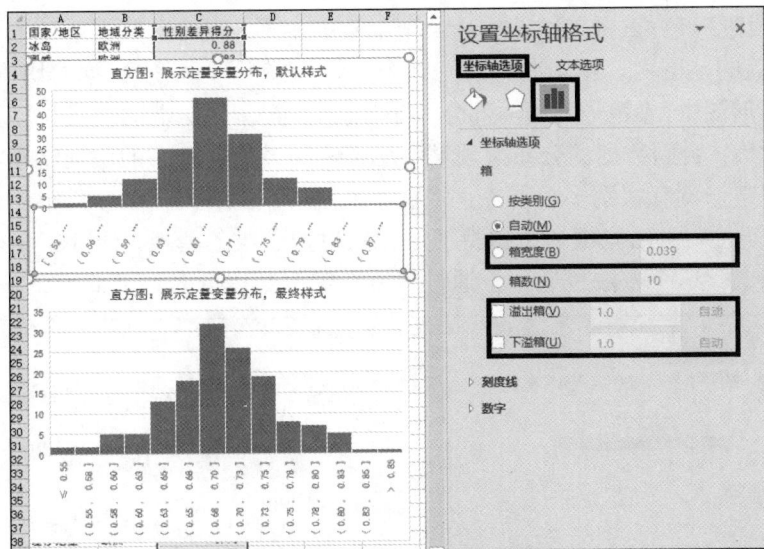

图 4.57　调整直方图的分组

至此，图 4.57 中默认样式的直方图就变成了最终样式的直方图。从最终样式的直方图中可以看到，2017 年 GGGR 报告参评各国家/地区的性别差异得分低于 0.63 或高于 0.75 的都很少，得分在（0.68,0.70]内的国家/地区最多。此外，这张直方图以中间较高的柱体为中心，左右两侧分布较为对称。具有这样特征的数据其平均值一般就落在中间较高的几个柱体所覆盖的范围内，图中这一组数据的平均值就是 0.70。从平均数这个表明数据集中趋势的指标来看，在全球范围内实现性别平等的任务大约完成了 70%。

2．箱形图与分组箱形图（2016 及更高版本 Excel 提供）

箱形图也称箱线图，是描述定量变量分布的另一种常用图形。3.3.2 节在讲解验证数据时简要介绍过这种图形，读者可回顾图 3.23～图 3.26 及相关内容。相较直方图，箱形图更加简洁，它着重保留了 3 个四分位数+两个极值，虽然舍弃了一部分更为精细的分布特征，但重点更为突出。仍然使用图 4.56 中的数据，改为绘制箱形图：选中数据区域 C1:C145，调出"插入图表"对话框，进入"所有图表"选项卡；在左侧图形列表中选中"箱形图"，由于只有一种图形子类型和一种图形样式，所以直接单击"确定"按钮即可得到图 4.58 所示的默认样式图形。

箱形图主要由一个"箱子"与从其上下边沿分别向上下延伸的两条线段组成，当数据中存在一些离中心较远的值时，在两条线段上下端点覆盖的范围之外还会有一些零散的点。其中，"箱子"的上下两条边界线对应数据的上下四分位数，"箱子"中间的线对应中位数；全部数据中有一半会落在这个"箱子"覆盖的范围内。从"箱子"上下边沿延伸出的线段，其末端一般分别对应数据的最大值和最小值；但是如果数据中有一些离数据分布中心太远的值，上下线段的末端就会分别改为"上四分位数+1.5×四分位差"和"下四分位数-1.5×四分位差"，落在这个范围之外的数据以点单独标注在图上，称为"离群点"。全部数据中最大的 1/4 数据会落入

127

"箱子"上方的线段+离群点覆盖的范围内；全部数据中最小的 1/4 数据会落入"箱子"下方的线段+离群点覆盖的范围内。箱形图中还有一个"×"形符号，对应数据的均值。

如果一张箱形图中，"箱子"的两部分大小相仿，"箱子"两端的线段长度也相近，那么数据的分布比较对称；否则数据的分布呈现某种偏态。如果数据分布的偏向特别厉害，则箱形图一般会出现上下某一侧有特别多离群点，将整个"箱子"压缩到一个非常小的范围里，不利于读图。在这种情况下，可以先根据数据特征进行取对数之类的变换，让分布变得相对不特别偏态，然后绘制图形。这个方法也适用于通过直方图观察数据分布特征的场景。

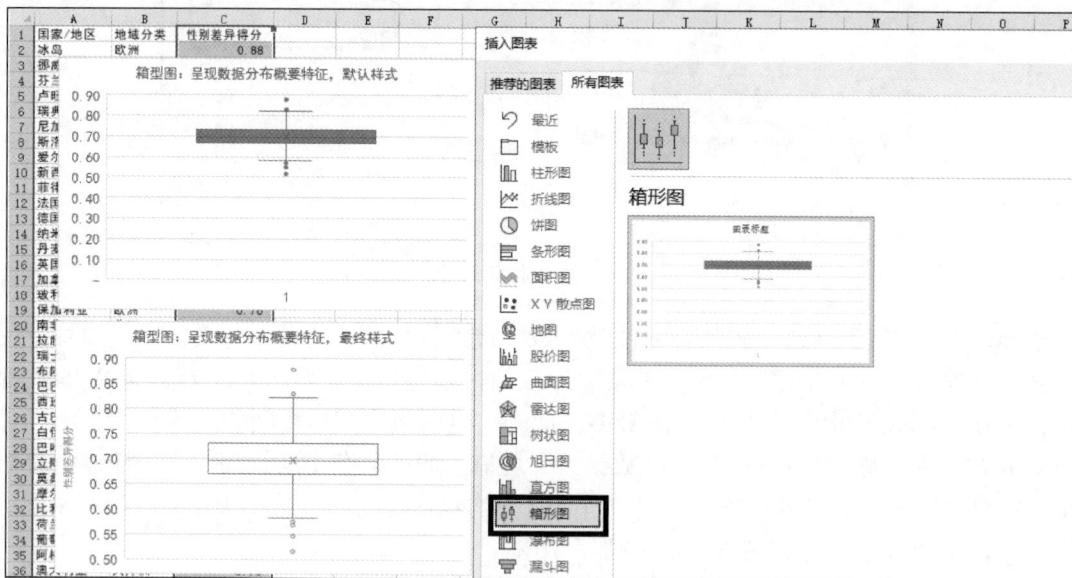

图 4.58 "插入图表"对话框：绘制箱形图

接下来对图 4.58 中默认样式的箱形图进行如下修改以便于读图。首先调整纵轴。参考图 4.50 的相关说明将其覆盖范围调整为[0.5,0.9]，参考图 4.47 的相关说明为其添加坐标轴标题。然后调整横轴。选中横轴，按 Delete 键，删除横轴上的数字标签。最后调整"箱子"格式。选中"箱子"，调出"设置数据系列格式"窗格，进入"填充与线条"标签，打开"填充"选项组，选中"无填充"单选按钮，去掉"箱子"中的填充颜色，使图形中表示中位数的横线和表示均值的"×"形符号更加突出。

比较直方图与箱形图，它们都采用了对定量变量的取值范围进行拆分和计数的思路。两者的不同如下。直方图的根基是对取值范围进行分组，分组数目和每组的宽度都更加自由灵活，每组覆盖的范围可以相等，也可以不等。直方图通常可以保留关于分布的更为详细的信息。阅读直方图，尤其是采取等距分组的直方图，主要是比较落在哪一组中的数据更多，以及数据整体分布是否对称。而箱形图的根基则是按数据个数四等分数据，然后比较各部分覆盖范围大小，它集中凸显了四分位数，放弃了一些其他更细节的数据特征。在实际应用中，可以根据两者的差别，结合分析目标确定选用哪种图形。

除了查看某个变量的分布特征之外，箱形图还有一个特别常用的场景：探索定量变量与定性变量之间的关系。如果两者之间有一定的相关性，那么当定性变量取值变化时，定量变量箱形图的覆盖范围会有所变化。由于这个场景需要比较定性变量取值变化时箱形图的位置是否有变化，所以需要绘制的不再是单一的箱形图，而是分组箱形图。具体实现方法如下。

仍以上述 2017 年 GGGR 报告各参评国家/地区的性别差异得分数据为例，探索不同地域国家/地区在性别平等推进程度上是否有所差别。首先，参考图 4.58 的相关说明绘制一张无分组的箱形图，如图 4.59 左上角图形所示。然后，选中图形并参考图 4.51 的相关说明调出"选择数据源"对话框。依次在"图例项(系列)"列表框中选中"性别差异得分"系列，在"水平(分类)轴标签"列表框中单击"编辑"按钮，Excel 弹出"轴标签"对话框。在"轴标签"对话框中单击"轴标签区域"文本框右侧的向上箭头，拖动鼠标选中"地域分类"变量数据所在的单元格区域 AB2:AB145，单击"确定"按钮，回到"选择数据源"对话框。在"选择数据源"对话框中再次单击"确定"按钮，得到默认样式的分组箱形图。参考图 4.58 的相关说明对图形进行美化，即可得到图 4.59 中左下角所示的分组箱形图。

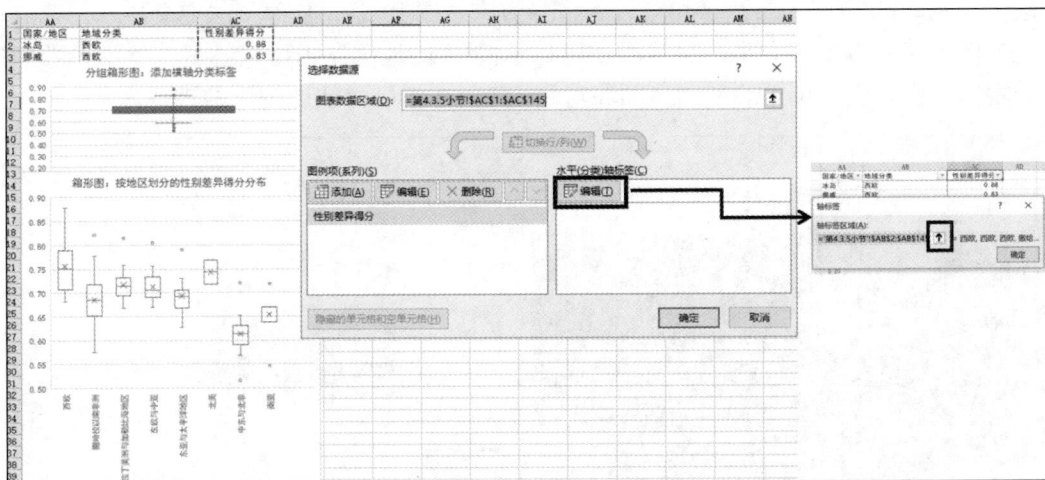

图 4.59　"选择数据源"对话框：通过添加水平分类标签绘制分组箱形图

从图 4.59 中的分组箱形图中可以看出，处于不同地域的国家/地区的性别差异得分有一定差别。中东与北非、南亚两个地区整体性别差异得分偏低，西欧、北美两个地区整体性别差异得分最高，其他几个地区得分中等。图 4.59 中北美、南亚两组只显示了"箱子"和离群点，没有从"箱子"中延伸出的线段，这是因为北美地区只有两个国家，它们的得分分别对应"箱子"的上下边沿在纵轴上的取值。南亚组有 7 个国家，但是除了两个离群点外，其他 5 个国家得分非常相近，全部落入了"箱子"覆盖的范围；本应由延长线覆盖的范围内，没有任何数据落入，所以没有绘制延长线。

3. 树状图（2016 及更高版本 Excel 提供）

树状图是表达整体构成的一种图形工具。与饼图系列类似，它要求整体的所有构成组分为正且完备互斥；与饼图系列不同，它可以容纳数量较多的组分；与旭日图类似，它可以容纳多层分类。

图 4.60 展示了 GGGR 报告（2017 年）所有参评国家/地区的人口数量树状图。这个数据包含两层分类：第一层是地域分类，即国家/地区所在的大洲名称，第二层是国家/地区的名称。在绘图时要注意将较粗的分类放在左侧，较细的分类放在右侧。另外，考虑到图形的易读性和美观性，要先对数据进行排序：按照图 4.19 的相关说明，先按 BC 列"人口（千）"倒序对 BA1:BC145 单元格区域进行排序，再按 BA 列"地域分类"倒序对 BA1:BC145 单元格区域进行排序。这样绘制好的图形会将每个大洲的国家/地区按照人口数量倒序排列在一起。

绘制树状图时，首先选中 BA1:BC145 单元格区域，然后调出"插入图表"对话框，进入"所有图表"选项卡，在左侧图形列表中选中"树状图"。由于树状图只有一种图形子类型和一种图形样式，所以直接单击"确定"按钮即可得到图 4.60 中左侧所示的图形：每个国家/地区对应一个长方形，面积与国家/地区人口数成正比，不同大洲以颜色区分。这份数据所含国家/地区较多，且国家/地区人口数量相差较大，导致有些国家/地区名称无法完全显示。读者可以尝试拖动图形边框调整其大小，尽量增加可显示的国家/地区，也可以尝试调整原始数据的排序，观察图形中各组分位置的变动，加深对利用 Excel 绘制树状图规则的理解。

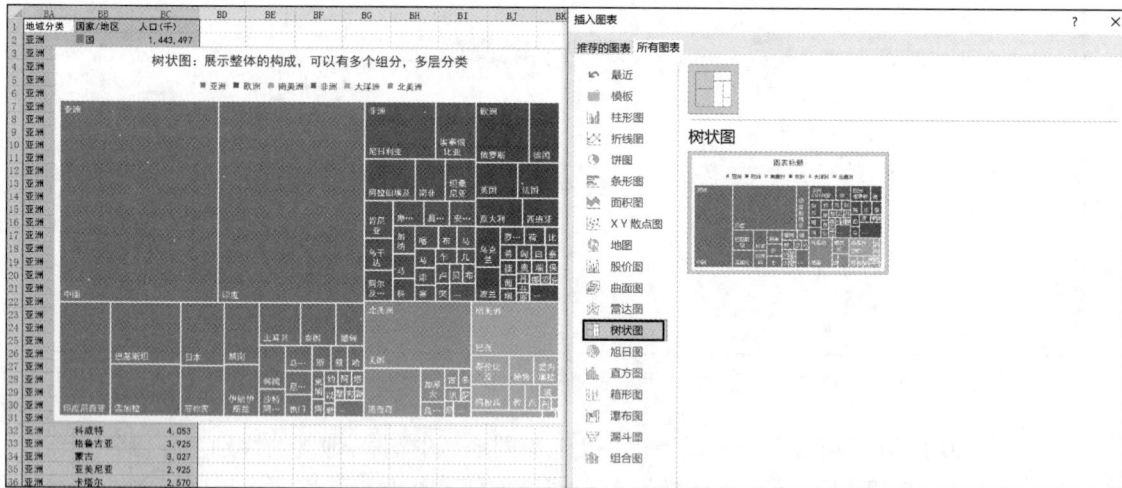

图 4.60 "插入图表"对话框：绘制树状图

从这张树状图中可以很清晰地观察到各参评国家/地区人口数据的基本特征：在大洲层面，亚洲与非洲两大洲合计约占据参评人口的 3/4；结合 4.2.3 节表 4.7 中的数据可知，这两个大洲恰好是性别差异平均得分最低的两个大洲。考虑到 GGGR 报告中全球性别差异得分是由各国家/地区得分以人口为权重计算的加权平均数，可知提升全球性别差异得分的重点在于推进亚洲与非洲两个地区进一步实现性别平等。

4．雷达图

雷达图是从多个维度对事物进行比较的图形工具。雷达图中一定会包含多个指标，被比较的对象既可以是同一时点上不同个体的情况，也可以是同一个体不同时点上的情况。根据雷达图的这个典型应用场景，图 4.61 展示了两份数据：CA1:CD6 单元格区域对比 2017 年 GGGR 报告参评国家/地区中性别差异得分最高的冰岛和最低的也门在汇总得分和 4 个分项得分上的差异，并添加了全球平均水平作为参考；CA17:CC22 单元格区域对比 2006 年和 2017 年全球在汇总得分和 4 个分项得分上的差异。以第一份数据为例说明绘制雷达图的过程。

如图 4.61 所示，选中 CA1:CD6 单元格区域，调出"插入图表"对话框，进入"所有图表"选项卡；在左侧图形列表中选中"雷达图"；在右上方图形子类型中选择第一个类型，在图形样式中选择第一个样式（这个样式以每一行表示一个指标，每一列为一个对象。第二个样式以每一列为一个指标，每一行为一个对象）；最后单击"确定"按钮，即可得到图 4.61 左下角所示默认样式的雷达图。

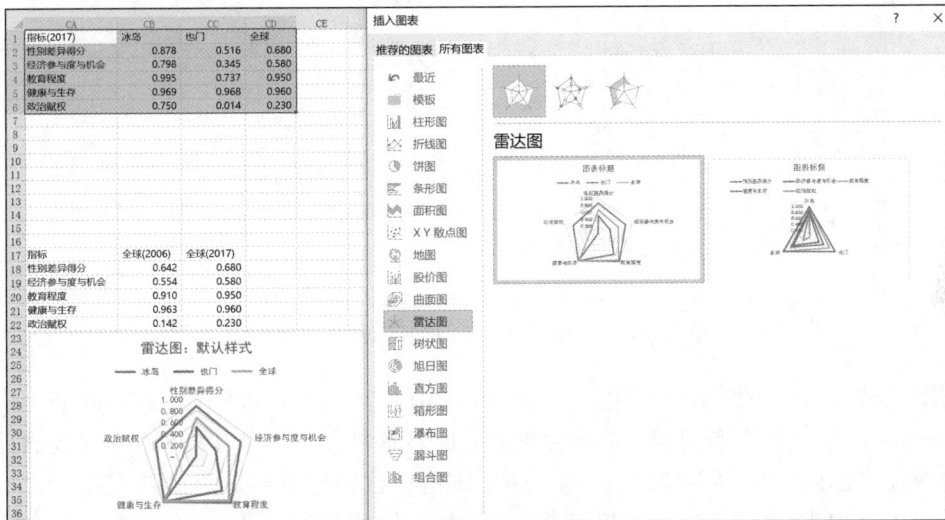

图 4.61　"插入图表"对话框：绘制雷达图

下面对默认图形进行美化。参考图 4.47 的相关说明，通过"图表设计"选项卡中"图表布局"组上的"添加图表元素"按钮将图例转移至图形左上角；参考图 4.54 的相关说明将作为参考的"全球"得分情况设置为虚线；参考图 4.50 的相关说明，调出"设置坐标轴格式"窗格，单击进入"坐标轴选项"选项卡；然后单击进入"坐标轴选项"标签，在其中找到并打开"数字"选项组，将坐标轴数字标签的"类别"改为"数字"，"小数位数"设定为"1"。完成上述工作后，图 4.61 左下角的默认样式雷达图就变成了图 4.62 右上角图形所示的样式。按照上述步骤基于 CA17:CC22 单元格区域绘制雷达图，并进行格式编辑，得到图 4.62 右下方所示的图形。

绘制雷达图时有一个细节需要注意：各个坐标轴对应的指标最好同是正向指标或同是反向指标[①]。雷达图的呈现形式使绘制在图中的每一条折线都会围出一个多边形，如果各个坐标轴对应指标的评价方向相同，那么通过对比每个多边形的面积大小，可以非常迅速地大致了解多个对象（或多个时点）表现的相对优劣。但如果指标的评价方向不同，这个快捷的判断方法就失效了，读图时需要逐个对坐标轴进行比较。因此，建议读者绘图时尽量保证各个坐标轴对应的指标都是正向指标或都是反向指标。如果有个别指标的评价方向与其他指标不同，则可以先对其进行取倒数等负单调变换操作，使其评价方向与其他指标一致。

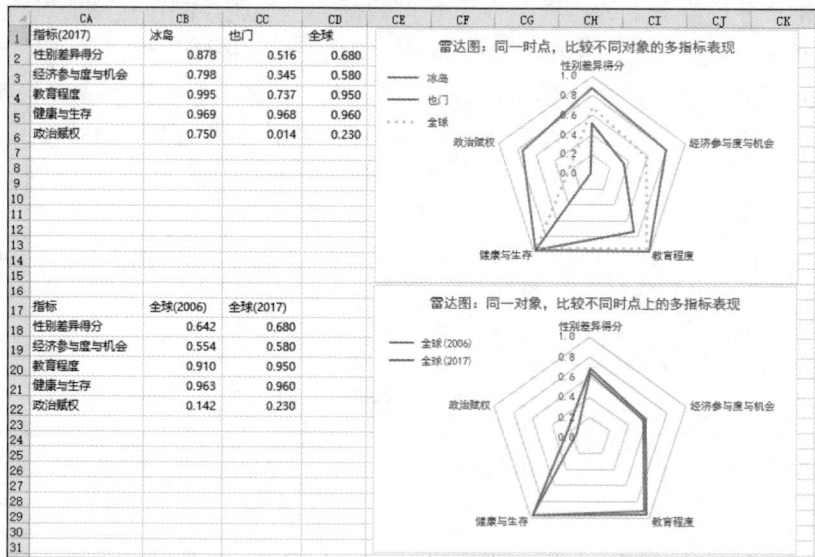

图 4.62　雷达图：同一时点多个对象比较与同一对象多个时点比较

根据图 4.62 右上方图中冰岛、也门、全球在 2017 年的对比来看，外圈的冰岛、中间的全球、内圈的也门，3 个多边形面积差异非常明显；而且这种差异在 4 个分项上的表现有所不同。这一年全球在"健康与生存""教育程度"两个维度上已经达到接近满分的程度，说明在全球范围内，大多数国家/地区在这两个方面都基本达到了比较高的平等程度。但同时全球在"经济参与度与机会"与"政治赋权"两个维度上的平等实现程度分别只有 0.580 和 0.230，这两个维度也是也门与冰岛、全球与冰岛差距较为明显的维度。

全球整体表现较好的"健康与生存"和"教育程度"两个分项更加贴近人类的基本需求。2017 年的数据表明，女性的基本生存状况已经得到了较好的保证；但也门在其中的"教育程度"一项中仍然明显落后于全球大多数国家/地区，表明该国女性的在获取教育资源方面仍然面临着相对较大的困难。"经济参与度与机会"和"政治赋权"两个分项则更多地与人类在解决了基本生存问题之余，谋求在社会生活中的影响力和发展空间有关。从全球范围来看，多数国家/地区

---

① 正向指标是指数据越大表现越好的指标，如考试分数。反向指标是指数据越小表现越好的指标，如单位产出对应的能耗。

的女性仍需为获得充分发展的权利付出更多努力。结合图 4.62 右下方的 2006 年与 2017 年全球性别差异得分对比图，可以看出两条曲线几乎是重合的，这表明 12 年间全球在推进两性平等方面取得的进展非常有限，推进性别平等在全球范围内仍然任重道远。

5．地图

地图的特性在本节开始的部分已简要介绍。自 2016 版起，Excel 中的"三维地图"功能围绕绘制地图提供了非常丰富的选项，由于篇幅所限，以下仅通过例子介绍其基本实现方法，读者可在实践中继续深入探索。选取 2017 年 GGGR 报告中参评的 39 个欧洲国家/地区，在地图上绘制它们的性别差异得分，数据如图 4.63 所示。选中数据所在的单元格区域 DA1:DB40，进入"插入"选项卡，在"演示"组中单击"三维地图"按钮。Excel 弹出"启动三维地图"窗格，可以在其中选中已建立的地图进行编辑或者建立新的地图。单击图 4.63 下方圈出的"新建演示"按钮建立新地图，如图 4.64 所示，Excel 将弹出"三维地图"绘制窗口。

图 4.63　启动三维地图

"三维地图"绘制窗口默认展示立体的全球地图，要为它指定需展现的地域与数据指标。读者可按以下步骤生成地图。（1）单击图 4.64 中位置 1 处的笔形按钮，为这张地图指定一个名称，请输入"欧洲各国家/地区 2017 年性别差异得分"。在位置 2 单击"位置"选项中的"添加字段"按钮，弹出的下拉列表中列出了选中数据区域中的所有变量名，选中其中的"国家/地区"变量，指定要展现的区域；单击"高度"选项中的"添加字段"按钮，选中其中的"性别差异得分"变量，指定要展示的指标。（2）在位置 3 选择指标展示形式，可选中最右侧的"区域"样式，各国家/地区性别差异得分指标取值的大小会通过颜色深浅显示出来。此时图形中会添加图例元素，选中图例后可以拖动其边框来改变大小，调整好大小后可将其拖动到国家/地区数量较少的右上位置。如果需要展示的数据量较大，则 Excel 需要一定时间来完成这一步，会在位置 4 显示进度条，大家需等待进度条提示"已完成"后再进行其他操作。数据加载完成后，可以用鼠标右键单击某个国家/地区，为其添加备注。

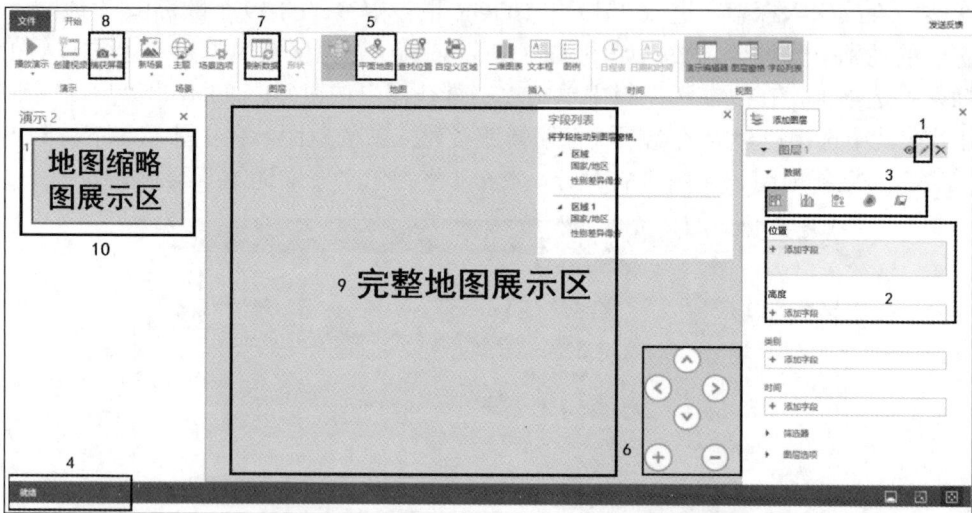

图 4.64　三维地图：绘制、编辑和保存地图

三维地图也可切换为平面地图，单击图 4.64 中位置 5 处的"平面地图"按钮即可。位置 6 提供了缩放按钮更改地图显示比例，可以上下左右拖曳地图调整展示的具体位置，读者可根据需要展示的区域进行调整。如果更新了绘图数据，则只有单击位置 7 的"刷新数据"按钮，三维地图中的数据才会更新。绘制完成后，单击位置 8 的"捕获屏幕"按钮，位置 9 展现的完整地图即被加入剪贴板，回到 Excel 主窗口后按 Ctrl+V 组合键可将图形复制到主窗口中。如果绘制并保存了多张地图，则位置 10 会列出每张图的缩略图，单击相应的缩略图，位置 9 随之切换展示相应的地图。

读者请自行复现上述"欧洲各国家/地区 2017 年性别差异得分"地图的制作过程，并观察所绘制的图形，可以发现欧洲各国家/地区的性别差异得分基本上呈现由北向南、由西向东所标示的颜色逐渐变浅（得分下降）的趋势。这个特征在地图上一目了然，却很难通过表格或其他图形快速地总结出来，这就是地图类图形在处理与地域有关数据时特有的优势。

4.3.6　Excel 绘图——组合图形

前文主要讲述了各种常用图形的使用场景，并展示了在 Excel 中绘制和美化这些图形的方法。其实在一些相对复杂的分析场景中，还可以结合使用两种或更多常用图形。以下仅以两个例子展示一些典型的分析场景、制图方法和解读角度。

第一种典型的场景是要对多个对象的多个指标进行对比，但是指标的取值范围相差过大，无法在一个坐标系中同时完整地展示自身的数据特征。图 4.60 相关的解读文字中同时引用了图 4.60 与表 4.7 的数据，综合各个大洲的参评人口数量与性别差异平均得分对全球的性别平等推进程度做出评估。在这个场景中，如果想将两个指标画在同一张图中使对比更加鲜明，则按照图 4.21 的说明，可以选择绘制簇形柱形图。但人口数以千为单位，最大值高达百万，平均得分则是在[0,1]范围内取值的小数；两者覆盖的范围相差悬殊。直接绘制簇状柱形图会得到图 4.65 所示的默认样式，性别差异得分指标相对人口取值过小，被压制到与横轴完全重合，从而不可见，更加无法展现各地区之间的差异。

有两种方法可以在一张图中同时完整展现这样两个取值范围悬殊的指标的数据特征：一种是图 4.26 相关说明中提到的，改变某个指标的单位，从而改变它的取值范围，但这种方法并不一定总能达到理想的效果；另一种就是改用折线图与柱形图的组合图形，具体实现方法如下。

首先，如图 4.65 所示，选中数据区域 A1:C7，调出"插入图表"对话框，进入"所有图表"选项卡；在左侧图形列表中选中"组合图"，在图形子类型区域中选中最右侧的"自定义组合"；下方图形样式区提供了组合图形的预览样式和设置选项。如图 4.65 所示，将两个指标的"图表类型"分别指定为"簇状柱形图"和"折线图"，并选中"人口（千）"变量后的"次坐标轴"复选框，图形样式区域显示的预览图形已经与图形的最终样式十分类似。与以往的图形只有左侧一个纵坐标轴不同，这张组合图形有左右两个纵坐标轴：左侧为主坐标轴，对应"性别差异平均得分"指标；右侧为次坐标轴，对应"人口（千）"指标。两个坐标轴的覆盖范围依各自对应指标的取值范围定制，两个指标的数据特征都得到了完整的展现。当然，从这个样式预览到最终图形的样式还需要进行一定的图形编辑工作，如添加坐标轴标题、调整坐标轴覆盖范围等，相关操作在前文中均已介绍，此处不赘述。

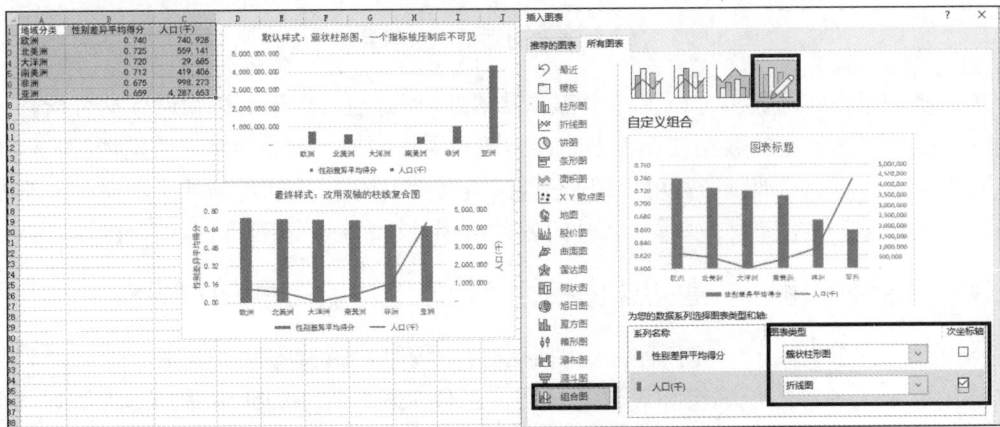

图 4.65　"插入图表"对话框：绘制组合图（1）

第二种典型的场景是分析目标融合了两个方向，需要使用不同的图形来表达。以图 4.28 所示的公司收入构成数据为例，其中堆积柱形图的用途之一是可以通过柱体的总高度看出企业总收入的逐年变化，这是有时间因素的"比较"分析，可以通过折线图来实现；而百分比堆积柱形图的用途是了解两类收入的占比，这是有时间因素的"构成"分析。要在同一张图中同时为两个目标提供参考依据，可以使用折线图与百分比堆积柱形图组成的组合图形。

图 4.66 展示了这张组合图形的成图样式，其绘制过程与图 4.65 类似，关键设置参见图 4.66 右下方"为您的数据系列选择图表类型和轴"部分。从图 4.66 左上方展示的成图中可以看出，该公司的收入在过去几年间先快速增长再停滞不前，需要寻找新的增长点；而在线业务收入占比持续明显下降，结合后半段收入基本持平的数据来看，以往的收入主力——在线业务收入进入了明显的下行阶段。这很可能意味着在线业务已经步入了生命周期中的衰退阶段，公司需要结合更多方面的数据做出判断，并探讨相应的业务策略调整方案。

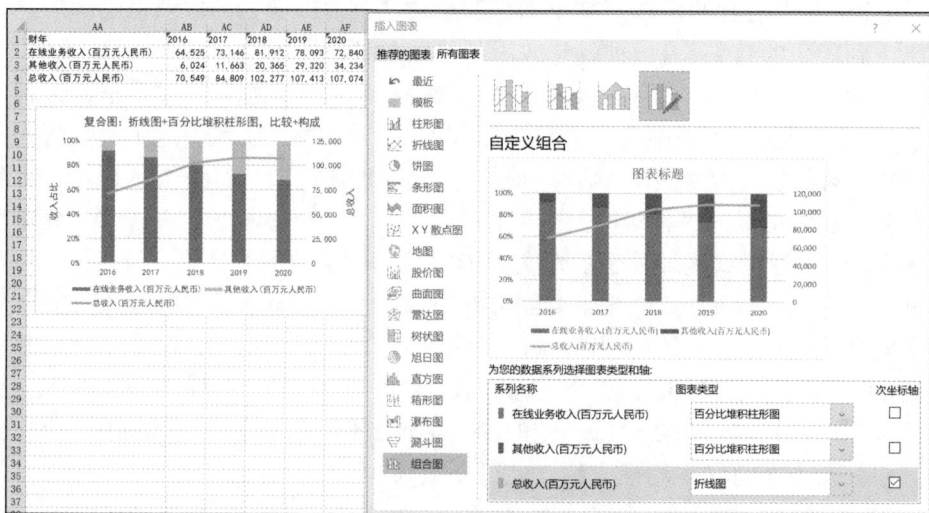

图 4.66 "插入图表"对话框：绘制组合图（2）

上述两类场景在实际数据分析工作中都非常常见，用好组合图形可以帮助数据分析师用更加简明的方式呈现更为丰富的数据规律，也能让读图者更加便捷、全面地掌握数据情况，做出业务决策。虽然理论上各种基础图形都可以组合呈现，但实践中最常用的还是柱形图系列与折线图系列的组合，其足以实现除探索"关系"之外的各种常规分析目标。读者可有针对性地练习和使用。

4.3.7 Excel 绘图——善用作图模板及迷你图功能提高工作效率

4.3.4 节和 4.3.5 节除了讲解各种常用图形的应用场景、解读方法、在 Excel 中的实现过程外，也陆续展示了各种图形编辑和美化的技巧。总体来说，在 Excel 中做好基本数据图形后，可以通过以下几种方式对图形整体或其中某些元素进行编辑。

（1）选中图形、系列或系列中的某一个元素，单击鼠标右键，通过快捷菜单打开"设置×××格式"窗格。

（2）选中图形，调出功能区上的"图表设计""格式"选项卡。

（3）选中元素后直接操作：如按 Delete 键删除选中的系列或元素，通过"开始"选项卡上的字体、字号、文字颜色等功能调整文字/数字标签格式等。

之所以会在讲解数据图形的章节中用大量篇幅来讲解图形的编辑功能，是因为图形的规范性和美观性、文档或数据产品中多个图形风格的一致性对表达数据工作的成果来说都非常重要。这些因素不但会影响读图者接收图形信息的效率和效果，也是他们评价数据分析师专业性的重要依据。但 Excel 图形的默认格式设置更多地考虑了通用性，无法兼顾每个应用场景的特殊要求和每个用户的作图习惯，对个人来说经常会不适用。因此，分析师的工作中一般都会涉及大量的图形编辑工作，分析师也应该对编辑图形的操作给予足够的重视。但是图形的编辑工作确实非常琐碎，而且经常都是重复的操作，每次画图都从头开始做一遍不但耗时，有时候还难免遗漏一些细节。为此，读者可以按照自己的绘图习惯制作和保存**作图模板**，以便大量减少图形编辑过程中的重复操作。具体操作方法如下。

（1）生成模板。按照自己的作图习惯编辑好一张图形，如图 4.67 所示，选中该图形，然后单击鼠标右键，在弹出的快捷菜单中单击"另存为模板"选项，Excel 将弹出保存模板的对话框，输入模板名称后单击"确定"按钮即可。

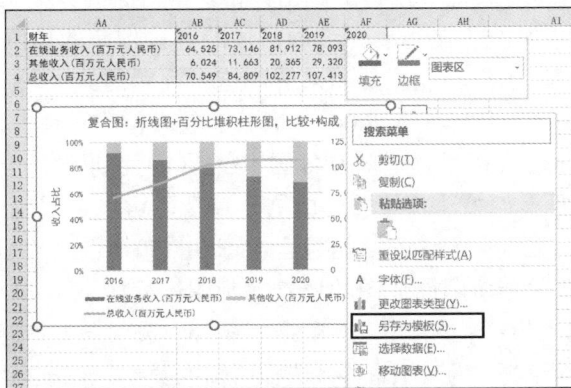

图 4.67　生成制图模板

（2）调用模板。如图 4.68 所示，选中数据，调出"插入图表"对话框，进入"所有图表"选项卡；在左侧图形列表中选中"模板"，右侧图形样式区域会显示所有已保存的图形模板样式，选中所需套用的模板后单击"确定"按钮即可。

使用制图模板功能能够帮助需要经常绘图的读者节省大量的图形编辑时间，特别是在出具周期性报告、评价同类营销活动效果之类的场景中，各次工作任务中要完成的报告内容相对固定，只需更新数据和解读建议，使用这个功能尤其有助于分析师提高工作效率。但需要特别说明的是，这个功能当前还不是所有图形都可使用，如箱形图、树状图、直方图等于较新版本中才加入 Excel 的图形还不能用于制作模板。如果遇到这种情况，则可以先选择其他表意功能近似的图形来替代。没有合适的替代图形时，可以在 Excel 中按照自己的习惯为每一种图形先绘制好基础图形，在需要绘制相应图形时，参考图 4.51 和图 4.52 的说明文字中关于"选择数据"操作的说明调整图形对应的数据源即可。

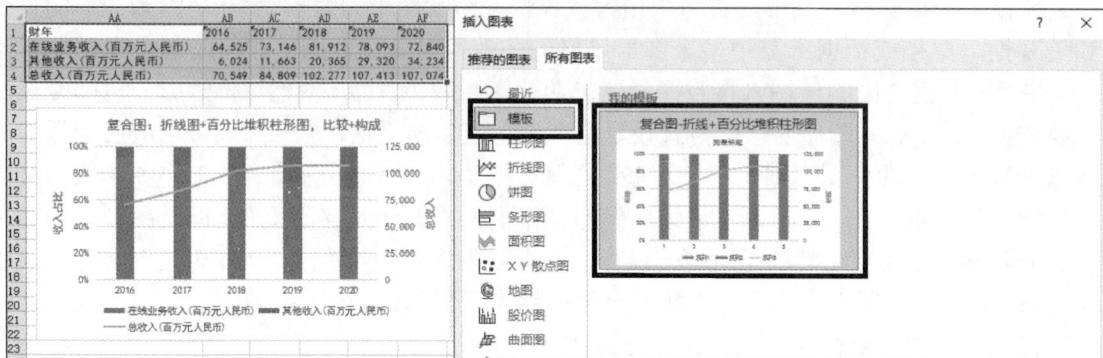

图 4.68　调用制图模板

在探索数据特征时，还有一个对提高工作效率特别有帮助的功能：**迷你图**。尤其是在分析的早期阶段，经常需要快速对大量数据特征做出评价，为后面的分析工作找到重点方向。在这样的场景下，"快速"比"美观"更重要，前面讲述的各种规范的作图方法在效率上显然不适用于这样的场景。而"迷你图"功能正是用来解决这个问题的。

图 4.69 展示了 GGGR 报告发布的 2006—2017 年全球和 150 个参评国家/地区在各年度的性别差异得分，分析目标是快速了解全球及各国家/地区的性别平等推进过程有哪些典型的类型，有哪些国家/地区需要重点关注。想要达成这个目标，可以查阅每个国家/地区历年性别差异得分的折线图来实现，难点在于这份数据包含全球和 150 个国家/地区，共需要绘制 151 张折线图，这就是一个特别适合使用迷你图的场景。制图过程如下。

（1）如图 4.69 所示，选中 N2 单元格，单击"插入"选项卡上"迷你图"组的"折线"按钮，弹出"创建迷你图"对话框。为对话框中"选择所需的数据"部分的"数据范围"选择 B2:M2 单元格区域，然后单击"确定"按钮，N2 单元格中即出现一张迷你图。

（2）选中 N2 单元格，将鼠标指针置于其右下角，此时鼠标指针变为十字形，按住鼠标左键并沿 N 列向下拖动直至 N152 单元格，将迷你图填充至 N3:N152 单元格区域，得到图 4.69 中 N 列所示的效果。

观察迷你图功能呈现的折线图，与标准图形相比，它没有图例、坐标轴等常规图形元素，只保留了折线图中最核心的要素：一条曲线。这种经过极度简化的图形当然不具有规范图形的很多功能，如做跨国家/地区的比较或者呈现重要的分析结果，但是对于查看每个国家/地区性别差异得分的起伏变化趋势这个目标来说已经足够。结合 N 列中的图形及其左侧各列的详细数据，可以很清晰地看到一些数据趋势和可深入研究的方向。例如，"全球得分在 2008 年有一个非常明显的上升，然后又回落"，这是由参评国家/地区不同、指标口径变化还是其他原因造成的？或者"得分较高的北欧国家/地区在近几年都出现了停滞甚至下降的情况"，这是由某个分项得分变化造成的，还是全体分项都有所变化？诸如此类的问题能够帮助分析师快速且全面地掌握数据的特征，并寻找下一步的分析思路，这对评估数据质量、选择分析重点都非常有帮助。

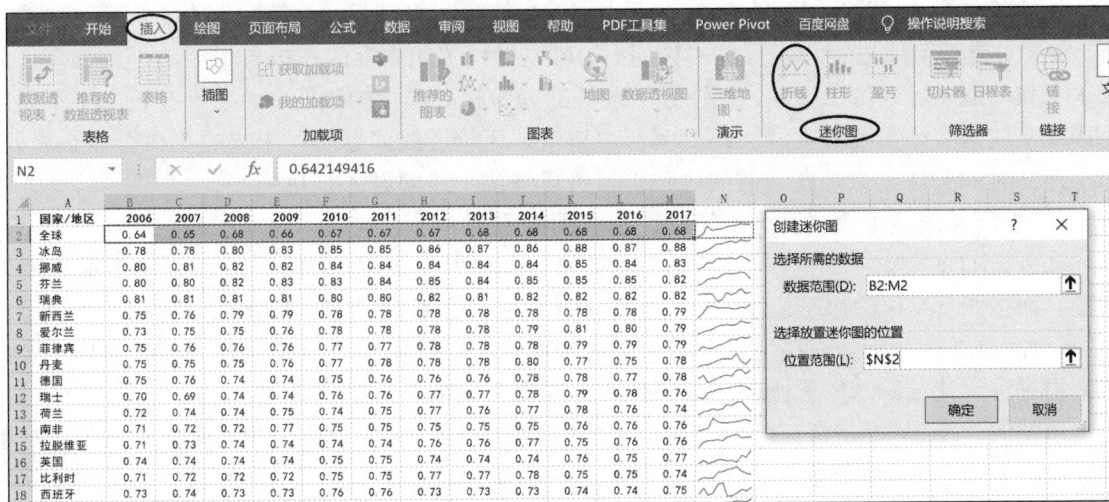

图 4.69　生成迷你图

4.4　数据分析报告写作：描述性分析

本章的报告写作部分重点练习写作"数据分析与解读"中的"描述性分析"部分，即通过探索性分析方法来展示和说明数据基本特征。"数据分析与解读"经常是一份数据分析报告中分量最重的部分，它一般包括描述性分析与模型分析两部分内容：有一些报告只需要描述性分析就可以解决问题，因此只会包含第一部分内容；而即使使用了模型分析方法的解决方案，为了让报告阅读者能够充分了解问题，也基本都会包含描述性分析的部分。可以说，描述性分析几乎是所有数据报告必备的组成部分。这个部分写得好，会把报告阅读者的思路顺理成章地引导到最终的解决方案的思路上；写不好则会让他们有零零碎碎看了很多内容，但是又很难回忆起具体都看了什么的感觉。为此，写作描述性分析部分一定要特别注重素材的选取组织和文字的逻辑脉络。读者可以按以下步骤来写作和优化描述性分析部分的内容，其中关于逻辑组织、素材选取、文字撰写等的要求，也同样适用于数据分析报告整体的写作。

1．逻辑清晰，突出主题、砍掉支线

即使分析师在项目开始前设定了非常清晰的目标，但为此获取的数据通常不仅支持解决当

前的这个问题，而且能容纳解决其他相关问题的分析思路。因此，在分析的过程中要特别注意把握好主线，也就是始终围绕自己设定的目标来解决问题。如果在解决问题的过程中遇到了有意思的相关问题，那么可以将它记录下来作为后续研究的备选主题，切忌顺着支线一直走而丢掉自己原本的研究目标。

在将分析过程转化为报告时，也要做到聚焦于主线。如果支线问题非常重要，确定要作为下一步的工作重点，则也可以在报告中适当提及，但一定要注意控制篇幅，不能扰乱主线的逻辑。需要对支线问题进行一定程度的说明时，可以把相关的内容放在报告最后的小结部分作为未来工作的展望，或者在脚注、尾注、附录等部分做相对详细的说明。总之，在正文中不要因为描述支线内容而影响对主线思路的阐释。毕竟，无论支线问题对于未来的工作有多么重要，都不是此时的关注重点，在当前的这一篇报告里解决主线问题才是目的。

2. 按逻辑线匹配素材和分配篇幅，不要面面俱到

在分析的过程中，分析师会进行大量的工作，如图 4.69 相关的一个步骤就会生成 150 多张图。而按照 2.4.1 节中的规划，在一篇 8～10 页的文字版报告中，描述性分析至多可以分配 3～4 页。显然，分析师在描述性分析部分完成的全部工作量超过这个篇幅太多，所以一定要对素材进行筛选。筛选的原则是：要事优先，有表现力的展示方式优先。

所谓的"要事"，是指与分析目标相关的内容。例如，分析目标是想看某个关键的指标会受什么因素影响（如性别差异得分受哪些因素的影响、销售收入受哪些商品技术参数和营销组合变量的影响等），"要事"就是呈现各种可能的因素与这个关键指标之间的关系，其中关系明显的因素还要优先于关系不明显的因素。对越是重要的影响因素，分析师越要给出足够的篇幅和丰富的图文，并且尽量在最明显的位置将其展现出来。

按照"表现力"来对展示方式排序，一般是图形优于表格，表格优于文字。当然这个排序的前提是图形、表格都经过合理的设计，能够帮助报告阅读者便捷地获取丰富的信息。这就要求分析师根据数据特征和分析目标恰当地设计指标和匹配图表工具，这也是本章花费大量篇幅讲解常用数据图表特征及其应用方法的原因所在。而且，图表的表现力优于文字也不意味着要一味地大量使用图表。相反，报告在使用图表的数量上要非常克制：如果不加入也不会影响思路阐述，就不加入，只有不加入推导过程就会出现逻辑断裂才加入。

在这个步骤中，分析师要做到按照逻辑线规划好文字和图表的排布；确保加入的每一张图表都既简洁易懂又包含丰富的信息，和相关的说明文字配合，可以帮助报告阅读者尽量快速地领会完整的推导过程并最终得到结论。

3. 在文字陈述部分注意做好必要而充分的过渡、总结和说明

前两个步骤都反复提到了要锁定分析目标、突出逻辑主线。要做到这一点，除了整理好思路，选取好有力的图表证据之外，还要做好文字说明。对演示版本和文字版本的报告来说，好的文字说明写作方式略有不同。演示版本的报告主要应用于汇报时的屏幕展示，可以使用提纲或列表的方式陈列主要结论或推导步骤，同时将每一页的文字尽量控制在百字之内，让报告阅读者一眼扫过即可把握重点内容。否则,容易将他们的注意力从聆听报告人的陈述转向阅读文字内容。

文字版本的报告主要的使用场景以自行阅读为主,没有讲解和现场互动提供额外信息,所以必须将思路中的"起、承、转、合"都陈述得足够清晰、易懂,对写作者的书面表达能力要求更高。要做到这一点,除了做到前面两点所提到的厘清主线、严格筛选素材之外,还要特别注意设置好必要的过渡和总结。过渡文字一般在段首或段尾出现,提示报告阅读者思路又向前推进了一步。总结文字一般出现在一个部分开头或结尾的位置,开头部分的总结文字提示报告阅读者接下来将看到哪些内容、为什么按照这个方式来展开思路;结尾部分的总结文字一般要提示报告阅读者这一部分的重要结论。尤其是在整个部分内容较多时,做好过渡和总结更加有必要。

4. 按照报告阅读者的接受能力组织语言

无论是演示版报告还是文字版报告,都要尽量做到深入浅出、简明易懂。"易懂"的标准是根据"报告阅读者"的数据素养划定的。如果报告是用于与其他分析师或数据相关其他岗位的同事做沟通,那么可以直接使用一些数据科学领域的专业术语,以及相对复杂的指标、图形等;但要注意报告中提及的一些比较专业的业务术语或商业知识是否在某些报告阅读者的知识范围之外,是否需要做出解释。但更多的情况是报告阅读者是非数据相关岗位的业务人员或背景更为庞杂的社会公众,这类报告阅读者大部分没有接受过专门的数据训练。在这类场景下要优先使用更贴近业务、更大众化的表达方式,必须使用比较专业的词汇、指标或图表等专业工具时要注意做好必要的说明。

总体来说,数据分析报告也是一种应用文体,它在逻辑推演与文字表达上的要求也要符合应用文的一般标准。读者可以将它作为一种富含数据素材的议论文+说明文来写作。整理好论点、论据、论证,按照报告阅读者的知识背景和接受能力来选取素材、安排详略和做好必要的说明,写好数据分析报告并不困难。

除了"内容"组织得当外,一份优秀的数据分析报告的"形式"也必须是合格的,不能给内容"拖后腿"。形式很重要的原因之一在于,对于一些非数据科学专业的报告阅读者来说,形式会是他们评价分析师专业性和成果可靠性最重要的,甚至唯一的标准。为了赢得他们的认可和合作,报告的形式必须整洁美观,符合中文文本的书写规范。读者可以按照如下的自检清单来进行检查。

(1)不要出现错别字、多字、漏字、病句;尽量使用规范用语,慎用网络词语和过于口语化的表达方式。

(2)避免冗长的句子,尝试将一句话中的逗号和句号控制在 3 个以内;标点符号使用符合规范。

(3)段落切分长度适中,每段表达一个意思,段落间有适度的过渡性文字串联。

(4)善用章节、小标题和列表来凸显逻辑结构,尤其是并列和从属关系。

(5)排版符合中文文档的基本格式规范,如段首缩进两个汉字;全文在字体、字号、缩进、行距等方面尽量保持统一。

（6）引用图表要注意选型恰当，符合规范，简洁易懂，格式美观；全文图表风格保持一致。

（7）图形全文统一编号并加注标题，编号和标题一般位于图形下方；表格全文统一编号并加注标题，编号和标题一般位于表格上方。尽量避免图表及其标题跨页。

（8）报告中展示的图表在文字中必须有所引用，引用图表时应说明其编号。图表应放置在首次提及它们的文字附近；一个章节的起始部分应安排文字，不可直接放置图表。

（9）图表中的文字、数字标签等元素，字号大小与正文不要相差悬殊，应保证其中所有元素都能清晰阅读。

（10）图表和文字中涉及的变量名称和分类标签，尽量使用具有明确业务意义的中文，避免使用不规范的简写、编码、英文原始变量名。

（11）图形配色要考虑所有可能的应用场景（如黑白/彩色打印稿、各类电子显示屏、投影仪等），慎用相近的浅色或深色，以避免因设备偏色等原因导致在某些场景下颜色发生混淆。

习题

1．探索数据特征要做哪些方面的工作？为什么探索数据特征的工作对于数据分析具有重要意义？

2．数据的"集中趋势"和"离中趋势"分别是什么意思？可以通过哪些指标来描述数据的这两种特征？

3．时点数和时期数的含义是什么？两者有什么区别？

4．定类数据、定序数据、定距数据、定比数据的含义分别是什么？有何区别？如何描述这几类数据的基本特征？

5．常见的数据分析目标有哪4类？为每一类分析目标列举一个典型的应用场景，并明确每个场景的分析目标、所使用的数据、要匹配的图形工具。

6．在 Excel 中可以通过哪几种形式对图形整体或其中某些元素进行编辑？

7．提出一个与本章案例相似，具有重要的社会或经济意义，但大众对其观点有大量分歧和疑义的问题。定义这个问题，描述它的重要意义，简要描述相关利益群体的不同观点。提示：宏观、中观、微观领域都有很多这样重要而复杂的问题，以下例子供读者参考。

（1）宏观：性别差异就是一个典型的宏观层面的问题。类似地，可从全球各国经济实力的对比、人口和重要资源的分布与分配、各国或各产业实力对比等经济发展均衡度等方面寻找类似问题。

（2）中观：企业经营都面临竞争，了解竞品及行业竞争格局就是一个常见而关系广泛的典型商业问题。资本寻找投资和收购对象，需要对同类标的企业有深入了解，也是寻找中观层面复杂问题的好视角。个人选择工作，需要综合考量一个岗位的发展前景，也需要对能够提供对应职位的行业和企业有所了解。

（3）微观：企业的日常工作中存在大量此类问题。例如，如何评价一个员工的绩效和发展潜力、如何评价一个项目完成的好坏等。年轻人在经常面临的择业、择偶、择友问题上也经常接收来自多方的不同意见，需要综合所有的意见，根据自己的目标和所处的环境做出决策。

8. 绘制图 4.48 中最终样式的气泡图，并在图中添加图 4.53 所示的辅助线。

9. 基于本章案例数据，完成如下操作。

（1）从 gggr.csv 文件中筛选 2017 年所有参评国家/地区的性别差异得分。

（2）使用 VLOOKUP 函数从 country.csv 文件中补充各国家/地区的主要宗教。

（3）绘制类似图 4.59 所示的分组箱形图。

（4）基于图形解读主要宗教与性别差异得分之间的关系。

10.（选做）通过搜索等方式寻找数据图形规范美观的数据分析报告，使用图 4.26 和图 4.35 中的数据，参照其图形配色在 Excel 中制作柱形图和折线图，将图形保存为柱形图和折线图的制图模板，并调用模板重新作图。

实践练习

使用本章案例数据，按照 4.4 节的步骤和自检清单要求，写作一份描述性分析报告，要求如下。

1. 在分析中可使用 gggr.csv 文件中全球和各参评国家/地区历年的性别差异得分、分项得分，以及 country.csv 文件中的所有国家/地区属性数据。

2. 分析内容包括但不限于以下几点。

（1）全球性别差异的基本现状，各国家/地区性别差异的基本现状；全球和各国家/地区在 4 个分项上的表现有何不同？

（2）这些不同可能与哪些因素有关？

（3）在性别差异得分或某个分项得分上，哪些国家/地区的表现有所进步，哪些国家/地区的表现停滞或退步？

3. 结合分析目标引用图表，图表与分析目标匹配，符合规范要求，格式美观统一。对于每张图表，描述其中的数据特征，并解释数据特征的业务意义。

4. 宋体，小四号字，1.5 倍行距，标准页边距，篇幅为 3～4 页。

第 **5** 章 建立回归模型

学习目标

1. 理解回归模型的基本思路和理论框架，能够识别回归模型适用的典型业务场景；
2. 理解回归模型的 3 要素，以及线性回归和逻辑回归的基础理论知识；
3. 掌握使用 Excel 建立和检验线性回归模型和逻辑回归模型的方法；
4. 掌握解读线性回归模型和逻辑回归模型的结果，以及基于模型做出业务改进建议的方法；
5. 掌握数据分析报告模型分析与解读部分的写作方法。

5.1 回归模型的重要意义

与第 4 章一样，本章讲解的内容也属于 1.2 节中图 1.2 所示的"商务数据分析的主要工作流程"中的第 3 个步骤"实践数据解决方案"。实践数据解决方案最常用的工具除了第 4 章介绍的探索性分析方法外，还会用到各种模型。在实践中最常用的模型之一是回归模型，它包含多个分支，其中最常用的是**多元线性回归模型**和**逻辑回归模型**。本章主要讲解这两个模型的适用场景、思路框架、在 Excel 中的实现方法和对模型结果的解读应用。

5-1 数据模型

回归模型是一种重要的有监督学习方法，其中蕴含着非常重要和普适的数据分析的基本思路，而且相对易于理解和掌握。掌握好回归分析中的代表性方法不但能够帮助分析师掌握具体的模型工具，还能够为理解其他有监督学习方法打下良好的基础。回归模型之所以具备这样的重要性，在于它能够衡量各种影响因素与关键指标之间相关性的大小，而且计算相对简便，结果也具备很好的可解读性。在适用于回归模型的场景和问题中，可以抽象出 3 类要素。

1．一个可以量化的关键业务要素

每个令人困扰的业务场景都有一个待解决的关键问题。例如，与销售相关的场景大多关心

业绩如何提升，与客户运营相关的场景大多关心各种营销活动的性价比，金融产品的审批场景中则关心潜在客户的违规风险。只要这些场景中的关键问题可以被规范为一个数据指标，并且这个指标可以获得，以回归模型来解决这个问题的第一个条件就具备了。这个从关键问题中抽象出来的数据指标就是回归模型中的"**因变量**"，通常以字母 Y 表示。

2．若干可以量化的、可能对关键业务要素有影响的其他要素

关键业务要素及其指标刻画的通常是业务工作的结果，这个结果既会受到工作过程中各种相关操作的影响，也会受到操作对象基本属性的影响。例如，在一个希望通过营销活动来刺激客户复购的场景里，关键的业务要素是客户是否真的会复购，这个结果既可能受到刺激手段的影响（如优惠信息是否及时送达、优惠活动的力度、活动涉及的产品或服务的特征等），也可能受到客户本身特征的影响（如客户是否对价格敏感、客户的购买习惯等）。从这些因素中可以抽象出很多数据指标（如营销中经常用 RFM 模型来刻画客户的购买习惯，可参见 1.1.2 节中的脚注），这些指标是应用回归模型的第二个条件，它们就是模型中的"**自变量**"，通常以字母 X 表示。

3．关键业务要素和其他要素之间存在一定程度的关联

在理解一件事情时，人们经常对于明确因果有非常强烈的愿望。但是在实际场景中，绝大部分情况下因果关系错综复杂、难以衡量和确认，所以人们退而求其次改为研究"相关性"：也就是两个或更多变量的变化之间的关联程度。这种两者或多者同时变化的情况，虽然不能明确是谁引发了谁，但在实际应用中仍然非常有意义，它为人们改进关键指标的探索提供了明确的方向，也为发现甚至预测某些关键指标的变化提供了更明确的抓手。相关性在模型中会具体表现为由回归系数和变量组成的**函数表达式**，通常表达为 $Y=f(X)$。

本章将以一个"知识网红"的案例贯穿，引导读者理解和掌握多元线性回归与逻辑回归这两种常用的回归分析模型。以下先对这个贯穿全章的例子做简单的背景介绍。

📚 案例背景介绍：如何成为"知识网红"

"知识付费"是近年来新兴的互联网分支行业之一。为知识付费并非互联网时代的新生事物，图书、教育自古都是商品；但是在互联网加入之后，这个领域开始涌现大量的创新型产品和服务，可共享的信息范围也在明显扩大。2013 年"罗辑思维"首次招募付费会员是行业进阶的早期标志性事件之一。2016 年，线上知识付费产品累计用户近亿人，这一年因此被称为"知识付费元年"。2018 年，知识付费行业的用户规模达到 2.92 亿人，平均不到 3 个网民中就有一个使用知识付费产品。

知识付费行业的产品形式大致可分为 3 种：第一种是帮助用户快速完成扫盲的过程，常见的听书服务、行业大咖录制的系列课程和在线专栏大多属于此类；第二种是帮助用户成为某个领域的专家，其内容大多也以线上课程的形式呈现，且经常辅以督促学习进度和答疑等教学服务；第三种则是由学员提出自己的问题，专业人士帮助解决，知乎 Live、分答、在行

等都是这个领域的典型产品。前两种产品形式虽然在内容的深度和目标用户群上略有不同，但从内容组织的角度看，都是以某一领域的专业知识体系为核心展开的。不同背景的用户看到的内容都是一样的。第三种产品形式的内容则是针对用户的问题设计的，它的重点不在于系统地掌握和输出某个领域的知识，而是应用某些知识和工具来解决一个具体问题。举例来说，一个无法决定毕业后要从事什么工作的学生更适合第三种服务，向人力资源专家请教"我适合从事什么样的职业"；而当这个学生有了明确的职业发展目标之后，会更需要通过前两种服务来拓展知识面、提升专业技能，为自己积累更多的专业知识和获得更多的能力。

第三类知识付费服务在内容上的特殊性极大地拓展了可提供这类服务的人员的范围：这类专家不需要成为行业大咖或网络红人，也不需要能够系统地掌握和输出一个完整的学科知识体系，只要能够解决某一类典型问题，就有机会成为某个领域受欢迎的专家。这意味着术业有专攻，并且沟通表达能力过关的人，都可以通过提供这种类型的服务来分享知识付费行业的发展红利。不过入行门槛降低是把双刃剑，它的另一面就是竞争对手变多。因此，进入第三类知识付费领域的专业人士更加需要找到能够让自己在同类竞争者中脱颖而出的自我营销方法。

本章的案例将以第三类知识付费服务中典型的"在行"平台的数据为例，尝试通过回归模型来解决两个问题：在众多的竞争者中，什么样的人有可能成为"知识网红"，以及"知识网红"的受欢迎程度受到哪些因素的影响。前者是一个比较典型的分类问题，适用于逻辑回归模型；后者关心某个事物可以达到什么水平，是一个比较典型的适用于多元线性回归的问题。按照解决业务问题的顺序，应该先探讨第一个问题，再探讨第二个问题。但是从理解和学习专业内容的角度，本章先讲解多元线性回归相关的内容，再讲解逻辑回归相关的内容。请读者注意学习和应用场景中这个顺序上的明显不同。

两个模型分析输出的结果既可以为服务提供方提供自我包装和产品设计的建议，帮助他们将自己的知识、经验、感悟、能力转化为收入、影响力和成就感，也可以为用户从众多的候选专家中选择适合的咨询对象提供参考。

5.2　Excel 建模工具准备：数据分析工具库及 RegressIt 插件

"工欲善其事，必先利其器"，要想在 Excel 中建立多元线性回归模型和逻辑回归模型，需要先准备好**数据分析工具库**和 **RegressIt 插件**两个工具。

5.2.1　安装数据分析工具库

数据分析工具库是 Excel 的自带功能，具有很多专业数据分析工具的常用功能，如描述性统计、相关系数、概率分布、t 检验、F 检验、z 检验等。不过对于一般的 Excel 使用者而言，数据分析工具库的使用频率很低，所以默认情况下它会被隐藏起来，以减少对内存资源的占用。

在需要使用数据分析工具库时，需要先通过如下操作加载这个功能。

（1）单击功能区的"文件"，Excel 将展开图 5.1（a）所示的菜单，在菜单中单击"选项"，Excel 弹出图 5.2 所示的"Excel 选项"对话框。在部分版本的 Excel 中，单击"文件"后，"选项"被折叠在底部的"更多"选项中，如图 5.1（b）所示。用户需要先单击"更多"选项，再在弹出的子菜单中单击"选项"。

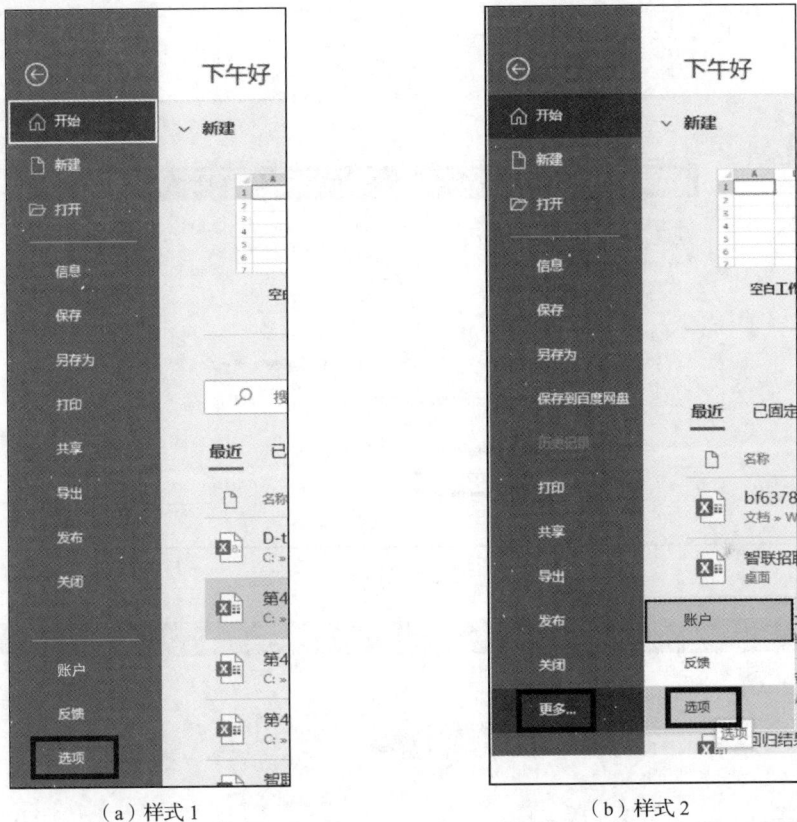

（a）样式 1　　　　　　　　　　（b）样式 2

图 5.1　"选项"在"文件"中的位置

（2）如图 5.2 所示，在"Excel 选项"对话框左侧的列表中单击"加载项"，然后在对话框右侧的"加载项"列表框中单击"分析工具库"，再单击列表框下方的"转到"按钮，Excel 弹出图 5.3 所示的"加载项"对话框。

（3）如图 5.3 所示，在"加载项"对话框中选中"分析工具库"复选框，然后单击"确定"按钮，Excel 的"数据"选项卡中会出现"分析"组。单击组中的"数据分析"按钮可以进行包括建立多元线性回归模型在内的多项数据分析和建模操作，本章后续的内容会对涉及的功能做详细介绍。

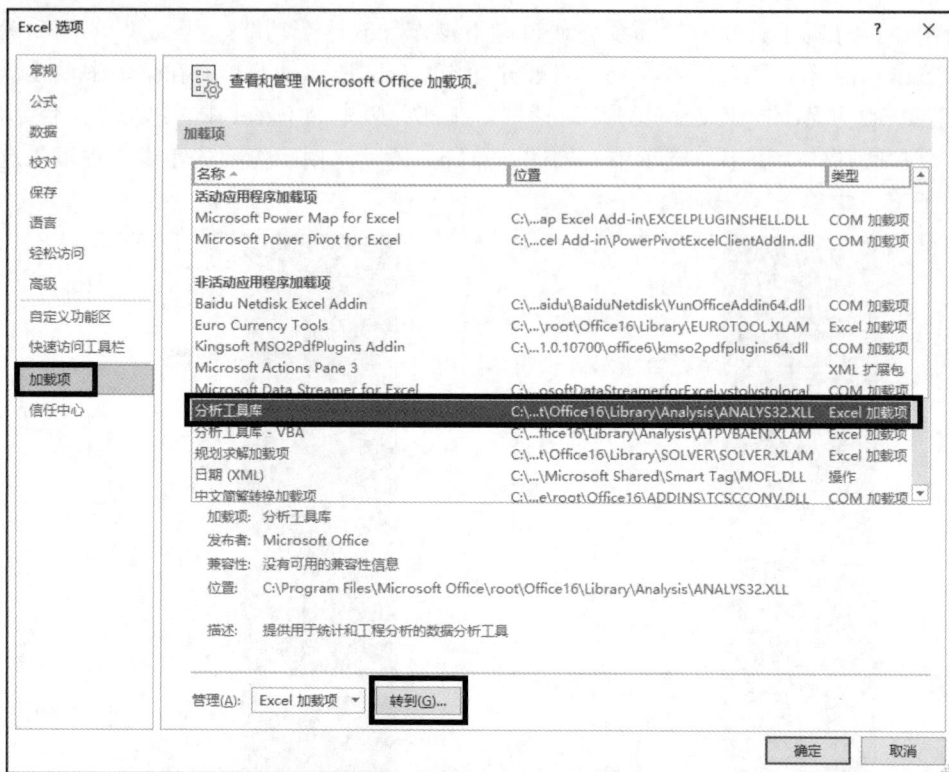

图 5.2 "Excel选项"对话框

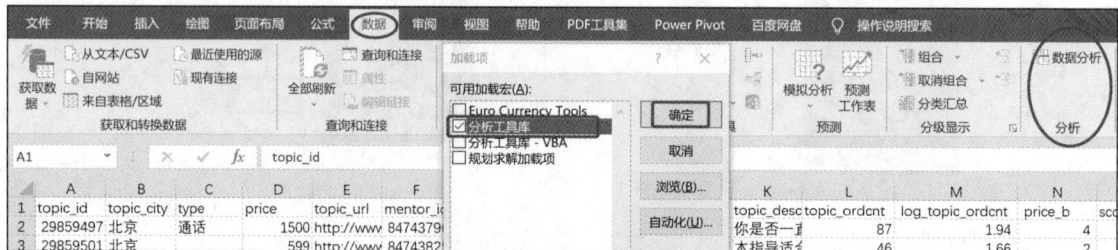

图 5.3 "加载项"对话框

5.2.2　安装和加载 RegressIt 插件

Excel 自带的"分析工具库"还没有将逻辑回归纳入，要建立逻辑回归模型需要加载第三方插件。作为一种普及度非常高的常用办公软件，很多公司和个人基于 Excel 开发第三方插件，其中很多插件都包含一些数据处理和建模相关的功能。例如，XLSTAT、Analyse-it、StatTools、SigmaXL、XLMiner 等功能强大的数据类付费插件都很受用户欢迎。在免费的数据类插件中，Real Statistics 插件和 RegressIt 插件也能提供比较完整的数据分析和建模功能。

Real Statistics 插件由独立研究者 Charles Zaiontz 开发，可在 Windows 和 macOS 两大系统中使用，官网提供比较完整的教学文档。RegressIt 插件由美国杜克大学的 Robert Nau 设计、得克萨斯大学的 John Butler 开发，目的是供工商管理和工程专业学生学习统计预测研究生课程。相比较而言，RegressIt 插件的界面更加友好，输出结果也更加丰富，可以对不同模型进行比较；Real Statistics 插件在处理定性变量、连续变量离散化等实践中常见的问题上灵活性不如 RegressIt 插件。综上，本书将使用 RegressIt 插件完成逻辑回归的建模工作。读者可按照如下步骤安装 RegressIt 插件。

（1）下载安装文件。在官网下载 RegressItLogistic.xlam 文件。

（2）解除运行限制。在计算机中的"我的文档"文件夹下新建一个名为"RegressIt"的文件夹，将下载的文件放入其中。选中该文件夹，单击鼠标右键，在弹出的快捷菜单中单击"属性"，打开"RegressItLogistic.xlam 属性"对话框，如图 5.4 所示。在对话框"常规"选项卡中选中右下角"解除锁定"复选框[①]，然后依次单击对话框底部的"应用""确定"按钮。

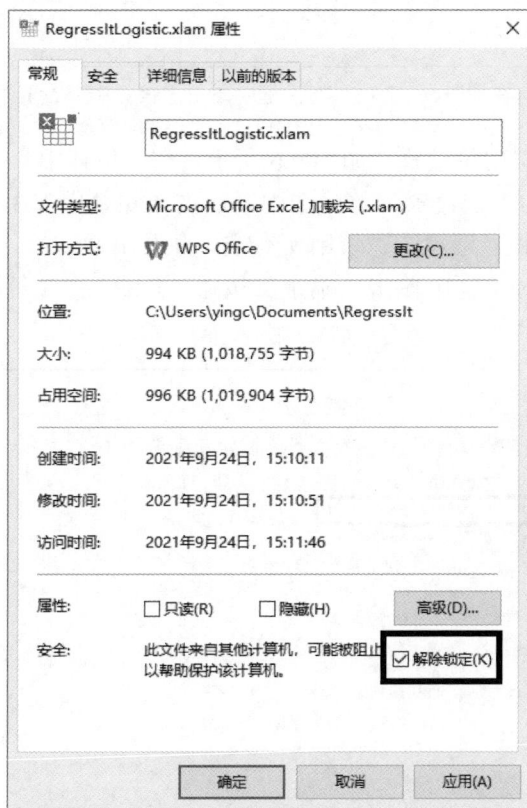

图 5.4　在"RegressItLogistic.xlam 属性"对话框中解除运行限制

---

① Windows 10 默认设置不能运行未认证来源的文件。在该系统下，用户安装这个插件之前要先解除限制才能完成安装。

（3）进入信任中心。打开 Excel，按照图 5.1 的相关说明打开"Excel 选项"对话框。如图 5.5 所示，在对话框左侧列表中单击"信任中心"，然后单击右侧的"信任中心设置"按钮，Excel 弹出"信任中心"对话框，如图 5.6 所示。

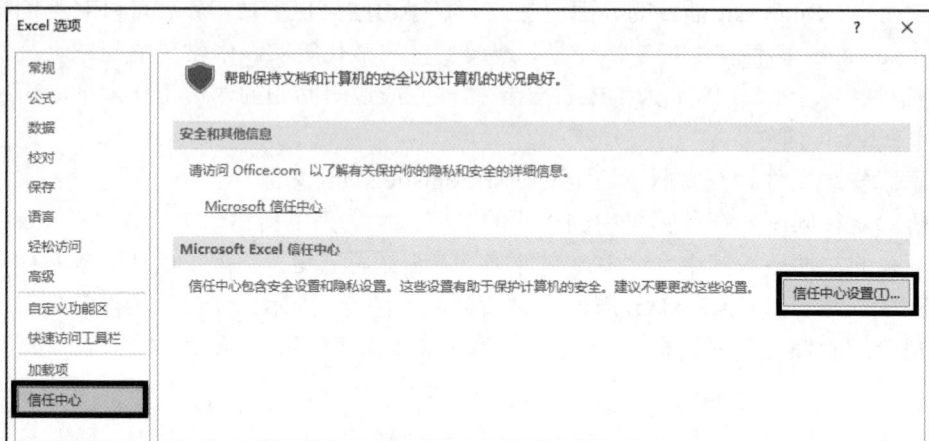

图 5.5　在"Excel 选项"对话框中单击"信任中心设置"按钮

（4）完成 Excel 调用宏相关设置。如图 5.6 所示，在"信任中心"对话框中单击左侧列表中的"宏设置"；在右侧的"宏设置"部分选中"通过通知禁用 VBA 宏"单选按钮（部分版本的 Excel 中无此单选按钮，请单击"禁用所有宏，并发出通知"），然后依次在"信任中心"对话框和"Excel 选项"对话框中单击"确定"按钮。Excel 会在每次运行 VBA 宏之前要求用户选择是否允许使用宏。

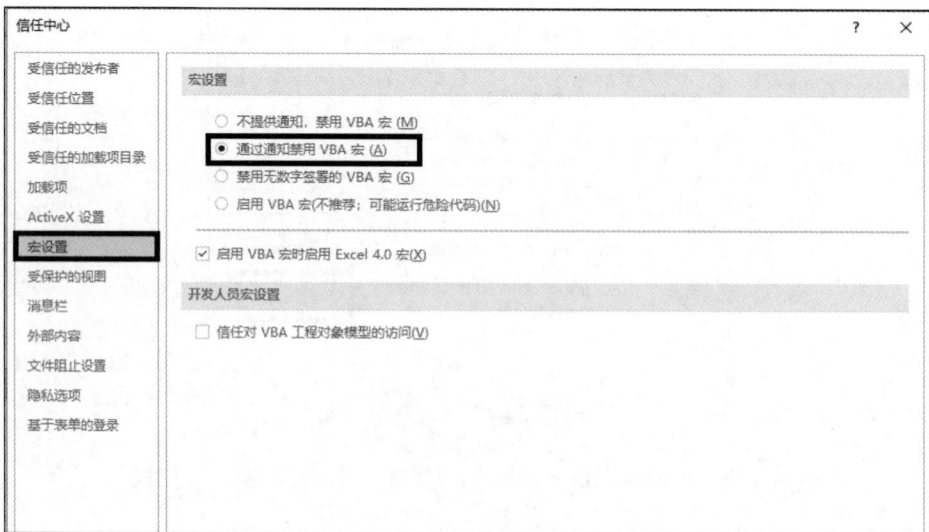

图 5.6　在"信任中心"对话框中进行宏设置

（5）使用插件。打开"RegressIt"文件夹，双击 RegressItLogistic.xlam 文件，Excel 弹出图 5.7 所示的警告对话框，单击"启用宏"按钮，Excel 功能区中会增加图 5.8 所示的"RegressIt"选项卡[①]。

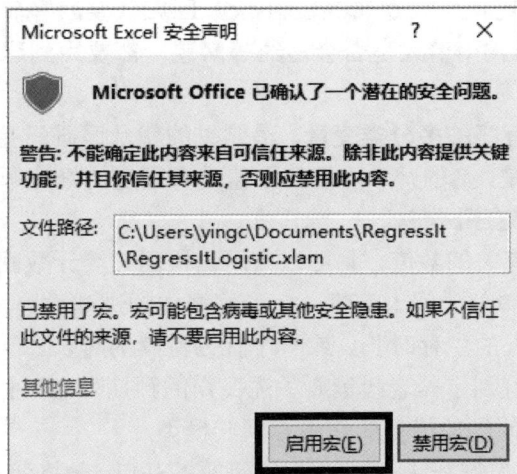

图 5.7　确认启用 RegressIt 插件

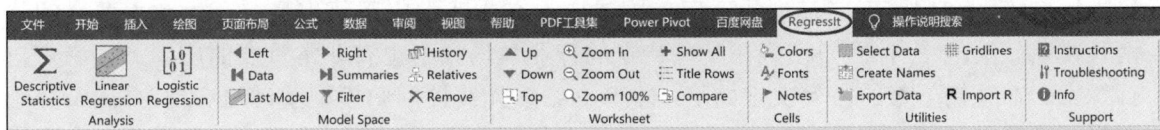

图 5.8　启用 RegressIt 插件后，功能区增加"RegressIt"选项卡

5.3　线性回归模型基础与实践

如前所述，**回归分析**是一种研究因变量 Y 与自变量 X 之间相关关系的统计分析方法。其中**因变量** Y 是我们最关心的问题，在实际应用层面它可能是收入、用户规模、风险大小等对企业或个人而言非常重要的关键性指标。**自变量** X 则是可能会对 Y 有影响的因素，如广告投入可能会影响收入、内容质量可能会影响用户规模，投资标的业绩的稳定性可能会影响投资的风险等。通常，在每次建模的过程中只会有一个 Y，但是可以有很多个 X。例如，一场球赛的输赢（Y）可能会同时受到赛事密度、球员身体素质和专业技能、团队配合、是否主场、对手能力等各种因素（X）的影响。根据因变量 Y 的取值类型不同，有 5 种常用的回归模型。

（1）Y 是**连续型变量**时，常用**线性回归模型**，这也是回归分析中最广为人知和常用的一种。

前面所说的收入、用户规模、风险作为因变量时，都属于这一类。当模型只包含一个自变量时，是一元线性回归模型；当自变量多于一个时，是多元线性回归模型。一元线性回归是多元线性回归的一个特例。

（2）Y 是二分类变量时，常用**逻辑（Logistic）回归**。要回答前面举例的球赛输赢，以及药物是否有效、信用卡/贷款申请人是否会违约等问题，都要用到这一类方法。逻辑回归也是实际中常用的方法。

（3）Y 也可能是一个**有序的多分类变量**，最常见的就是调研问卷中看到的满意度、学生的成绩等级等。它们的特点是，Y 的几个可能的取值是有固定的好坏顺序的，如满意>中性>不满意。解决这类问题要用到**定序回归**。

（4）Y 如果是**与次数有关的数值**，则可以使用泊松回归等**计数回归模型**。如用户每月登录电商网站的次数、景点的单位时间人流量、一场比赛中的进球数等，都适合使用计数回归。

（5）Y 还可能是一个人的**生存时长**，或一个行为**持续的时长**。例如，医学研究关心患某种疾病的人的存活时间、政府制定养老政策要关注民众的预期寿命、企业进行人才管理会关心员工何时离职。解决这一类问题的模型叫作**生存回归模型**。

决定回归分析成败的关键在于在明确业务问题的基础上，将业务问题合理地抽象为数据分析问题，然后根据核心指标因变量 Y 的特点，选择恰当的模型。鉴于 5 种回归模型中，线性回归模型和逻辑回归模型的适用范围最广，在实践中应用得也最多，本章主要介绍这两种模型。其他 3 种回归模型在某些特定的行业与场景中也有非常重要的应用，读者可自行探索。本章接下来的内容安排如下：本节介绍多元线性回归模型基础与实现，5.4 节介绍逻辑回归模型基础与实现，5.5 节介绍在数据分析报告中展示建立模型、解读模型和应用模型结果的过程。

5.3.1 线性回归模型基础

线性回归是研究连续型因变量与一个或多个自变量之间定量关系的一种统计分析方法。这个定义包含如下几个要点。

第一，因变量 Y 是**连续型变量**。所谓连续，是指数值是连续不断的，相邻两个数值可无限分割，即可取无限个数值。如果严格按照这个定义来看，很多实际的数据都不能算作连续型变量。例如，以人民币为计量单位的收入最小单位是分，用户数量、文章的阅读量、直播间的打赏人数、微博的转发量等指标只能取正整数，这些指标再继续细分下去都不具备实际意义。但是在实际场景中应用回归模型进行数据分析时，人们往往会在"连续"这个点上做一些妥协。只要因变量能够同时满足下面的 3 个条件，就可被视为连续型变量。按照这个标准，前面列举的几个实际场景中的指标都可以成为线性回归模型的因变量。

（1）数值变化丰富，无法枚举变量所有可能的取值。

（2）不同取值之间可以比较大小。

（3）不同取值之间的大小差异可以比较。

第二，自变量 X 可以有一个，也可以有多个。通常如果能找到更多代表事物不同侧面的 X，模型对于 Y 的变化的解释能力会更强。但是增加 X 的数量也并不总能带来好处，一种典型的情况是：几个 X 之间可能也会互相影响。例如，球队如果想要邀请一位球员加入，需要先计算为其开出多少薪资（Y）是合理的。有可能影响这个 Y 的 X 包括球员的年龄、体能指标、技术指标、之前的薪酬水平等。其中，年龄在一定程度上对球员的体能、技术水平都会有影响。当 X 之间的这种相关性很高时，模型给出的数量关系可能会非常不稳定，基于其做出的估计和预测也就没那么可信。所以在建立和使用模型的过程中，通常要在广泛收集自变量的基础上，对收集到的自变量进行**变量选择**，在模型的有效性和解释能力之间找到平衡。

以下仅对线性回归模型的基础知识做简单介绍，微课 5-2～微课 5-8 将详细讲解建立模型、变量选择和模型检验等相关的内容。

1. 线性回归的基础形式

一个包含**因变量** Y 和 p **个自变量** $X_1, X_2, \cdots, X_p$ 的线性回归模型的基础形式如公式（1）所示。

$$Y = \beta_0 + \beta_1 X_1 + \beta_2 X_2 + \cdots + \beta_p X_p + \varepsilon \tag{1}$$

模型中的 $\beta_0, \beta_1, \beta_2, \cdots, \beta_p$ 称为**回归系数**。其中 $\beta_1, \beta_2, \cdots, \beta_p$ 代表每个自变量与因变量 Y 之间的数量关系：$\beta_i (i = 1, 2, \cdots, p)$ 如果是正数，则表示自变量 $X_i (i = 1, 2, \cdots, p)$ 和因变量 Y 同方向变化，否则自变量 X_i 和因变量 Y 反方向变化；$|\beta_i|$ 越大，自变量 X_i 和因变量 Y 之间的关系越强。β_0 是模型的截距项，它表示当所有自变量都取值为 0 时，因变量的大小。假设有一个商家希望通过投放广告来提升销售额，Y 是销售额，$X_1, X_2, \cdots, X_p$ 是投入各渠道的广告费，它们对应的回归系数越大，说明这个渠道对于提升销售的刺激作用越好；即使商家未投放任何广告，产品也仍然能够售出，这个销量就是 β_0。

ε 称为模型的**误差项**。它表示所有对于因变量 Y 有影响力，但是没有加入模型的自变量的综合影响。以上一段的例子来说，销售额 Y 除了会受到商家自己广告投放的影响，还会受到竞争对手广告投放、行业的周期波动、市场竞争环境和政策环境、超出我们认知范围的一些事件等各种因素的影响。但这些因素可能难以量化（如行业监管政策的变更），或者不容易获得相关的数据（如竞争对手的广告支出），所以没有被纳入模型。然而它们对于因变量 Y 的影响仍然真实存在，我们把所有类似因素的影响都归结为误差项 ε。建立和优化模型的过程，就是尽量扩大因变量变化中已知和可量化的部分，减少人们无法理解的误差项 ε 的比例。

为了便于理解，读者可以借助 Excel 中"数据表"的样式来理解因变量与自变量的概念。因变量 Y 就是数据表中的一列；每个自变量 X_i 也各自是数据表中的一列；误差项 ε 本来也对应一列数据，但它的真实值是不知道的，所以数据表中没有它。数据表中的每一列都包含 n 行，

n 叫作**样本量**。建立线性回归模型，n 最好远大于 p。在应用中这个条件经常是可以满足的，但有时候也会遇到 p 比 n 大的情况。例如，人类基因组计划在最开始的阶段，每完成一个人的基因测序（一个样本，也就是数据表中的一行）都需要很长的时间，但是得到的基因数量要以万计量（变量数 P，也就是数据表中自变量占据的列数）。这是一个比较极端的例子，但在应用中确实经常会遇到获取样本的边际成本不可忽略，同时影响因素众多的情况。考虑到成本的因素，以及 n 与 p 之间大小关系的要求，如果我们打算使用线性回归模型来解决问题，就不能单纯靠在模型中不断增加变量来提升效果。正确的做法是，将最有影响力的自变量优先加入模型。后面将在**变量选择**的部分继续讨论这个问题。

2. 线性回归模型的基本假设

线性回归模型的所有理论都建立在一组假设条件的基础上。虽然实际场景中的数据未必能够满足所有的理论假设条件，但建模者仍应尽量通过各种方法使实际情况贴近假设，以提高模型在实践中的可靠性和实用性。以下是对这些假设条件的简单描述。

（1）线性回归模型假设因变量和自变量之间存在**线性相关**关系。所谓线性相关关系，通俗地说，就是因变量可以表示为自变量的线性组合，也就是一组自变量与各自对应的回归系数分别相乘后再相加。

（2）每个自变量 X 都是非随机变量，与误差项 ε 不相关，自变量彼此之间也没有高度相关关系。

（3）误差项 ε 是随机变量，各样本的误差项彼此相互独立，且都服从同一个均值为 0 的正态分布。

其中，第（2）个、第（3）个假设都涉及误差项 ε，需要在建立模型之后根据计算结果进行检验，留待模型检验相关的部分再详细讨论。以下仅就第（1）个假设稍作展开。图 5.9 通过散点图展示了 3 个自变量和因变量 Y 之间的关系：图 5.9（a）中的点都排列在一条直线附近，自变量 X_1 和因变量 Y 之间是线性相关的；图 5.9（b）中的点则排列在一条二次曲线周围，自变量 X_2 与因变量 Y 之间也是"相关"的，但不是"线性相关"的，而是"非线性相关"的；图 5.9（c）中的点排列看不出规律，自变量 X_3 与因变量 Y 之间不存在相关性。

如果自变量与因变量的关系类似图 5.9（a）所示的情况，则这个自变量可以直接加入模型。如果自变量与因变量的关系类似图 5.9（b）所示的情况，则自变量对因变量具有一定的影响，我们可以先根据两者之间的关系对自变量做相应的变换，把非线性关系转化为线性关系。例如，图 5.9（b）所示的非线性相关关系就可以通过一个二次变换 $(X_2-10)^2$ 转化成线性相关。图 5.10 展示了自变量 X_2 在进行二次变换前后与因变量 Y 之间相关关系的变化。如果自变量与因变量的关系类似图 5.9（c）所示的情况，则自变量对因变量的影响非常有限，可以直接舍弃。

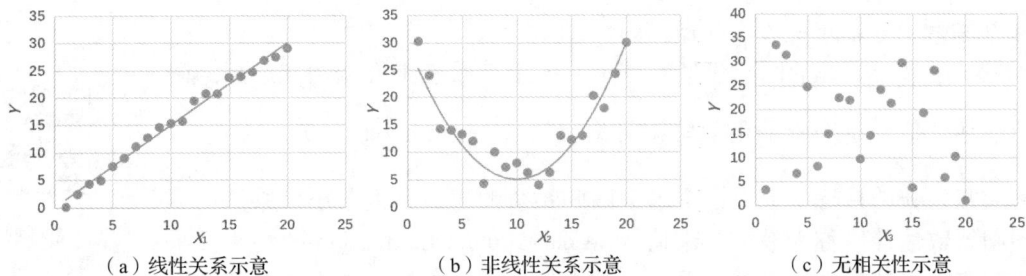

（a）线性关系示意　　　　（b）非线性关系示意　　　　（c）无相关性示意

图 5.9　线性与非线性关系示意

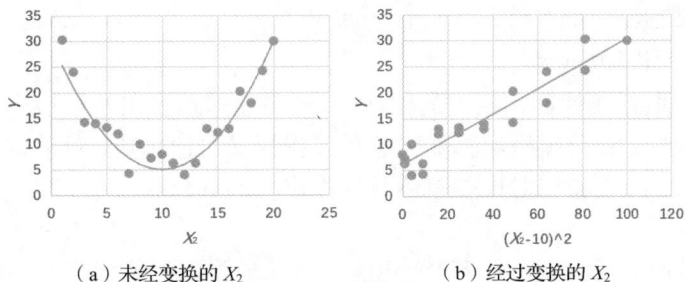

（a）未经变换的 X_2　　　　　　（b）经过变换的 X_2

图 5.10　变量变换：从非线性相关向线性相关的转化

3．线性回归的参数估计

根据公式（1）所示的回归模型基本形式，因变量 Y 和 p 个自变量 $X_1, X_2, \cdots, X_p$ 都是已知的，回归系数 $\beta_0, \beta_1, \beta_2, \cdots, \beta_p$ 和误差项 ε 是未知的。建立回归模型的主要任务是通过已知的因变量和自变量，将未知的回归系数和误差项估计出来。这就涉及一个问题：如何评价估计结果的好坏？如果没有这个标准，则建模者甚至可以完全不顾自变量和因变量，随机生成一些数字作为回归系数，这显然不是数据分析人员想要的结果。

直观地看，"好的"估计应当使根据这个估计得到的因变量的估计值和因变量的真实值尽可能一致。以 $\hat{\beta}_0, \hat{\beta}_1, \hat{\beta}_2, \cdots, \hat{\beta}_p$ 表示对模型回归系数的一组估计值，通过公式（2）可以得到这一估计下因变量的估计值 $\hat{Y}$。得到因变量的估计值 $\hat{Y}$ 后，再通过公式（3）计算得到误差项 ε 的估计值 $\hat{\varepsilon}$，也称残差。

$$\hat{Y} = \hat{\beta}_0 + \hat{\beta}_1 X_1 + \hat{\beta}_2 X_2 + \cdots + \hat{\beta}_p X_p \tag{2}$$

$$\hat{\varepsilon} = Y - \hat{Y} \tag{3}$$

"好的"回归模型，因变量的估计值 $\hat{Y}$ 和真实值 Y 非常接近，所以残差 $\hat{\varepsilon}$ 会非常小。当然，由于建模中用到了 n 个样本数据，所以残差很小的要求并不是针对某个样本，而是针对 n 个样本数据。为此，需要对 n 个样本数据对应的 n 个残差进行某种形式的加总，经典的线性回归模型选取了残差平方和 $\sum_{i=1}^{n}(Y_i - \hat{Y}_i)^2$ 作为衡量指标：求和的操作兼顾了所有样本的情况；求和前取平方可以避免残差之间正负相互抵消。

于是，建立一个好的回归模型就是求解一组使残差平方和达到最小的回归系数的估计值，这个标准用数学符号来表达就是 $\min_{\hat{\beta}}\left[\sum_{i=1}^{n}(Y_i-\hat{Y}_i)^2\right]$，这就是求解回归系数的**目标函数**；这个求解回归系数的思路称为**最小二乘法**，得到的回归系数估计值称为**最小二乘估计**（Least Square Estimation）。最小二乘法的优势在于求解方便，只需对目标函数求偏导即可求解；缺点是对残差取平方的操作会放大异常值对模型的影响。为此，在建模时，如果有特别突出的异常值，则可以考虑将其剔除，在模型检验的部分将对此进一步讨论。

5-2　线性回归模型的最小二乘估计

4．线性回归的评价和检验

通过最小二乘法取得线性回归模型的估计后，还需要对估计出的模型进行一些评价和检验才能应用它来解决问题。评价模型解释能力的重要指标是可决系数，对模型的检验包括对单个回归系数估计值进行的 t 检验和对模型整体有效性进行的 F 检验。

（1）可决系数

可决系数 R^2 是评价模型解释因变量变化能力（即模型的拟合优度）的重要指标，通常可以通过公式（4）中的两种形式来计算，其中 $\overline{Y}=\dfrac{1}{n}\sum_{i=1}^{n}Y_i$，是因变量的平均数。公式中的分母部分 $\sum_{i=1}^{n}(Y_i-\overline{Y})^2$ 衡量因变量围绕其中心变动的大小，是因变量包含的全部变化，称为总平方和（Sum of Square for Total，SST）。分子部分 $\sum_{i=1}^{n}(\hat{Y}_i-\overline{Y})^2$ 衡量线性回归模型给出的因变量估计值围绕因变量中心变动的大小，代表线性回归模型对因变量 Y 变化的解释，称为回归平方和（Sum of Square for Regression，SSR）。分子部分 $\sum_{i=1}^{n}(\hat{Y}_i-Y)^2$ 衡量的是模型估计值与实际值的差别大小，是因变量 Y 的变化中无法通过回归模型来解释的部分，称为残差平方和（Sum of Square for Error，SSE）。

$$R^2=\frac{\mathrm{SSR}}{\mathrm{SST}}=\frac{\sum_{i=1}^{n}(\hat{Y}_i-\overline{Y})^2}{\sum_{i=1}^{n}(Y_i-\overline{Y})^2}$$

$$=1-\frac{\mathrm{SSE}}{\mathrm{SST}}=1-\frac{\sum_{i=1}^{n}(\hat{Y}_i-Y)^2}{\sum_{i=1}^{n}(Y_i-\overline{Y})^2}$$

（4）

SSR 与 SSE 分别代表因变量全部变动 SST 中可以被模型解释的部分和不可被模型解释的

部分，即 SSR+SSE=SST。据此，可决系数的取值范围为[0,1]。如果一个模型估计得好，SSR 与 SST 会更接近，SSE 就会更小，从而可决系数更接近于 1；否则 SSE 会比较大，可决系数更接近于 0。

（2）F 检验和 t 检验

在使用一个回归模型进行估计和预测时，我们除了希望它对因变量的变动具有良好的解释能力外，也希望模型本身是非常可靠的，为此要对它进行检验。公式（1）表达的模型中隐含了一个假设，模型中各自变量的回归系数 $\beta_1, \beta_2, \cdots, \beta_p$ 中的任何一个都不是零。如果这个假设不成立：回归系数中的任何一个为零，则对应的自变量对于解释因变量的变化没有贡献，不应加入模型；如果所有回归系数都为零，则模型中所有自变量对于解释因变量的变化都没有贡献，整个模型也就不成立。所以，对线性回归模型的检验一般分两步进行。第一步是通过 F 检验来验证模型整体是否成立，即 $\beta_1, \beta_2, \cdots, \beta_p$ 是否全体为零。检验的零假设和备择假设如下。

5-3 线性回归模型的假设检验

$$H_0: \beta_1 = \beta_2 = \cdots = \beta_p = 0$$
$$H_1: \beta_1, \beta_2, \cdots, \beta_p 中至少一个不为0$$

检验时使用的统计量如公式（5）所示，它服从 F 分布，这就是 F 检验名字的来源。这个统计量仍然是通过对比模型可以解释的部分与模型不能解释的部分来进行评价的。模型能解释的部分相对于不能解释的部分越多，也就是 F 值越大，说明这个模型越不可能全部回归系数都为零，原假设越不可能成立；反之，原假设越有可能成立。读者可以通过查阅 F 分布表来判断原假设是否成立，数据建模软件一般会直接给出 F 检验的结果。

$$F = \frac{\text{SSR} / p}{\text{SSE} / (n - p - 1)} \qquad (5)$$

如果模型没有通过 F 检验，也就是不能拒绝所有回归系数都是零的原假设，这个模型从根本上就不成立。如果通过了这一步的检验，也就是拒绝了原假设，选择了备择假设，则 p 个回归系数中至少有一个不为零，这就需要继续进行第二步检验：通过 t 检验来逐一验证 $\beta_1, \beta_2, \cdots, \beta_p$ 中的每一个是否为零。这些检验的零假设和备择假设可以统一写作：

$$H_0: \beta_j = 0$$
$$H_1: \beta_j \neq 0 \qquad j \in (0, 1, 2, \cdots, p)$$

检验时使用的统计量如公式（6）所示，它服从 t 分布，所以称为 t 检验。这个统计量的分母 $\text{SE}(\hat{\beta}_j)$ 是回归系数估计值 $\hat{\beta}_j$ 的标准误。所谓标准误，是指统计量（这里是 $\hat{\beta}_j$）抽样分布的标准差。读者可以把标准误看作一把衡量估计量精度的尺子。举例来说：如果一个物体的长度为 120 毫米，那么用一把最小刻度为 1 毫米的尺子来测量它，得到的结果是比较可靠的；但是如果物体的长度只有 2.5 毫米，这把尺子得到的结果就不那么可靠了。回归系数估计值的标准误的作用就类似于这个例子中尺子的最小刻度，估计值类似于以这把尺子测量得到的物体长度。公式（6）中 t 值的含义就是测量值相对于"尺子最小刻度"的倍数。这个倍数越大，测量的精度越高，回归系数的估计值就越可靠，原假设越不可能成立，也就越有可能接受备择假设，认为估计量不为零。

$$t = \frac{\hat{\beta}_j}{\mathrm{SE}(\hat{\beta}_j)} \tag{6}$$

读者可以查阅 t 分布表来判断原假设是否成立，数据建模软件一般会直接给出 t 检验的结果。如果模型中的一些回归系数在检验过程中未能拒绝零假设，就要调整模型包含的自变量，重新估计模型并进行相关的估计和评估工作。

在实践中，在建模初始阶段经常会遇到一种典型的情况：模型通过 F 检验，整体有效；但有一部分回归系数未能通过 t 检验。这通常是因为加入模型的某些自变量之间存在共线性问题，即自变量存在一定程度的相关关系，这会使模型估计失真。严重的共线性会导致模型估计结果不稳定，同时模型结果中某些自变量的回归系数可能出现各种异常现象，影响模型在实践中的落地应用。例如，常识中被认为有重大影响的变量未通过 t 检验，或者与因变量正相关的变量被赋予了负的回归系数。在希望探索和了解因素之间彼此影响力的场景中，这样的问题会严重影响人们对模型的认可度和接受度。评估和处理模型的共线性问题可以通过计算各个自变量的方差膨胀因子（Variance Inflation Factor，VIF）来进行。

方差膨胀因子的基本思想是：如果一个自变量能用其他自变量的线性组合很好地表示，则说明该自变量对因变量并没有独特的贡献，因此我们在建模时可以忽略它。可以通过公式（7）计算模型中每个自变量的方差膨胀因子。其中，$R^2_{(-j)}$ 为以第 j 个自变量为因变量，其余自变量为自变量建立的线性回归模型的可决系数。

$$\mathrm{VIF}_j = \frac{1}{1 - R^2_{(-j)}} \tag{7}$$

根据公式（7），可决系数 $R^2_{(-j)}$ 为 0.9 时，其方差膨胀因子 VIF 为 10。此时，自变量之间存在比较严重的共线性，在实践中，我们经常会将方差膨胀因子 VIF=10 作为判断自变量是否存在共线性的阈值。当模型中有多个自变量的方差膨胀因子 VIF 大于 10 时，一般通过两类方法来处理。

第一类方法是根据方差膨胀因子 VIF 对自变量进行筛选。例如，建模后如果发现有自变量对应的方差膨胀因子 VIF 大于 10，则删除方差膨胀因子 VIF 最大的自变量后重新建模；再次计算新模型中各自变量的方差膨胀因子 VIF，按照同样的标准处理，直至模型中所有自变量的方差膨胀因子 VIF 都小于阈值。此外，也可以用 AIC（Akaike Information Criterion）或 BIC（Bayesian Information Criterion）等准则来筛选变量。

5-4 变量选择：AIC 与 BIC

第二类方法是利用主成分分析或因子分析等多元统计的方法，在原有自变量的基础上生成一些新变量。新生成变量要较原有自变量数量更少，能尽可能保留其对因变量的解释能力，彼此之间不存在严重的相关关系。然后基于新自变量建模。上述内容超过本书的范围，不再详细展开介绍，感兴趣的读者可自行拓展。

5. 线性回归的诊断

在使用回归模型时，除了要对模型整体的解释能力和回归系数可靠性做出评估外，还要通过误差项 ε 的估计值 $\hat{\varepsilon}=Y-\hat{Y}$ 检查模型估计结果是否符合线性回归模型对误差项的假设。根据基本假设部分的介绍，线性回归模型对于误差项的主要要求是服从均值为零的同一个正态分布。可以观察残差与因变量的估计值的散点图来了解模型的残差分布是否满足这个假设。基于线性回归模型的基本假设，理想的残差图应该表现为图 5.11（a）所示的"一团乱麻"的样子。但通常残差不会这么"完美"，图 5.11（b）和图 5.11（c）展示了两种非常常见的、不能满足线性回归模型基本假设的残差与估计值之间的关系。

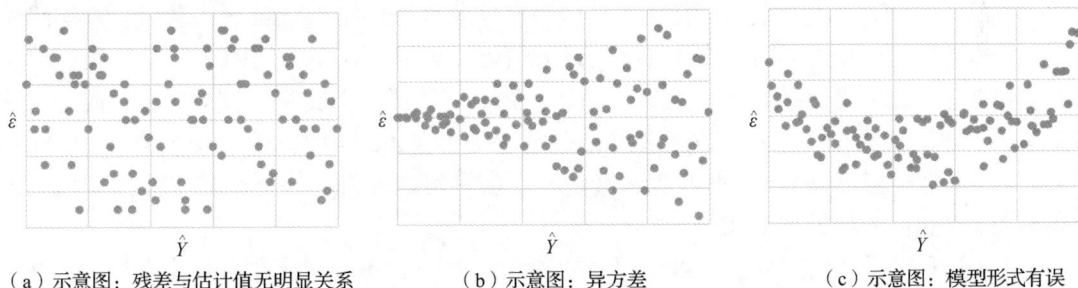

（a）示意图：残差与估计值无明显关系　　（b）示意图：异方差　　（c）示意图：模型形式有误

图 5.11　残差图：正常残差与典型的非正常残差

图 5.11（b）中的残差呈现明显的喇叭状——一头大一头小，这说明残差的方差是在变化的，不满足同方差的基本假设（若误差项来自同一个正态分布，图 5.11（b）中的点应当均匀地分布在横轴两侧高度相近的带状区域内，即方差不随估计值变化，这就是线性回归模型基本假设中重要的同方差性质）。残差的方差变化会导致标准误估计、置信区间和假设检验产生偏误，这时我们需要通过变量变换来使残差的方差尽量保持不变。例如，如果残差的方差随着估计值的增加而增大，则可以考虑对因变量做对数变换或取平方根来压缩方差。此外，也可以考虑使用加权最小二乘法。图 5.11（c）中的残差和估计值之间还存在某种非线性的关系，这种情况一般是模型形式设定不恰当导致的，这时我们可以尝试按照图 5.10 相关说明中提到的方法对某些自变量进行恰当的变换。

在检查残差时，还可以发现数据中的异常值，包括因变量的异常值、自变量异常值和强影响点。无论哪一种异常值，都可能影响模型的估计结果。寻找因变量异常值可以计算学生化残差，其绝对值大于 3 可以认为是因变量异常值。自变量异常值也称为强杠杆点，可以通过计算杠杆统计量来识别，杠杆值大于某个设定的阈值则认为是一个强杠杆点。强影响点是指在估计回归模型系数时，包

5-5　残差检验

括该数据点和不包括该数据点会使回归系数的估计值差异很大。找强影响点常用的方法是计算各个数据点的 Cook 距离。相关的详细内容读者可自行拓展。

5.3.2　使用 Excel 建立、评价和应用线性回归模型

本节将使用本章案例的数据，通过 Excel 建立线性回归模型，并基于模型探索"知识网红"的受欢迎程度受到哪些因素的影响。如 5.1 节所述，按照回答实际问题的顺序，这个问题应当排在第二位，在它之前还应通过逻辑回归来探索什么人有可能成为"知识网红"。但是从学习模型的角度来看，线性回归模型的设计思路更基础和更容易理解，所以实操部分将第二个问题提到第一个问题之前来介绍。但请读者务必注意理解在应用场景中这两个问题的先后顺序。

用于这次建模的数据采集自某知识付费平台网站。这个网站有两部分用户，其中一部分用户注册为"专家"，每个专家可以设置一个或多个"话题"供非专家用户咨询；其他用户为非专家用户，为咨询服务向专家用户付费。平台则在交易金额中抽取一部分服务费。本次线性回归的建模以话题为单位，共收集到 7484 个话题的相关数据。模型中的因变量是话题订单数，可供选择的自变量主要是话题本身的属性，如话题价格、话题历史交易评分、咨询时长、话题所属类别（一个话题可以有多个类别，共有心理、投资理财、职场发展、教育学习、创业和投融资、生活服务、互联网+、行业经验、其他 9 个类别可选）等。接下来将引导读者以这份数据为基础建立和检验线性回归模型。

（1）打开和设置"数据分析"对话框。如图 5.12 所示，单击进入"数据"选项卡，在"分析"组中单击"数据分析"按钮，Excel 弹出"数据分析"对话框；在对话框中的"分析工具"列表框中找到并选中"回归"，然后单击"确定"按钮，Excel 将打开图 5.13 所示的"回归"对话框。

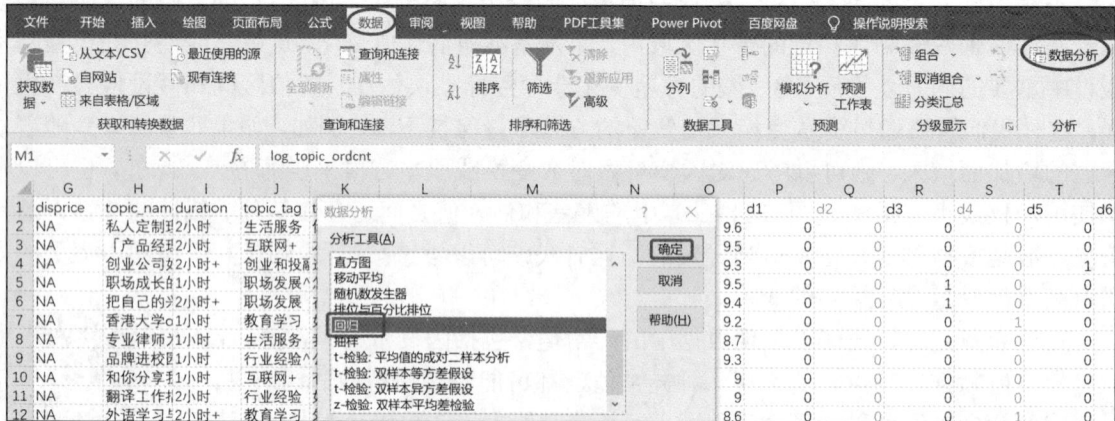

图 5.12　打开"数据分析"对话框

（2）打开和设置"回归"对话框。如图 5.13 所示，"回归"对话框中有 4 个主要区域。"输

入"区域定义线性回归模型的因变量和自变量：以位于 L 列的话题订单数为因变量，位于 N～AA 列的 14 个话题属性变量为自变量。"输出选项"区域指定输出结果放置的位置，一般选择默认的"新工作表组"即可。"残差"和"正态分布"两个区域提供模型检验和诊断所需的图形和结果，全部选中即可。单击对话框右上方的"确定"按钮，Excel 将在当前工作簿中新建一个工作表，展示回归模型的各项输出结果。

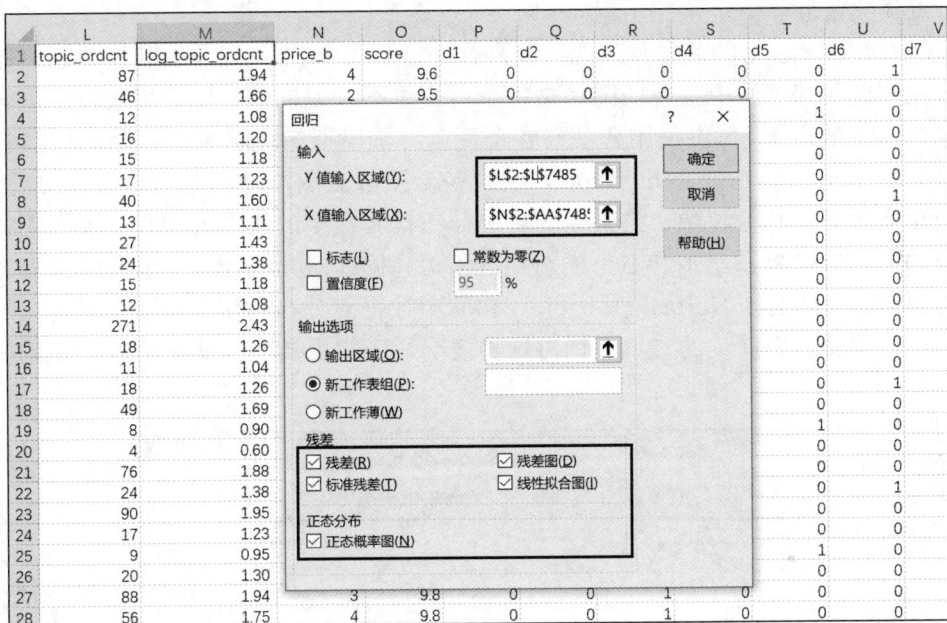

图 5.13 "回归"对话框

（3）查看建模结果。上述操作返回的结果主要包括图 5.14[扫码见图 5.14（彩色）]所示的几个模块。

① A3:B8 单元格区域的"回归统计"报表汇报的主要指标是模型的可决系数，从 B5 单元格可以看到模型的可决系数（R Square）为 0.9382427，模型对因变量变化的解释能力很强。

② A11:F14 单元格区域"方差分析"的第一张表格主要汇报模型整体 F 检验的结果，根据 F12 单元格，模型 F 检验对应的 p 值为 0，所以拒绝原假设"各自变量系数均为零"，模型整体有效。

③ A16:G31 单元格区域"方差分析"的第二张表格主要汇报模型的回归系数估计结果（B17:B31）、回归系数估计值的 95% 置信区间（F17:G31）以及各估计值 t 检验的结果（D17:E31），A18:A31 单元格区域中各变量名依次对应图 5.13 中输入的 N～AA 列的自变量：X Variable 1 对应图 5.13 中的 N 列，X Variable 2 对应图 5.13 中的 O 列，以此类推。在估计值 t 检验概率值所在的 E17:E31 单元格区域应用条件格式（参见图 4.17 的相关说明）：设定 5% 显著性水平，

若单元格取值不小于 0.05（未通过 t 检验）则填充红色。从图 5.14 中的结果看，14 个自变量中有 9 个自变量未通过 t 检验。结合"方差分析"部分两张表的检验结果，模型设定还需要调整，可以考虑剔除部分变量后再次建模。

④ 从第 33 行开始向下的部分是因变量的估计值与残差的明细表，包括根据模型计算出来的因变量的估计值、残差、标准化残差，以及残差排序后与正态分布的对比。这些数据可供使用者进行查找异常值等操作。

⑤ 图 5.14 右侧还输出了一系列图形，是在图 5.13 中选中"残差"和"正态分布"区域各选项后返回的结果。其中主要的图形是每个自变量与残差的散点图、每个自变量与因变量的估计值之间的散点图，可供使用者观察各个变量对于模型的贡献大小，以调整模型的设定。最后还有一张"Normal Probability Plot"，它也是一张散点图，纵轴对应因变量的百分位数，横轴对应正态分布的百分位数。如果因变量的分布符合模型的正态性假设，那么图中的点应当大致排列在连接坐标系左下和右上的对角线附近；偏离对角线越远，因变量的分布越不能满足正态性假设。从这张 Normal Probability Plot 中数据点分布的情况来看，因变量的分布与正态分布相差很多，有严重的右偏。针对这种情况，一般需要对因变量进行一定的变换，然后重新建模。

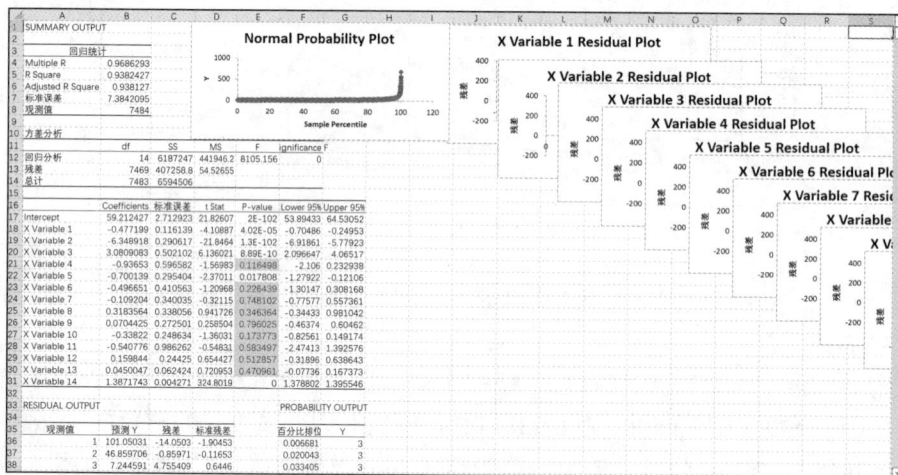

图 5.14　回归模型输出结果

（4）调整模型——对因变量进行对数变换后重新建模。综合上述结果，接下来有两个主要问题需要调整：第一，因变量分布严重右偏，不满足线性回归模型的正态性假定；第二，模型包含一些解释能力不强的变量，需要对自变量进行选择。第一个问题在各种以销量、人数、得分等非负数为因变量的建模场景中非常常见，一般的处理方法是对因变量进行适当的变换（如取对数后）后再建模。图 5.13 中的 M 列是对 L 列的话题订单数取对数后的结

5-6　对数线性回归

果，以它为因变量，位于 N～AA 列的 14 个话题属性变量为自变量，重复上述建立回归模型的过程，得到图 5.15[扫码见图 5.15（彩色）]所示的结果。可以看出经过对数变换后，数据偏离正态分布的情况得到了改善，未通过 t 检验的自变量也有所减少。读者可能还会注意到模型结果中的另一个变化：可决系数有所下降。不过要注意的是，由于第二次建模对因变量做了对数变换，所以两个模型的可决系数不能直接比较，并不能认为进行变换就降低了模型对因变量变化的解释能力。当两个模型中包含的自变量个数不同时，我们需要根据可决系数、模型中包含的自变量个数以及样本量计算每个模型调整后的可决系数（见图 5.14 和图 5.15 中的 B6 单元格）进行比较。

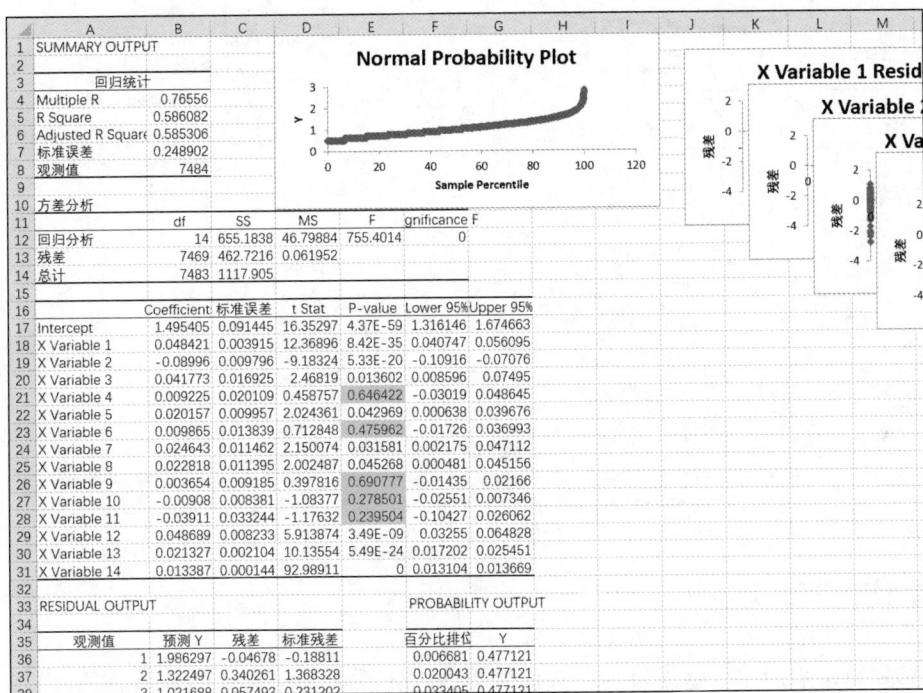

图 5.15（彩色）

图 5.15 回归模型输出结果：对因变量取对数

（5）调整模型——变量选择。图 5.14 所示模型的第二个问题是模型中部分自变量的回归系数估计值未能通过 t 检验，需要对自变量进行筛选，调整模型形式。进行变量选择最简单的办法是将图 5.15 中未通过 t 检验的变量从模型中删除，重复上述建立回归模型的过程，得到图 5.16 所示的结果。这个版本模型的全部自变量在 5% 显著性水平下都通过了 t 检验，较图 5.15 中的版本有了很大的改善。同时，"回归统计"部分的报表显示，模型调整后的可决系数（Adjusted R Square）为 58.5332%，与图 5.15 中的 58.5306% 相当，删除这些自变量对于模型的解释能力基本没有影响。

5-7 R^2 与调整后的 R^2

经过上述 5 个步骤，初步完成了一个多元线性回归模型的建模工作。有了这个模型之后，读者就可以根据公式（2）来进行预测。一个专家新建一个话题后，可以将话题对应的价格、行业分类、所在地域、话题描述长度等变量代入图 5.16 所示的模型，根据模型估计话题订单数，预测这个话题的市场反应。如果预测的结果不理想，则可以根据模型对话题的各种属性设置进行调整，以探索如何包装话题才能得到更好的市场反应。

5-8 线性回归模型的解读

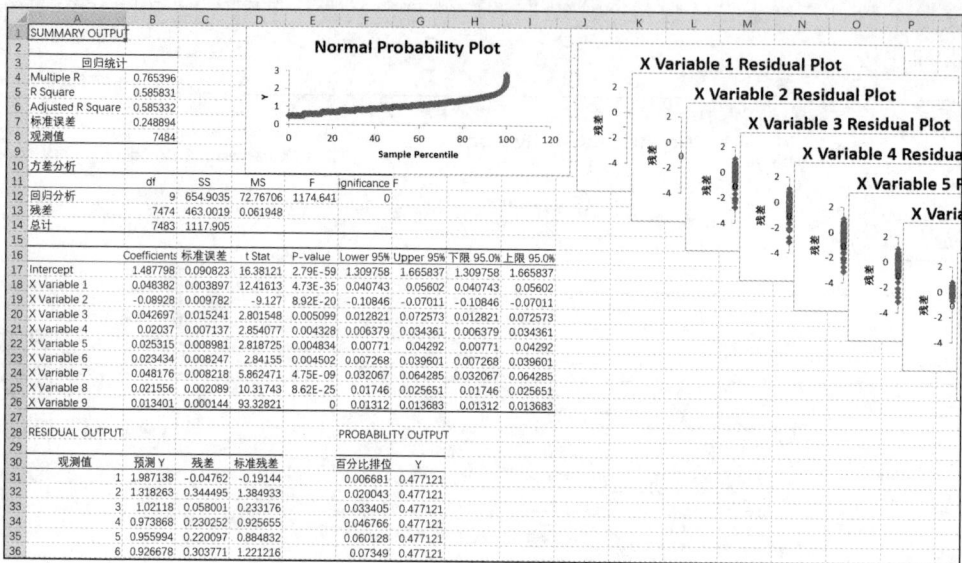

图 5.16 回归模型输出结果：删除部分未通过 t 检验的自变量

5.4 逻辑回归模型基础与实践

如 5.3 节开始部分的介绍，在一些场景中，人们关心的因变量 Y 不是具体的数值而是分类。例如，本章案例中提到的哪些专家有可能成为"知识网红"，哪些可能默默无闻；医疗场景中经常关心某个人是否有可能罹患某种疾病；银行机构关心申请贷款的人中有哪些可能违约。这些以分类结果为焦点的问题都可以考虑用逻辑回归来解决。本节主要介绍逻辑回归的基础知识与实现，其中 5.4.1 节主要介绍逻辑回归模型的基础知识，5.4.2 节主要介绍逻辑回归在 Excel 中的实现。

5.4.1 逻辑回归模型基础

1. 逻辑回归的基础形式

逻辑回归的因变量是二分类的，只有两个值，可以一般化地表示为 0 和 1：一般以 1 表示某个重要的结果发生了，如信用卡用户发生了违约；0 表示这个结果未发生。这样的因变量显然不符合线性回归模型中正态性的基本假设，无法直接套用线性回归模型的形式。为此，可以先对因变量进行某种变换，让它的取值范围从 0 和 1 两个点转化到可以覆盖整个实数轴；再将经过变换后的因变量表示为自变量的线性组合。这是一种广义线性回归的思想，即当因变量由于取值范围等原因不适用于线性回归模型时，可以对因变量进行某种函数变换使其符合线性回归模型的要求后再进行建模。逻辑回归就是这个思路的一个典型实现，具体实施方法如下。

假设取值为 0 或 1 的随机变量 Y 服从二项分布，事件 1 和事件 0 发生的概率分别为 $P(Y_i=1)$ 和 $P(Y_i=0)$，则 $P(Y_i=1)+P(Y_i=0)=1$。如公式（8）所示，定义事件 1 发生的概率与事件 0 发生的概率之比为机会比（odds）。机会比的计算公式为：

$$\text{odds} = \frac{P(Y_i=1)}{P(Y_i=0)} = \frac{P(Y_i=1)}{1-P(Y_i=1)} \tag{8}$$

随着事件 1 发生的可能性变大，其 odds 值也就越大，它的取值范围为 $[0,+\infty)$。再对公式（8）中的 odds 求自然对数，得到如公式（9）所示的中间变量 Z_i，则中间变量 Z_i 的取值范围为 $(-\infty,+\infty)$。接下来，就可以按照线性回归的模型形式，将这个中间变量表示为各自变量的线性组合。这个将因变量 Y_i 转换到 Z_i 的变换称为 logit 变换，其作用是将二值的随机变量转换为取值范围为实数范围的变量，以便与自变量的线性组合对接。

5-9　逻辑回归模型中为什么没有误差项？

$$\ln \frac{P(Y_i=1)}{1-P(Y_i=1)} = Z_i = \beta_0 + \beta_1 X_{i1} + \cdots + \beta_p X_{ip} \tag{9}$$

2. 逻辑回归的参数估计

线性回归的系数估计用的是最小二乘法，其思想是让因变量的预测值尽可能与实际观测值靠近。逻辑回归的系数则要采用极大似然法估计。极大似然法会围绕模型系数构建极大似然函数，并以能使似然函数值最大的系数作为估计值。将公式（9）转化为公式（10）的形式，得到第 i 个样本中结果取值为 k 的概率。然后将用于构建模型的 n 个样本发生的概率值做连乘，构建公式（11）所示的似然函数作为目标函数。这个似然函数与各样本发生的概率成正比，当所有样本发生的可能性都达到比较高的水平时，似然函数取值会更大。极大似然法就是要求一组系数的估计值，使目标函数公式（11）的取值达到最大。

$$P(Y_i=k) = \left(\frac{e^{\beta_0+\beta_1 X_{i1}+\cdots+\beta_p X_{ip}}}{1+e^{\beta_0+\beta_1 X_{i1}+\cdots+\beta_p X_{ip}}}\right)^k \left(\frac{1}{1+e^{\beta_0+\beta_1 X_{i1}+\cdots+\beta_p X_{ip}}}\right)^{1-k}, k=0,1 \tag{10}$$

$$L(\beta_0,\cdots,\beta_p) = \prod_{i=1}^{n}\left(\frac{e^{\beta_0+\beta_1 X_{i1}+\cdots+\beta_p X_{ip}}}{1+e^{\beta_0+\beta_1 X_{i1}+\cdots+\beta_p X_{ip}}}\right)^{Y_i}\left(\frac{1}{1+e^{\beta_0+\beta_1 X_{i1}+\cdots+\beta_p X_{ip}}}\right)^{1-Y_i} \tag{11}$$

3. 逻辑回归的评价

逻辑回归模型虽然通过 logit 变换的方式将机会比转化为自变量的线性组合，以借用线性回归模型的形式，但模型评价方法与线性回归有所不同。评价逻辑回归模型效果时涉及临界值（Cutoff Value）、混淆矩阵、ROC 曲线（Receiver Operating Characteristic Curve，受试者操作特征曲线）和 AUC（Area Under Curve，ROC 曲线下面积）值等工具。

（1）临界值。逻辑回归模型建立好后，需要为它指定一个临界值。临界值是一个概率值，取值范围为[0,1]。由于逻辑回归模型最终预测得到的是某个事件发生的概率，但我们希望得到的是事件是否发生的结论，所以建模者需要决定当模型预测出来的事件发生概率达到什么水平时才相信这个事件发生，临界值就是用来判定事件是否发生的界限。显然，当临界值不同时，逻辑回归给出的事件是否发生的预测结果可能会不同。对于一个逻辑回归模型而言，我们应当为它找到一个合适的临界值，以取得更好的预测效果。

（2）混淆矩阵。表 5.1 给出了混淆矩阵的计算逻辑。将因变量取值为 1 定义为正（Positive）事件，因变量取值为 0 定义为负（Negative）事件。将建模数据中正事件的数量记为 P，负事件的数量记为 N。将实际为正事件，预测结果也为正事件的数量记为 TP；实际为正事件，预测结果为负事件的数量记为 FN；实际为负事件，预测结果为正事件的数量记为 FP；实际为负事件，预测结果也为负事件的数量记为 TN。其中，TP 与 TN 预测正确，FN 与 FP 预测错误。好的逻辑回归模型必定有更高的正确率、更低的错误率。由此衍生几个指标：定义 TPR=TP/P（True Positive Rate，也称 Sensitivity，灵敏度），描述识别为正事件的正事件在所有正事件中的占比；TNR=TN/N（True Negative Rate，也称 Specificity，特异度），描述识别为负事件的负事件在所有负事件中的占比；FPR=FP/N（False Positive Rate），描述识别为正事件的负事件在所有负事件中的占比。由表 5.1 可知，FPR=1-TNR。TPR 衡量模型正确识别正事件的能力，FPR 衡量模型错误识别负事件的能力，比较理想的情况是找到一个合理的临界值，使 TPR 较大且 FPR 较小。

表 5.1 混淆矩阵

混淆矩阵		预测		合计
		1	0	
实际	1	TP（True Positive）	FN（False Negative）	P
	0	FP（False Positive）	TN（True Negative）	N

（3）ROC 曲线与 AUC 值。将不同临界值下计算得到的 TPR 和 FPR 指标绘制成散点图，以 FPR 为横轴，TPR 为纵轴，就得到了图 5.17 所示的 ROC 曲线。如果模型有比较好的预测能力，则这条曲线应当偏向坐标系左上角，曲线越接近左上角，模型的预测效果越好。为了衡量 ROC 曲线偏向左上角的程度，可以计算它与横轴之间区域的面积，记为 AUC 值。一般来说，AUC 值至少要大于 0.5，越接近 1，模型预测效果越好。在实践中一般会要求 AUC 值在 0.7 以上。ROC 曲线也为临界值的选取提供了方法：根据曲线上的每一对 TPR 和 FPR 组合计算 TPR+(1-FPR)，取合计值最大的那一对 TPR 和 FPR 组合对应的临界值为模型临界值即可。

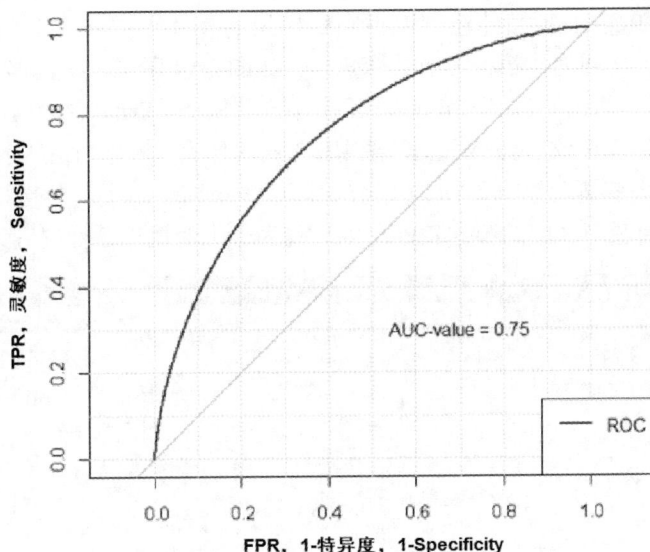

图 5.17　ROC 曲线与 AUC 值

5.4.2　使用 Excel 建立、评价和应用逻辑回归模型

Excel 没有内置逻辑回归，需要通过 RegressIt 插件来进行逻辑回归分析。按照 5.2.2 节中的说明安装好插件后，每次使用插件前都需要先按照步骤（5）启动插件。成功启动插件后，Excel 功能区出现图 5.8 所示的 "RegressIt" 选项卡，之后大家就可以开始使用 RegressIt 插件。

如图 5.18 所示，RegressIt 插件将工作簿中的工作表分为 4 种类型：数据工作表、描述统计工作表、模型工作表和模型摘要工作表。在建模过程中要注意：保持数据工作表专门用来存放数据，不要存放中间计算的结果和图表；数据工作表命名可由用户自主决定（图 5.18 中的命名为 topic_lite）。描述统计工作表用来存放插件中描述统计功能计算的输出结果，这些工作表的默认名称为 Stats 加序号。模型工作表用来存放建模功能输出的结果，这些工作表的默认名称为 Model 加序号。模型摘要工作表用来存放模型计算得到的结果的概要对比，命名为 Model Summaries。

Analysis of Deviance:	Model 1 for is_ord	(19 variables, n=13797)						
Source	Deg.Freedom	Deviance	P-value	AIC	ROC area			R-squared
Regression	19	1,760.670	= Chi-square	0.000	9,784.356	0.76	McFadden	0.153
Residual	13777	9,744.356	= -2 * log likelihood				Cox-Snell	0.120
Null	13796	11,505.026	= -2 * null model log likelihood				Nagelkerke	0.212

◀	▶	topic_lite	Stats 1	Model 1	Model 2	Model Summaries	...	⊕	◀

Summary table updated. Analysis is almost complete.

图 5.18　RegressIt 的工作表及命名

接下来介绍使用 RegressIt 插件建立逻辑回归模型的具体步骤。

（1）选定数据分析区和创建数据分析的变量名。如图 5.19 所示，在数据工作表中单击并打开功能区的"RegressIt"选项卡。在"Utilities"组中单击"Select Data"按钮，Excel 选中数据工作表中的全部数据；然后单击"Create Names"按钮，Excel 弹出"根据所选内容创建名称"对话框，图 5.19 所示的数据表中变量名位于首行，因此在对话框中选中"首行"复选框，然后单击"确定"按钮。RegressIt 将使用选中区域的数据建模，以一列为一个变量，首行内容为列名。

图 5.19　选定数据分析区和创建变量名

（2）设置逻辑回归选项。如图 5.20 所示，单击"Analysis"组中的"Logistic Regression"按钮，Excel 弹出"Select Variables for Logistic Regression"对话框。这个对话框中的设置主要包含 3 个部分。

① 对话框上方框出的几个选项是模型的基础设置选项。"Model name"选项用于模型命名，默认设置如图 5.20 所示，也可自行调整。"Confidence level"选项可设置置信度，一般使用默认设置即可。"Cutoff value for binary"选项可设置临界值，使用默认设置即可。"Error rate weight for"选项可设置计算加权误差率时两类事件的权重，如无特殊理由使用默认设置即可。这一组的后 3 个选项前都有"+"，单击加号可看到对该选项的释义；对话框上其他区域的"+"也都有类似功能，不赘述。

② 对话框左下方框出的两个部分是指定模型的因变量和自变量，在第（1）步中选定并且创建过名称的变量都会出现在候选列表中。首先在"Dependent variable"下拉列表框中选择"is_hot"变量作为因变量，这是根据图 5.13 中 L 列的变量话题订单数（topic_ordcnt）生成的：使用 QUARTILE.EXC 函数（可参看图 3.22 的相关说明）求得话题订单数变量的上四分位数为 20，该值不小于 20 时，令 is_hot=1，意为话题为热门话题；否则令 is_hot=0，意为话题为非热门话题。共生成 1905 个热门话题和 5579 个非热门话题。如图 5.20 所示，在"Independent variables"列表框中选中加入模型的各个自变量。

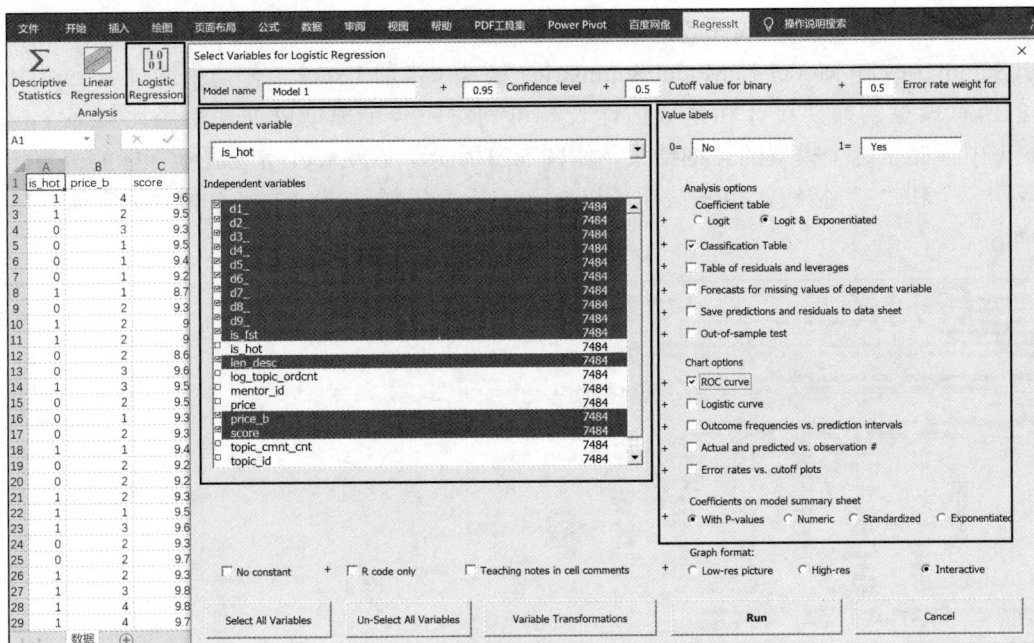

图 5.20　设置逻辑回归面板选项

③ 对话框右下方框出了一系列模型估计和输出结果选项。最上方的"Value labels"指定因变量取值中的哪个值是我们关注的事件。按照上述 is_hot 的计算逻辑，该变量取值为 1，表示我们关注的热门话题；此处使用默认设置即可。

接下来"Analysis options"组和"Coefficients on model summary sheet"组各选项控制模型结果输出，"Chart options"组各选项控制返回的各种图形。其中有 3 个比较重要的选项，说明如下。第一个是"Analysis options"组中的"Coefficient table"，它有两个可供选择的单选按钮："Logit"和"Logit & Exponentiated"。选中前一个单选按钮，结果将只给出按照公式（9）估计得到的模型原始系数。选中后一个单选按钮，结果中将不仅给出原始系数，还

5-10　原始系数和指数化系数

给出这些系数的指数值。逻辑回归中某个自变量的原始系数表示在保持其他条件不变的情况下，该自变量的一个单位变化带来的因变量事件 1 发生的对数机会比的变化量。而某个自变量系数的指数值则表示该自变量的一个单位变化带来的因变量事件 1 发生的机会比的变化倍数。相对而言，后者更易理解，所以一般推荐选中后一个单选按钮。另外两个是"Analysis options"组的"Classification Table"和"Chart options"组的"ROC curve"，选中后会分别返回混淆矩阵和 ROC 曲线，两者对于评价逻辑回归模型的效果非常重要。这几组中的其他选项不再一一展开，读者可结合释义自行探索。

单击对话框下方的"Run"按钮，即可查看初步的建模结果。

（3）查阅输出结果。完成图 5.20 的相关操作后，Excel 自动生成两个新表，即图 5.18 中的 Model Summaries 和 Model 1。Model Summaries 包含在当前 Excel 工作簿中通过 RegressIt 插件建立的所有模型的摘要统计和系数估计表，每列对应一个模型以便使用者比较多个模型。Model 1 中存储了这个模型的详细结果，如图 5.21 所示，在 Excel 常规展示行标的位置出现了一系列"+"和"-"按钮，单击按钮可以展开或折叠模型结果中的某个模块。各模块的主要内容如下。

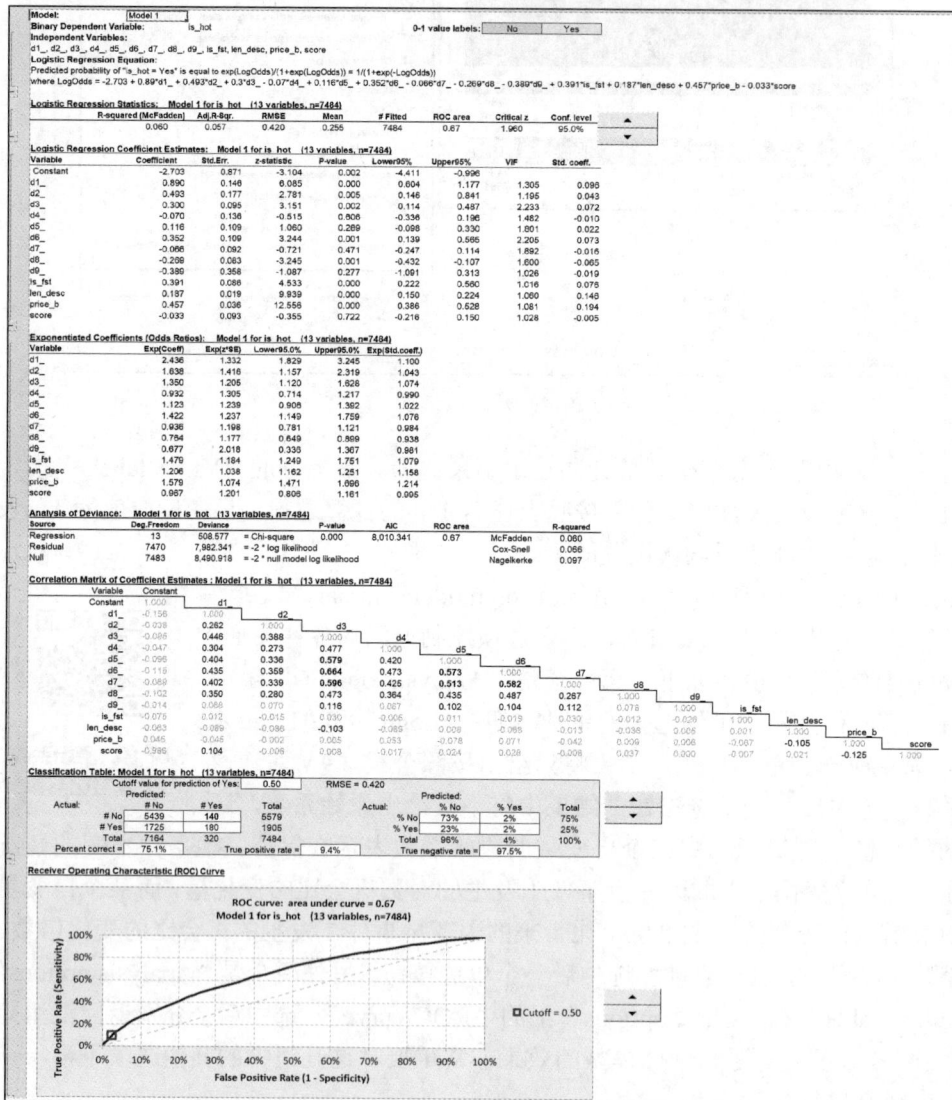

Model: Model 1
Binary Dependent Variable: is_hot   0-1 value labels: No   Yes
Independent Variables:
d1_, d2_, d3_, d4_, d5_, d6_, d7_, d8_, d9_, is_fst, len_desc, price_b, score
Logistic Regression Equation:
Predicted probability of "is_hot = Yes" is equal to exp(LogOdds)/(1+exp(LogOdds)) = 1/(1+exp(-LogOdds))
where LogOdds = -2.703 + 0.89*d1_ + 0.493*d2_ + 0.3*d3_ - 0.07*d4_ + 0.116*d5_ + 0.352*d6_ - 0.066*d7_ - 0.269*d8_ - 0.389*d9_ + 0.391*is_fst + 0.187*len_desc + 0.457*price_b - 0.033*score

Logistic Regression Statistics: Model 1 for is_hot (13 variables, n=7484)

R-squared (McFadden)	Adj.R-Sqr.	RMSE	Mean	# Fitted	ROC area	Critical z	Conf. level
0.060	0.057	0.420	0.255	7484	0.67	1.960	95.0%

Logistic Regression Coefficient Estimates: Model 1 for is_hot (13 variables, n=7484)

Variable	Coefficient	Std.Err.	z-statistic	P-value	Lower95%	Upper95%	VIF	Std. coeff.
Constant	-2.703	0.871	-3.104	0.002	-4.411	-0.996		
d1_	0.890	0.146	6.085	0.000	0.604	1.177	1.305	0.096
d2_	0.493	0.177	2.781	0.005	0.146	0.841	1.195	0.043
d3_	0.300	0.095	3.151	0.002	0.114	0.487	2.233	0.072
d4_	-0.070	0.136	-0.515	0.606	-0.336	0.196	1.482	-0.010
d5_	0.116	0.109	1.060	0.289	-0.098	0.330	1.801	0.022
d6_	0.352	0.109	3.244	0.001	0.139	0.565	2.206	0.073
d7_	-0.066	0.092	-0.721	0.471	-0.247	0.114	1.892	-0.016
d8_	-0.269	0.083	-3.245	0.001	-0.432	-0.107	1.600	-0.065
d9_	-0.389	0.358	-1.087	0.277	-1.091	0.313	1.026	-0.019
is_fst	0.391	0.086	4.533	0.000	0.222	0.560	1.016	0.078
len_desc	0.187	0.019	9.939	0.000	0.150	0.224	1.050	0.148
price_b	0.457	0.036	12.556	0.000	0.386	0.528	1.061	0.194
score	-0.033	0.093	-0.355	0.722	-0.216	0.150	1.028	-0.005

Exponentiated Coefficients (Odds Ratios): Model 1 for is_hot (13 variables, n=7484)

Variable	Exp(Coeff)	Exp(±SE)	Lower95.0%	Upper95.0%	Exp(Std.coeff.)
d1_	2.436	1.332	1.829	3.245	1.100
d2_	1.638	1.416	1.157	2.319	1.043
d3_	1.350	1.205	1.120	1.828	1.074
d4_	0.932	1.305	0.714	1.217	0.990
d5_	1.123	1.239	0.905	1.392	1.022
d6_	1.422	1.237	1.149	1.759	1.076
d7_	0.936	1.198	0.781	1.121	0.984
d8_	0.764	1.177	0.649	0.899	0.938
d9_	0.677	2.018	0.336	1.367	0.981
is_fst	1.479	1.184	1.249	1.751	1.079
len_desc	1.206	1.038	1.162	1.251	1.158
price_b	1.579	1.074	1.471	1.696	1.214
score	0.967	1.201	0.806	1.161	0.995

Analysis of Deviance: Model 1 for is_hot (13 variables, n=7484)

Source	Deg.Freedom	Deviance		P-value	AIC	ROC area		R-squared
Regression	13	508.577	= Chi-square	0.000	8,010.341	0.67	McFadden	0.060
Residual	7470	7,982.341	= -2 * log likelihood				Cox-Snell	0.066
Null	7483	8,490.918	= -2 * null model log likelihood				Nagelkerke	0.097

Correlation Matrix of Coefficient Estimates : Model 1 for is_hot (13 variables, n=7484)

Variable	Constant	d1	d2	d3	d4	d5	d6	d7	d8	d9	is_fst	len_desc	price_b	score
Constant	1.000													
d1_	-0.156	1.000												
d2_	-0.038	0.262	1.000											
d3_	-0.086	0.446	0.388	1.000										
d4_	-0.047	0.304	0.273	0.477	1.000									
d5_	-0.096	0.404	0.336	0.579	0.420	1.000								
d6_	-0.116	0.435	0.359	0.664	0.473	0.573	1.000							
d7_	-0.068	0.402	0.339	0.596	0.425	0.513	0.582	1.000						
d8_	-0.102	0.350	0.280	0.473	0.364	0.435	0.487	0.287	1.000					
d9_	-0.014	0.068	0.070	0.116	0.087	0.102	0.104	0.112	0.078	1.000				
is_fst	-0.075	0.012	-0.015	0.030	-0.006	0.011	-0.019	0.030	-0.012	0.029	1.000			
len_desc	-0.063	-0.089	-0.086	-0.103	-0.089	-0.008	-0.065	-0.013	-0.036	0.006	-0.001	1.000		
price_b	0.046	0.046	-0.002	-0.065	0.293	-0.078	0.071	-0.042	0.006	0.008	-0.007	-0.105	1.000	
score	-0.996	0.104	-0.009	0.008	-0.017	0.008	-0.008	0.037	0.000	-0.007	0.021	-0.125		1.000

Classification Table: Model 1 for is_hot (13 variables, n=7484)
Cutoff value for prediction of Yes: 0.50   RMSE = 0.420

Actual:	# No	# Yes	Total		Actual:	% No	% Yes	Total
# No	5439	140	5579		% No	73%	2%	75%
# Yes	1725	180	1905		% Yes	23%	2%	25%
Total	7164	320	7484		Total	96%	4%	100%
Percent correct = 75.1%	True positive rate = 9.4%				True negative rate = 97.5%			

Receiver Operating Characteristic (ROC) Curve

ROC curve: area under curve = 0.67
Model 1 for is_hot (13 variables, n=7484)

True Positive Rate (Sensitivity) — 100% 80% 60% 40% 20% 0%
False Positive Rate (1 - Specificity) — 0% 10% 20% 30% 40% 50% 60% 70% 80% 90% 100%

☐ Cutoff = 0.50

图 5.21（彩色）

图 5.21　逻辑回归结果

① 第 1 个模块（图 5.21 中最上方一个 "–" 按钮控制的区域，以下以此类推）是模型的基本信息：模型名称、因变量与自变量、根据公式（9）估计得到的结果。

② 第 2 个模块是逻辑回归模型整体的统计量：包括模型中自变量的数量、用于建模的样本数等。其中最重要的指标是 ROC area，即 AUC 值。这个模型的 AUC 值为 0.67，预测效果还不错，但还有改进空间。

③ 第 3 个、第 4 个模块分别报告逻辑回归模型的原始系数估计值及检验结果、指数化后的系数估计值。第 3 个模块提供了原始系数对应的 Z 统计量（Z-statistic），它的功能类似线性回归模型中的 t 检验。Z 统计量的绝对值越大，对应系数对因变量的影响越显著。RegressIt 插件为使用者检查 Z 统计量的数值提供了一个非常方便的功能：在 "RegressIt" 选项卡中单击 "Cells" 组中的 "Colors" 按钮和 "Fonts" 按钮，第 3 个模块中原始系数对应的 Z 统计量一列的颜色和笔画粗细会随数值大小发生变化。单元格填充色为蓝色，表示单元格数值为正；单元格填充色为红色，表示数值为负。填充颜色越深、字体越粗，表示数值的绝对值越大。原始系数表中还提供了用于衡量多重共线性的指标方差膨胀因子 VIF，图 5.21 中各自变量的 VIF 值都小于 5，模型中不存在严重的共线性。

④ 第 5 个模块汇报模型离差分析的结果。离差检验功能类似多元线性回归模型中的 F 检验，它对应的零假设是模型所有回归系数都为零，备择假设至少有一个回归系数不为零。从图 5.21 中的结果看，检验对应的 P 值（P-value）小于 5%，因此拒绝零假设，模型整体有效。此外，表中还汇报了模型的 AIC 值，这是一个衡量模型拟合能力的指标，取值越小越好，值小说明模型拟合度高、复杂性小。

⑤ 第 6 个模块汇报各回归系数估计值的相关系数矩阵。

⑥ 第 7 个、第 8 个模块汇报当前临界值下的混淆矩阵和 ROC 曲线，ROC 曲线上以红色方框标记出当前临界值对应的位置。两个模块的右侧都有上下箭头，供使用者调整临界值。请读者自行尝试调整临界值，观察进行操作时两个模块上展现的内容是如何变化的，并选择最优的临界值。

（4）调整逻辑回归模型。根据图 5.21 中的输出，Model 1 中有一些自变量的系数不显著，可以对其进行变量选择，以进一步简化模型。最简单的做法就是剔除 Model 1 中未通过 Z 检验的几个自变量，再次建立逻辑回归模型。如图 5.22 所示，Model Summaries 工作表中将增加展示 Model 2 的结果；在 "RegressIt" 选项卡中单击 "Worksheet" 组中的 "Show All" 按钮，还可以在表中增加显示 AIC 等更多指标。使用者可以通过这个表格很方便地对比多个模型并做出选择。同时，Excel 也新生成一张工作表 Model 2，汇报新建模型的详细结果，其样式与图 5.21 所示完全一致，不赘述。

5-11 逻辑回归模型的解读

经过上述 4 个步骤，一个逻辑回归模型的建模工作初步完成。有了这个模型之后，读者就可以对新话题是否会成为 "网红爆款" 做出预测了。

Summary of Regression Model Results		
Logistic Model For is_hot	Model 1	Model 2
Run Time	3/8/22 7:42 PM	3/8/22 10:49 PM
# Fitted	7484	7484
Mean	0.255	0.255
Standard Deviation	0.436	0.436
# Variables	13	8
RMSE	0.420	0.420
R-squared	0.060	0.059
Adjusted R-squared	0.057	0.057
Coefficients	Model 1	Model 2
Constant	-2.703 (0.002)	-3.021 (0.000)
d1_	0.89 (0.000)	0.896 (0.000)
d2_	0.493 (0.005)	0.498 (0.002)
d3_	0.3 (0.002)	0.307 (0.000)
d4_	-0.07 (0.606)	
d5_	0.116 (0.289)	
d6_	0.352 (0.001)	0.358 (0.000)
d7_	-0.066 (0.471)	
d8_	-0.269 (0.001)	-0.285 (0.000)
d9_	-0.389 (0.277)	
is_fst	0.391 (0.000)	0.389 (0.000)
len_desc	0.187 (0.000)	0.186 (0.000)
price_b	0.457 (0.000)	0.461 (0.000)
score	-0.033 (0.722)	

图 5.22　Model Summaries 工作表提供模型估计结果的对比

5.5　数据分析报告写作：模型呈现与解读

本章的报告写作部分重点练习写作"数据分析与解读"中的"模型分析"部分。这个部分的内容通常要清晰地写明如下内容。

（1）模型结构：建模数据的情况和描述性分析部分的探索结果决定适用的模型种类和基本形式。在建模分析的起始部分，可以对前面的内容做简要回顾，再由此带出模型的结构。在写作这部分内容时，要特别注意根据报告阅读者的数据素养来决定表达方式，如果主要报告阅读者没有接受过系统的数据训练，则尽量少使用符号和公式，可侧重阐述模型在业务改进中的应用方法和意义。

（2）模型估计和评价结果：报告参数估计的结果、模型评价和检验的关键指标等。在写作这部分内容时，要注意以下两个问题。

① 通常情况下，报告只需汇报最终完成的模型，不需汇报建模过程。数据分析报告是要推动报告阅读者接受分析师的工作"结果"，不是理解分析师的工作"过程"。描述工作过程不但占用篇幅，分散报告阅读者的注意力，还容易"劝退"未接受过系统数据训练的报告阅读者。

② 在软件反馈的结果中有选择地报告关键指标，并且对呈现的内容做必要的加工整理。图5.16 和图 5.21 中汇报的很多内容是供使用者对模型做出评价和寻找优化方向的，在一份着重汇报"结果"的报告中并不需要提供这些过程指标。一般来说，线性回归模型汇报回归系数估计值、F 检验和 t 检验、拟合优度等结果即可；逻辑回归除汇报估计和检验结果外，还要额外汇报临界值和混淆矩阵、ROC 曲线和 AUC 值。同时，在汇报结果时，也可以采用一些更易阅读的方式，如以柱形图来呈现按大小排列好的回归系数就可以帮助报告阅读者快速掌握各个自变量影响力的大小。

（3）模型解读和应用：对如何应用模型做出说明，并且基于模型的应用结果生成可供报告阅读者执行的方案。这部分的关键点在于方案的"可执行性"，具备基本可执行性的方案必须至少满足两个要求：执行这个方案不会给相关业务人员带来过多的额外工作，执行这个方案带来的效果可记录和比较。

习题

1．请从实际生活中总结 3 个回归分析的典型问题。每个问题相关的内容如下。
（1）简单描述这个问题发生的背景。为什么它很重要？它适用于哪一类模型？
（2）这个问题中的核心业务问题是什么？由此转化出的因变量指标是什么？如何计算？
（3）可供选择的影响因素有哪些？由此转化出哪些自变量指标？
（4）计算因变量与自变量所需的数据是否可得？从何得到？
（5）预估哪些自变量与因变量高度相关？它们与因变量的相关性是正向的还是负向的？
2．常用的回归模型有哪几种？分别适用于解决什么类型的问题？
3．线性回归模型对于数据有哪些基本假定？
4．评价逻辑回归模型会用到哪些指标？

实践练习

使用本章案例数据，在 5.3 节和 5.4 节介绍的两个模型中任选一个模型，写作一份建模分析报告。要求如下。
1．报告要包含 5.5 节提到的所有内容。
2．恰当使用图表展示模型结果，图表和用语符合 4.4 节的相关要求。
3．宋体，小四号字，1.5 倍行距，标准页边距，篇幅 3～4 页。

第6章 设计数据产品

学习目标

1. 了解常见的数据产品形式及其适用场景；
2. 掌握数据分析报告这一数据产品形式的制作过程；
3. 掌握通过写作数据分析报告的形式表达数据分析工作成果的方法。

6.1 数据产品的常见形式

本章将简要介绍 1.2 节中图 1.2 所示的"商务数据分析的主要工作流程"的第 4 个步骤"设计与开发数据产品"中的部分内容，并重点讲解其中一种与数据分析师关系最为密切的数据产品形式——数据分析报告。除数据分析报告外，其他数据产品的开发大多涉及开发工作，超过本书的范围，不做介绍。

数据产品是为了让数据分析的成果得以在业务中落地应用并发挥作用而设计出来的成果展现形式。数据产品有多种常见的形式，具体采用哪种形式取决于要解决的问题和场景。只要产品的形式和功能适合场景及使用者的要求，数据分析师的工作成果会更容易被接受和应用，对场景和使用者的支持程度无法达到要求的数据产品则很可能会被弃之不用。可以说，这个步骤的工作质量对于数据商业价值的发挥具有决定性的作用。基于此，虽然在很多实践场景中设计数据产品的工作会有专职的数据产品经理来负责，本书编者仍然建议数据分析师（团队）对这项工作保持充分的重视和参与。数据分析师（团队）应当和数据产品经理进行充分的沟通并提供合理的产品设计建议，以保证自己的工作成果能够借助数据产品"回到业务中去"。

根据具体形态的不同，数据产品可以有多种表现形式，最常见的包括数据分析报告、自动报表系统、算法等。接下来对这几种产品形式做简要介绍。

1. 数据分析报告

数据分析报告通常适用于首次通过数据解决某个业务问题的场景,以及在日常数据监控过程中发生了异常情况需要分析原因的场景。这些场景的共同点是它们都发生在常规的业务处理流程之外,需要尽快为业务方提供可能造成问题的原因和建议解决方案。这类场景对数据分析工作的核心要求是帮助相关人员尽快全面掌握情况、定位问题原因或寻找可能的解决方案,并做出合理的决策。数据分析报告一般基于数据分析师(团队)的工作即可完成,是几种常见数据产品中产出速度最快、所需调集资源最集中的一种。

2. 自动报表系统

自动报表系统是为企业内部各个职能和层级的员工提供其在日常工作中所需的、已是业务共识的各种数据产出的一种数据产品。在数字化程度较好的企业中,各职能和层级的员工在日常工作过程中都需要广泛使用数据来进行决策和日常工作。数据与业务的绑定越密切,企业规模越大,相关的场景就越多,需要的数据就越复杂多样,相关的数据安全和数据权限管理工作难度也就越高。同时,由于支持的多是日常工作,所以员工每次提取数据的需求通常只有时间周期、筛选条件等方面的简单调整,并不需要调整分析和决策的逻辑。在这样的场景中,数据产品要满足的核心需求是安全、快捷、稳定地将众多固定逻辑和格式的数据分发到位。

自动报表系统就是针对这样的场景设计的产品,它可以限制每个用户可以查阅的数据,保证数据安全;按照固定的时间间隔自动生成新数据,支持用户随时查阅和下载数据,保证服务的便捷。但同时,这种产品的开发需要募集的资源也更多,除了需要数据分析师(团队)与业务方就其在日常工作中使用的数据达成一致之外,还需要数据开发团队来完成登录、数据权限、数据自动生产和备份、筛选下载等功能的开发和运维,并保证服务的稳定。

有些企业也会出于公关、提升客户体验或其他目的,开放一部分数据给自己的客户或者公众查阅。例如,搜索引擎百度就提供"百度指数""百度迁徙"等数据产品供公众查阅。这些数据产品一方面可以用来向公众表明其在搜索引擎市场上的领先地位,另一方面在一些重要事件发生期间或者春节等人口迁移的重要节点也会提供现成的新闻线索。这两个产品都可以为厂商的品牌宣传做出贡献。读者可以自行体验使用这两款产品,结合其中的功能设计进一步了解自动报表系统类数据产品。

3. 算法

算法也是非常常见的一种数据产品形式。和数据分析报告类似,一类算法通常只适用于一个或几个特定的场景。和数据分析报告不同,它的主要应用场景并非供业务人员阅读理解后做出决策,而是应用于各种业务系统、网站、App、人工智能产品中,支持其中某些功能的实现。例如,用户在使用电商网站和 App 时,经常会看到各种商品推荐位上展示的商品随着用户的浏览、收藏、加购等行为有所变化,这就是算法在根据用户的各种行为做出响应。车牌/人脸/指纹识别设备、自动驾驶、智能客服、翻译软件、智能家居等各种人们生活中耳熟能详的应用背后也都有大量算法的支持,缺失了算法的支持,这些产品都将无法正常运转。可以看到,算法类数据产品的应用场景通常对应的问题非常明确，对响应速度要求极高，还可能会涉及彼此之间相互协同的问题。算法类产品对服务稳定性的要求也非常高，通常需要算法开发与产品开发团队来共同参与开发和运维。数据分析师在工作中发现的问题和有用的结论也经常可以为算法提供更多的输入。

本节介绍的自动报表系统和算法都涉及数据分析师（团队）与其他相关岗位的协同配合，读者可回顾 1.3 节中图 1.3 的相关说明加深理解。本章接下来将集中介绍数据分析报告，这是数据分析师主动性程度最高的数据产品，也是他们形成自身影响力的最佳工具。6.2 节将分步骤介绍撰写数据分析报告的方法，其中会回顾前面章节中的相关内容，读者可结合前文内容加深理解。

6.2 撰写数据分析报告

如前所述，数据分析报告是数据分析工作完成后，向相关人员介绍问题、工作过程与成果的一种数据产品，它是帮助数据分析工作成果落地并发挥商业价值的重要工具。虽然这个产品的表现形式主要是文本，但文本绝不是完

6-1 数据分析报告范文讲解

成好它所要进行的唯一工作，甚至不是其中最重要的部分。类比来说，它就像浮在海面上的冰山一角，需要海面之下大量的专业工作来支撑，撰写报告的过程就是要从大量的数据分析工作中遴选出适合报告的内容并将其有机地组织起来的过程。而衡量这种遴选和组织素材工作成功与否的标准，在于它是否做到了通过发挥数据的价值给实际问题带来了改进。也就是说，一篇数据分析报告只有把问题说清楚、让工作成果和业务建议被实施，才能算是成功的。

以这个标准作为衡量数据分析报告质量的准则，数据分析师通常要从工作立项时就开始考虑最终结果的呈现问题，这也是第 2 章～第 5 章专门安排"数据分析报告写作"和"实践练习"来讲解和练习报告写作的原因。不过，之前写作训练的重点在于如何用文字清晰表达某个环节的工作。本节的着眼点则在于完成全部前期工作后，如何基于所有相关资料完成一篇内容完整、结构清晰、重点突出的报告，将工作成果成功地传达给受众。

本节仍然会按照 1.2 节中图 1.2 所示的"商务数据分析的主要工作流程"来展开讲解，但是与之前各章着重讲解每个环节的分析工作要如何做不同，本章将说明的重点放在如何更好地通过文本来展示每个步骤的工作成果上。

6.2.1 确定沟通目标

报告撰写过程中确定沟通目标的环节对应第 2 章介绍的设定分析目标的步骤。聚焦到报告写作这项工作上来讨论，以受众的接受情况作为评价数据分析报告的标准，首先意味着数据分析师在写作中一定要注意"投其所好"。这当然不是要分析师在写报告时罔顾事实，只说报告阅读者想听和爱听的，而是在撰写报告前一定要先明确以下 3 个问题。

（1）报告阅读者是谁？

（2）主要报告阅读者工作中与本次研究项目相关的核心利益和痛点是什么？

（3）报告阅读者的数据素养如何？

报告阅读者是谁决定报告的形式和容量。例如，对于高管会议上的汇报场景，对象一般是所有参会的高管，重点是相关业务的管理者和最终决策人，会采取现场汇报的形式，除非是专项会议，否则汇报与交流时间通常控制在半小时内。在这个场景里，可以制作一份 10～20 页的演示版报告，以介绍问题、展示解决思路、报告业务方案为主，各种数据分析的具体工作只需精炼为简要素材支撑确认问题或推导结论即可。再如，对于第 3 章的案例，因为这个工作最终需要实现获取和计算数据的自动化，所以数据分析师在设计好新方法之后，要向开发团队详细同步抓取、加工、计算数据的全过程，相应地，这份报告就要详细交代很多具体工作的细节：从何获取数据、按照什么标准抓取数据、抓取数据的频率如何、抓取到的数据要如何加工、基于加工好的数据要计算哪些指标等。在这个场景里，可以制作一份 10～15 页的阅读版报告，按照工作步骤陈述。

主要报告阅读者的核心利益和痛点决定报告的切入点，也决定拟定标题和写作背景介绍部分工作的难度。数据分析报告是应用文的一个分支，这类文档通常有一定的阅读门槛，需要报告阅读者花费一定的时间和精力去理解和辨析。如果能够在标题和背景介绍部分将报告与报告阅读者的核心利益和痛点明确地联系起来，就会更加容易地调动他们阅读的主动性和积极性。反之，报告阅读者投入其中的精力就会大打折扣。同时，了解主要报告阅读者的核心利益和痛点也能帮助分析师在进行数据分析工作时将自己的思路锚定在一个目标上，不会随着对数据的探索不断游移，这对提升数据分析工作的效率也很有帮助。

报告阅读者的数据素养决定报告中所要加入的数据素材的数量和形式。数据分析报告呈现的是数据分析工作的结果，但这并不意味着要在其中连篇累牍地介绍公式和理论。仍然以解释报告阅读者是谁这个问题时提出的两个场景为例。在第一个场景中，参与者分散在各个部门，职级相对较高。非数据部门的人员较少接受过系统的数据训练，中高层管理者更多接触的是部门和业务线级别的情况。所以这份报告中展现数据素材的粒度不宜过细，如详细描述某个非常细节的业务步骤（除非这个步骤造成了严重的问题，本身就是某一项重要整改的目标）；也不宜使用过于复杂的图形、过于专业的术语或公式（如果必须使用，则需要配合必要的解释），而是要将重点放在提出问题、逻辑推演和陈述结论上。第二个场景的报告阅读者都是数据专业人员，而且后续工作中会涉及大量计算细节的复现，可以使用严格规范的符号体系与数据专业语言来表达，以保证信息传递的完整、准确。

总体而言，确定沟通目标就是决定整个分析工作和报告写作工作的方向，后续的各种步骤都要围绕它展开。准确瞄准需求、定义清晰的目标可以让数据分析师的工作事半功倍，也是分析师的工作成果落地必须具备的先决条件。

6.2.2　搭建思路框架

报告撰写过程中搭建思路框架的环节衔接分析师设定分析目标和获取、验证、加工数据两个步骤的工作。确定好的沟通目标通常是以业务语言来表达的。搭建思路框架步骤的核心工作就是将这个以业务语言表达的问题转化为数据问题。在这个步骤主要需要回答如下两个问题。

（1）决定使用哪些数据来解决问题？

（2）决定使用什么方法来解决问题？

回答第一个问题涉及第 2 章、第 3 章的内容，数据分析师需要将数据盘点的结果与分析目标结合起来，选择一个在当前情况下可以获取、时间和资源消耗可以负担、数据质量相对可靠的来源去获取解决问题所需的数据。如果还无法获取解决问题所需的任何数据，而这个问题又确实重要，那么分析师应当推动组织开始记录数据或通过其他方式来获取数据。在这种情况下，数据分析报告要汇报的不是如何通过数据解决问题，而是要获取哪些数据。如果有多种数据资源都可以用于解决问题，要注意不同来源数据之间彼此是否有冲突，如果有冲突，则要先解决数据之间的差异；如果多个来源的数据描述的是问题的不同方面，则要确认它们之间是否可打通，合并到同一个解决问题的思路框架之中。

解决问题的方法一般由目标、数据和场景要求共同决定。例如，工作目标是找到对某个关键业务指标有影响的各种因素，以提升业务绩效，那么这基本是一个适用于有监督建模的问题，这个类别中有回归、决策树、神经网络等多种模型可供选择。更进一步考虑数据的因素：如果表达业务绩效的指标是一个数值，线性回归模型可能更合适；如果表达业务绩效的指标是一个分类，则逻辑回归、决策树等模型可能更合适。业务场景也会对使用的方法提出限制，如有些场景对于指标的可解释性要求非常高，那么神经网络之类的模型即使预测效果明显更好，也要谨慎选用。解决这个问题与第 3 章~第 5 章的内容都有一定关系。

6.2.3　筛选数据素材

筛选数据素材的主要工作是将第 4 章、第 5 章的主要工作过程和成果以指标、图形、表格等形式的数据素材表达出来。数据分析报告或多或少需要引用一些数据素材作为展示问题和佐证推理的辅助。"确定沟通目标"中提出的 3 个问题决定报告应当选取哪些指标、图形、表格，以及所要采取的展现形式。如果以一个项目中的所有分析工作为一个整体，最终能够展示在数据分析报告中的数据素材可能百不存一。报告阅读者的职级越高、报告时间越少，这个比例就越低，对入选报告数据素材的可读性与表现力的要求也就越高。

对于分析师来说，这个对素材进行筛选的过程可能会比较艰难，因为这要求他们打破自己在工作中已经建立起来的思路，再从中建立起更简洁的演示框架。遇到类似问题，可以用沟通目标作为选择的标准。从分析师要传达的核心结论或观点出发，如果去掉一个素材就不能证明论点，就把它留下；否则这个素材就不必展示。同时，数据分析师也一定要注意，筛选报告使用的数据素材，并不是简单地从自己在分析过程中完成的各种图表指标中做出选择，而是要基于传递信息的要求在前期工作的基础上进行再创造，让每一则呈现在报告中的数据素材都能够承载更加丰富的信息，更具有表现力。结合这两点，筛选素材的工作一般都可以进行得比较顺利。

在为报告筛选和制作素材时，还有一个非常重要的问题是要保持各种数据素材的规范和基本美观，尤其是当报告阅读者本身的数据素养水平比较多样时，做好这一点尤其重要。数据分析报告通常会提出一些对业务有影响的措施要求执行，有些措施对业务的影响比较大，报告阅读者对于报告提出的建议态度会非常谨慎。如果报告阅读者本身并没有接受过专业的数据训练，就会更加倾向于通过形式相关的元素来对数据分析师的专业性做出判断。而如果报告阅读者本身具有非常好的数据素养，则在数据素材的规范和美观性等基础问题上表现不够专业也会影响其对报告内容的评价。

6.2.4　串联展现逻辑

根据沟通目标筛选好数据素材之后，数据分析师还要以流畅的逻辑将这些素材串联成整体，不能将一堆素材摆在纸面上让报告阅读者自行理解和串联逻辑。这个步骤其实在筛选数据素材的环节已经在进行了，不过在那时它存在于报告作者的头脑中，在这个步骤中要将它落实为具体的文字内容以传达给报告阅读者。打个比方，每一则数据素材都是一颗珍珠，文字则是串起珍珠的线。数据分析报告应该是一串串好的珠链。我们不能将一把散乱的珠子交给报告阅读者让其自行摸索串联。

作为报告作者，数据分析师具备非常好的数据素养，又亲历了整个分析工作过程，贯穿的线索已经天然存在于其思路中。但是对于初步接触这个工作成果的报告阅读者来说，素材放在一起，其间的逻辑和主旨并不会不言自明。尤其如果报告阅读者并没有接受过系统的数据训练，让他们从单个素材中解读出数据特征及其业务意义已经很有难度，更不要说由他们自己整合各种素材，整理一条完整清晰的逻辑线。所以，生成逻辑线的工作是数据分析报告的作者必须完成的一项工作。

相比较而言，串联逻辑的工作对于文字版报告尤其重要。演示版报告有作者讲解可以提供额外信息，听众和报告人之间也有互动交流的机会，文字中提纲挈领地展示要点即可。但文字版报告以阅读场景为主，在写作过程中必须做好充分的总结和过渡。可以采取"总分总"的结构来写作，在每个部分的开头承接上一个部分的思路并解说本部分要继续做哪些事情，在每个部分的结尾总结基于这部分工作得到的结论以及由此决定接下来还要做什么。

除了通过总结和过渡凸显整体结构之外，在解释某个具体的数据素材时，也要注意描述好数据特征及其对应的业务意义。描述数据特征相对简单，读者可以参考第 4 章、第 5 章的相关说明，注意描述准确和突出重点即可。基于数据特征合理推断业务意义比较复杂，它需要分析师充分了解业务情况，并且有能力创造性地解决问题。前一点可以通过第 2 章介绍的思路和方法练习，后一点则是知识、经验、思维习惯等各方面能力的综合体现，需要在实践中不断摸索和总结。读者在初步接触这项工作时虽然比较难一步到位，但在这个环节也有一个简单的技巧是读者在任何时候都可以做到的：慎用形容词和副词。

形容词和副词一般带有一定程度的感情色彩，使用不当容易把报告阅读者的关注点从"事实"和"解决问题"等客观问题转移到"维护自己的经验、感受、权威形象和利益"的主观感受上。数据分析师的长处是通过数据来摆事实讲道理，短处是业务实操经验不足，一旦与报告阅读者就其主观感受陷入辩论，沟通基本就陷入了僵局。慎用形容词和副词就是要尽量避免这种情况发生，把沟通尽量放在分析师擅长的主场上来。

6.2.5　规范报告形式

写作数据分析报告的最后一个不可或缺的步骤是打磨报告的形式，通过规范美观的形式将内容更好地展现出来。本书之前的章节多次解释和强调了何为规范美观的格式及其对于数据分析报告能够获得认可的重要性，第 2 章～第 5 章的案例也随同介绍过数据分析报告各个部分相关内容的写作规范。希望读者在实践练习环节反复应用和体会这些写作规范的要求，不断增强自己的表达能力，帮助自己的工作成果更高效地得到更多人的认可。

6.3　数据分析报告写作：撰写完整的数据分析报告

本章的实践练习要求读者完成一份完整的数据分析报告。数据分析报告各部分的写作说明在第 2 章～第 5 章的相关部分已经做过详细介绍，请读者按照前文相关章节和 6.2 节介绍的步骤完成一篇报告。这里将前述所有相关内容中最精要的部分整理为一份自检清单，读者在写作过程中可以按照自检清单的要求对照评价，做出改进。

（1）问题定义清晰，有实际意义。

（2）观点鲜明，结构完整，逻辑清晰。

（3）选择素材充分、无冗余，对素材的描述客观、准确。

（4）有充分的过渡和总结，是一篇完整的文章，而不是一系列需要报告阅读者自己厘清关系的素材的堆砌。

（5）指标、图形、表格选型恰当；展示形式简洁规范；图表分别全文统一编号并加注标题；在文字中通过编号引用图表。

（6）图表不放在某个部分的开头位置，就近放在首次引用它的文字附近，尽量避免跨页放置或者大面积留白。

（7）图形全文风格统一；图形中的文字和数字标签在 100%显示比例下可以正常阅读，尽量不混杂使用中英文，不使用数字编码。

（8）表格全文风格统一；同一变量小数点后保留位数一致、够用即可。

（9）全文格式整洁、统一、规范，没有错别字、病句。

（10）如需使用大篇幅表格、公式和指标计算方法的详细介绍、模型优化的完整检验过程、代码等专业内容，则可统一放在附录，在正文中通过编号引用。

习题

1．数据分析工作成果的表达形式主要有哪些？每种形式主要适用于什么场景？

2．撰写一份数据分析报告要经过哪些步骤？每个步骤要完成哪些工作？

实践练习

在第 3 章～第 5 章的案例中任选一个案例，完成一份完整的数据分析报告。工作内容如下。

1．定义分析目标。可以以第 3 章～第 5 章的案例介绍中提到的目标为分析目标，也可以基于提供的数据定义新的分析目标。

2．设计并实施完整的数据分析方案。从提供的数据中根据你所定义的分析目标选取合适的数据，并进行必要的加工。基于加工好的数据完成描述性分析和建模分析（可选）。

3．撰写一份数据分析报告。要求如下。

（1）宋体，1.5 倍行距，小四号字，A4 纸张，Word 标准页边距，篇幅 8～10 页。

（2）注意保持逻辑线清晰流畅。文字简洁，有合理的总结与过渡。

（3）正文内容包括背景介绍、数据说明、数据分析与解读、小结。数据分析与解读部分既要描述数据特征，也要基于对数据特征的解读呼应分析目标，提出解决问题的业务建议。

（4）全篇排版、图文格式规范统一。

第 **7** 章　实训项目

学习目标

1. 掌握选择题目的基本原则；
2. 了解获取数据的常用手段；
3. 独立完成一个完整的数据分析项目。

7.1　实训项目安排概述

作为本书的最后一章和最后一次实践练习机会,本章将再次讲解数据分析师在职业发展道路上前进必须具备但较少有机会练习的部分:设定分析目标和获取数据。从 1.2 节中图 1.2 所示的"商务数据分析的主要工作流程"中可以看到,设定分析目标决定数据分析工作的起点和方向,紧随其后的步骤"获取数据"则决定分析师的工作是否能出成果。但是在前面的相关内容中除了一些简单的概括性介绍,本书并没有像讲解描述性分析方法和回归模型一样详细而系统地介绍这两个步骤的内容,实践练习环节的内容也都比较简单。

这样的安排主要出于以下两个方面的考虑。

(1)虽然它们是数据分析工作中前置的步骤,但初入职场的数据分析师个人通常不需要自己完成这些步骤。选择研究题目的工作一般由更加资深的人员承担,比较复杂的获取数据的工作则由数据开发等相关的人员配合。

(2)这两个步骤的工作对专业技能的水平和覆盖范围要求都比较高。1.3 节中的图 1.4 从 3 个维度描述了数据分析师(团队)的专业技能,数据分析师要想恰当地选取分析题目,需要在"职业技能"和"职能与行业背景知识"两个维度上都有较好的积累,比较复杂的获取数据的工作则需要一定的编程能力作为基础。它们通常不能只通过拟真项目的练习来获得,而是需要在实践中通过与大量真实问题不断磨合才能达到较好的掌握程度。

出于以上两个原因，本书在最后一章将从实践角度再次讲解这两个方面的内容，并且在实践练习环节要求读者从选择题目开始完成一个完整的数据分析项目。希望这些介绍和练习能够帮助读者解决这两个问题，初步了解在进入实践领域后应该如何提升自己在这两个方面的能力，才能更快地成长。

完成本章的内容需要读者充分融汇在各章学到的各种知识和技能，将它们进一步转化为解决实际问题的能力。7.2 节将介绍选题的几个实用方法，7.3 节将介绍如何循序渐进地提升自己获取数据的技能。获取数据之后的各个步骤，如清理加工数据、进行描述性分析和建模、撰写数据分析报告。各章中都已有系统的介绍和提供有针对性的练习，读者参考相关章的介绍完成即可。

7.2 选择题目

数据分析师最广泛的就业机会主要存在于各行各业的企业中，解决的主要是各种典型的商业问题。但是对于尚未开始职业生涯的学生或者希望尝试转型的其他岗位的从业者，接触这一类工作的机会非常有限。对于这两类读者来说，在训练选题能力时有一个比较好的替代性的练习方法：将选题的范围尽量扩大，从自己熟悉的社会问题和个人兴趣中发现问题并尝试用数据来解决它。虽然来自公共和个人生活领域的问题与企业中数据分析师解决的具体问题不同，但是判断选题价值的方法、将问题转化为数据解决方案的思路、处理和分析数据的各种技能工具都是相同的。这样的训练方法可以最大限度地为那些暂时接触不到真实商业问题和数据的读者提供自我提升的机会，使其在建立数据思维和磨炼数据技能上先行做好准备。同时，由于解决问题的方向变得非常丰富，因此这样的训练方法也会更加方便读者体验不同问题表象背后相通的本质，随着训练的增多，也更容易建立起举一反三地解析问题的思路。

当然，从公共和个人生活领域中寻找数据分析的题目，也同样需要仔细甄别和定义问题，优先去处理那些有意义且适合用数据解决的问题。以下提供一些选题的基本方法。

（1）判断问题的价值。从事商务数据分析工作的数据分析师主要解决与数据有关的商业问题，问题的价值相应比较好定义，通常会表现为提升收入、降低成本、控制风险中的一个或几个（可参见 1.1.2 节的相关说明）。但面对广泛的公共和个人生活，价值的定义必然也变得更加多元。第4 章的案例介绍了衡量性别差异的 GGGR 报告及相关指标体系，这是一个通过数据解决社会问题的范例，价值表现为推进社会实现更加广泛的平等。在社会公共生活领域有非常多类似的问题可以探索。除了公共领域的各种问题之外，读者也可以选择自己感兴趣或有疑惑的问题来研究。以本书的读者来说，很多人准备将来从事数据分析相关的工作，那么企业对于从事这份工作的人到底有什么具体要求？这也是一个很适合用数据来解决的问题。读者在进行本章的实践练习时，可以从社会意义、商业价值和个人兴趣几个角度来考量，如果一个问题从其中任意一个角度来看有可能带来改进，就可以认为是一个好题目。

7-1 选题示例：职业规划与产品改进

（2）选择合适的问题粒度。在选题环节要注意的另一个问题是为自己的问题选择合适的粒度，粒度既不能过大，也不能过小。举例来说，假设一位数据分析师主要负责销售相关的数据分析工作，那么其为自己定义的问题不应该是"如何提升销售业绩"，这是整个销售部门的关键业绩指标，对某个分析项目来说太大了；也不应该是"如何提升某员工在某个工作环节的效率"，它作为独立的工作项目来说太小了。比较适合作为独立的数据分析项目来执行的题目可以是"找到新员工开单的影响因素""如何调整绩效激励等级可以刺激销售人员主动开拓新客户"。定义公共和个人生活领域中的数据分析题目时，也同样要注意选择合适的粒度。例如，GGGR 报告给自己设定的工作目标是通过数据反映世界各国/地区的性别平等实现程度，并明确各国家/地区性别差异的不同表现，对于一份年度报告来说这是一个合适的问题粒度。相对于此，"实现全球性别平等"这个目标过大，严重超出一份报告可以承载的容量；"解决某国家/地区某个因性别差异带来的具体问题"这个目标则比当前的目标范围要小很多，它也可以成为某个独立的分析项目，但并不适合世界经济论坛这样的国际组织。

（3）一些常见的选题方向。读者在为本章的实践练习选择题目时，可以参考如下几个典型的基本问题。

① 类似 GGGR 报告这样公共领域的问题。各国家/地区政府、联合国等国际组织都会发布很多类似的报告。

② 读者可以选择自己感兴趣的行业或领域，通过公开发布的网络数据来研究行业的基本情况。第 3 章的案例介绍了如何通过抓取公开展现的广告数据来推测竞品的广告投放策略的方法，类似的思路也可以用来研究行业的品牌知名度等问题。

③ 读者可以选择自己喜欢或需要的某种产品或服务，然后通过网络获取这类产品或服务的各种属性、评论等数据，研究最受欢迎的产品或服务应当是什么样的。

对比这 3 类选题：第一类问题的好处在于，它们通常都配合了定义良好的问题和数据，当读者自己在这个方面还不太有想法或者比较生疏时是很好的参考，更适合入门阶段的练习；后两类问题在获取数据方面对技能要求稍高，但都是商业环境中的经典问题，是个人也可以自行练习解决的、为数不多的真实商业问题中的两种。

7.3 获取数据

"巧妇难为无米之炊"，对于数据分析师来说，解决问题必备的素材就是数据。配备了数据分析师的企业一般都能够提供包括数据仓库在内的一系列数据基础设施，分析师只要学会调用数据仓库中的数据，就可以获得日常工作中需要的大部分数据。从数据仓库中提取数据通常会用到结构化查询语言（Structured Query Language，SQL），不同数据仓库的 SQL 语法大同小异，掌握基本结构后注意细节的不同即可。读者可自行拓展相关知识。

除了企业数据仓库中已经存储好的数据，数据分析师也经常需要探索和评估新的数据源的价值，此时数据仓库中尚未有现成的数据可供分析师使用。还未进入数据分析岗位的读者，在按照 7.2 节介绍的方法练习时，也经常没有现成的数据可用。这两种场景都需要读者自行设法获取数据，可能是将存储为 PDF 等其他形式的文档转化为可供数据分析使用的格式（第 4 章的 GGGR 案例的数据就是从 PDF 格式的报告中摘取下来的），也可能是从互联网上抓取（第 3 章的 SEM 广告案例和第 5 章的"知识网红"案例的数据都是从互联网抓取到的）。转化各种形式的文档可以通过编程来实现，抓取网络数据可以通过编程和爬虫工具来实现。

长期来看，建议准备从事数据分析工作的读者能够在用好 Excel 的基础之上，再学习一门可以支持数据分析工作的编程语言，如 R 和 Python。当然，编程语言都需要一定时间来学习和练习，不可能马上达到可以完成前述工作的程度。所以短期内读者不妨先学习使用一些爬虫工具。这类软件虽然在对个性化需求的支持上没有编程软件那么好，但学习成本更低，可以在短时间内上手。八爪鱼、火车头等都是应用比较广泛的爬虫工具，读者可以自行搜索和学习使用此类工具。

在完成本章的实践练习时，请读者一定注意，要为自己定义的问题找到对标的数据。如果时间有限，不够学习使用新工具，则可以优先选择那些已有现成数据的问题来研究。例如，国家统计局发布的各种数据以及万得等客户端发布的数据等，都能够支持对很多有意义问题的探索。自己的工作时间也是数据分析师工作中的重要资源和限制条件，能够根据时间、问题和资源条件合理设计解决方案也是分析师在实践中必须掌握的技能。

习题

1. 请按照 7.2 节中关于选题方向的介绍，在 3 类选题中各定义一个问题。请明确定义问题，简要说明选题的重要意义，并简述可从何处获得解决问题所需的数据。

2. 数据分析师获取数据的常用手段有哪些？

实践练习

自行选择一个可以作为数据分析项目的题目，完成一个完整的商务数据分析项目。工作内容如下。

1. 定义一个分析目标。按照本章介绍的选题原则，定义一个研究题目。要求如下。

（1）选题应具有实际意义。

（2）可以获取分析所需的数据。

（3）数据分析可以帮助提升解决问题的效率或效果。

2. 获取、验证和加工数据。要求如下。

（1）列明数据的出处与采集方法。确保数据采集过程合法合规。

（2）完成数据的验证与加工。提交加工好的数据表。

3．根据分析目标和业务问题，设计并实施完整的数据分析方案，方案中需同时包含描述性分析和建模分析。

4．撰写数据分析报告。要求如下。

（1）宋体，小四号字，1.5 倍行距，A4 纸张，Word 标准页边距，篇幅 8～10 页。

（2）注意保持逻辑线清晰流畅。文字简洁，有合理的总结与过渡。

（3）正文内容包括背景介绍、数据说明、数据分析与解读、小结。数据分析与解读部分既要描述数据特征，又要基于对数据特征的解读呼应分析目标，提出解决问题的业务建议。

（4）全篇排版、图文格式规范统一。